# LE SCEPTICISME

COMBATTU

## DANS SES PRINCIPES

ANALYSE ET DISCUSSION

DES PRINCIPES

## Du Scepticisme de KANT

PAR

### ÉMILE MAURIAL

DOCTEUR ÈS-LETTRES; AGRÉGÉ DE PHILOSOPHIE; PROFESSEUR DE LOGIQUE
AU LYCÉE DE MONTPELLIER.

> Ne serait-ce pas une chose déplorable, que quand il y a un raisonnement vrai et intelligible, pour avoir prêté l'oreille à des raisonnements qui tantôt paraissent vrais et tantôt ne le paraissent pas, au lieu de s'accuser soi-même et sa propre incapacité, on finit de dépit, par transporter la faute avec complaisance de soi-même à la raison, et qu'on passât le reste de sa vie à haïr et calomnier la raison, étranger à la réalité, à la vérité et à la science.
> PLAT.; *Phéd.*, TR. V. C.

PARIS

A. DURAND, LIBRAIRE-ÉDITEUR,

7 — RUE DES GRÈS — 7

1857

# LE SCEPTICISME

## COMBATTU DANS SES PRINCIPES

Montpellier, Typographie de BOEHM.

# LE
# SCEPTICISME
## COMBATTU
## DANS SES PRINCIPES

### ANALYSE ET DISCUSSION

#### DES PRINCIPES

## Du Scepticisme de **KANT**

PAR

### ÉMILE MAURIAL

DOCTEUR ÈS-LETTRES; AGRÉGÉ DE PHILOSOPHIE; PROFESSEUR DE LOGIQUE
AU LYCÉE DE MONTPELLIER.

> Ne serait-ce pas une chose déplorable, que quand il y a un raisonnement vrai et intelligible, pour avoir prêté l'oreille à des raisonnements qui tantôt paraissent vrais et tantôt ne le paraissent pas, au lieu de s'accuser soi-même et sa propre incapacité, on finît de dépit, par transporter la faute avec complaisance de soi-même à la raison, et qu'on passât le reste de sa vie à haïr et calomnier la raison, étranger à la réalité, à la vérité et a la science.
> PLAT.; *Phéd.*, TR. V. C.

### PARIS
A. DURAND, LIBRAIRE-ÉDITEUR,
7 — RUE DES GRES — 7
## 1857

# A M. E. VACHEROT

## MON MAITRE ET MON AMI

TRÈS-CHER AMI ET TRÈS-CHER MAÎTRE

*Quelque jugement que vous deviez porter sur ces trop faibles essais d'une pensée dont la plus chère ambition serait de ne pas vous paraître trop indigne de votre enseignement, j'ose vous prier d'en agréer l'hommage, persuadé que vous me saurez gré de mes efforts pour servir les intérêts des études que vous m'apprîtes à aimer, et dont le culte se confondra toujours pour moi avec la plus vive et la plus inaltérable des amitiés.*

E. MAURIAL.

Qu'il nous soit permis d'offrir ici un public témoignage de notre gratitude à **M. BARNI,** dont on connaît les excellentes publications sur Kant[1], et au savant professeur d'allemand, notre cher collègue, **M. CHARLES,** pour la bonté qu'ils ont eue de nous prêter, dans l'interprétation du texte de la *Critique*, l'autorité de leurs lumières.

[1] Plusieurs des passages de la *Critique* que nous citons en français, dans le cours de notre analyse, sont empruntés à la traduction inédite que M. Barni a bien voulu nous communiquer

# INTRODUCTION

Notre dessein, dans cette étude, n'est pas de faire connaître et apprécier sous tous ses aspects, en donnant la mesure exacte de ses mérites et de ses défauts, l'importante et célèbre doctrine de Kant sur la connaissance humaine. Nos vues sont à la fois et plus restreintes et plus étendues. Il ne s'agit pas ici pour nous de la pensée d'un homme, quelque grand qu'il puisse être ; il s'agit de l'esprit humain et d'une de ses plaies les plus constantes et les plus malheureuses. Nous voudrions sonder, pour en combattre les causes, cette plaie qui a toujours profondément affligé nos regards ; nous voudrions combattre le scepticisme. C'est là notre unique but. Si nous prenons pour objet immédiat de nos investigations et de nos attaques la *Critique de la raison pure*, c'est que là nous semble être désormais toute la force et tout le danger du scepticisme. Tel est aussi l'unique motif pour lequel nous désirerions qu'on voulût bien essayer avec nous de pénétrer dans le dédale de cette abstruse et subtile conception, et nous suivre dans la discussion à laquelle nous nous proposons d'en soumettre les principes.

Nous entendons par scepticisme, le doute élevé, non sur tels ou tels objets de la foi des hommes, fût-ce la foi commune à tous ou presque tous ; non sur telle ou telle partie de la connaissance humaine ; mais sur le principe de toute connaissance et de toute foi solide et légitime, sur la raison elle-même, sur la véracité du témoignage de cette faculté et son aptitude à discerner le vrai du faux ; en d'autres termes, l'opinion que cette faculté est trompeuse, qu'il ne faut pas s'y fier ou qu'il faut s'y fier le moins possible, que mieux vaut rester dans le doute absolu sur toutes choses, ou chercher ailleurs que dans les trompeuses lueurs par lesquelles elle prétend nous éclairer, par exemple dans les affections du cœur, dans les entraînements de la sensibilité, dans l'ascendant de la tradition et l'empire de l'habitude, la règle et le principe de notre foi, ainsi que le guide de notre volonté.

Le scepticisme répugne à la nature. L'homme est né avec la foi à ses facultés, et il n'est pas possible qu'il y renonce jamais entièrement ; tous les actes de la vie du sceptique témoignent de mille manières qu'il ne saurait aller jusque-là. Toutefois, il ne faudrait pas s'exagérer les effets de cette répugnance et se persuader qu'elle puisse prévenir tous les dangers des doctrines sceptiques. S'il est vrai qu'il y a dans la nature une force invincible, dans une certaine mesure, à tous les efforts du scepticisme, il ne l'est pas moins qu'il y a dans les causes qui poussent au scepticisme, une force contre laquelle la nature est souvent trop impuissante à prévaloir.

Pour bien mesurer cette force, il faut savoir se représenter tous les éléments qui la constituent. Ces éléments résident dans toutes les puissances de notre être. Telle est, en effet, la singulière fortune des paradoxes du scepticisme, qu'en même temps que tout en nous leur répugne, tout leur fournit des appuis ; non-seulement l'esprit, d'où naissent les erreurs qui en font la principale force, et les sophismes à l'aide desquels on voudrait contraindre la raison à renier sa propre autorité, mais aussi les sentiments du cœur, qui trop souvent font haïr cette autorité et désirer le triomphe de ces sophismes. Le scepticisme a beau choquer la raison et lui paraître le comble de l'extravagance, il semble aussi parfois être le dernier terme inévitable des progrès de cette faculté ; il s'offre comme la conséquence la plus rigoureuse des systèmes qui en ont étudié les lois avec le plus de profondeur : il a beau heurter tous nos intérêts, soulever contre lui nos sentiments les plus chers, c'est par la force même de ces intérêts et de ces sentiments qu'on s'y jette et qu'on s'efforce de nous y entraîner. Encore, s'il s'agissait uniquement des intérêts et des sentiments qu'on doit s'attendre à voir toujours s'opposer à tout ce qui est bon, faire cause commune avec tout ce qui est mauvais ; de ces sentiments peu élevés, ne redoutant de la raison que les devoirs qu'elle impose et les sacrifices qu'elle exige ; ou de ce goût de l'inertie et du repos, qui caractérise le pyrrhonisme proprement dit ; mais c'est pour les sentiments tout à la fois les plus vifs et les plus chers à la conscience et au cœur de l'homme, pour ceux auxquels le scepticisme ravit toute espérance et tout objet, qu'on cherche une force et un abri dans les négations de cette triste philosophie. On l'a vu servir tour à tour d'auxiliaire à toutes les causes les plus dignes de passionner une âme généreuse, d'arme aux combattants de toutes les sectes, de tous les partis. Apologistes et adversaires des croyances traditionnelles ; amis et détracteurs de la philosophie, des idées de progrès et de liberté ou du principe d'autorité ; ardents défenseurs du droit et apôtres enthousiastes du devoir, tous y ont recouru à l'envi ; tous, en invoquant contre leurs adversaires la force logique de ses arguments, lui ont prêté, par cela-même, la force morale des intérêts qu'ils plaçaient sous sa sauvegarde. Le croirait-on ? c'est dans le double intérêt de la morale et de la science, que Kant se réjouit, ou tout au moins se console, à l'aspect des ruines accumulées par sa *Critique* subversive.

C'est un fait bien remarquable et bien digne d'attirer l'attention de quiconque a souci des intérêts de l'humanité, que le développement de ces sentiments qui, naissant de ce qu'il y a de meilleur en nous et dépendant le plus étroitement du principe qui seul peut nous porter au vrai, se tournent contre ce principe et en font désirer la ruine. Voici, ce nous semble, quelques-unes des principales circonstances qui leur donnent naissance.

Ces circonstances sont à peu près les mêmes que celles qui provoquent l'apparition du scepticisme lui-même. Le sentiment sceptique (qu'on nous permette de nommer ainsi les dispositions dont nous parlons) naît communément, ainsi que le scepticisme, à l'occasion des faits qui nous donnent l'expérience de l'insuffisance de notre raison, et de ses misères trop réelles. Il naît d'abord du désaccord réel ou apparent de cette faculté avec elle-même, de ses contradictions, de cette lutte des systèmes, d'autant plus obstinée que chacun s'appuie sur une vérité et combat une erreur. Ces luttes fatiguent, rebutent et découragent ; en même temps qu'elles font entrer la raison en défiance d'elle-même, elles ne peuvent manquer d'engendrer le dégoût de son usage. C'est au moment même où elles amoindrissent, par l'incertitude et l'éloignement, l'objet de nos poursuites, qu'elles nous le montrent entouré de plus de difficultés, exigeant plus de sacrifices, plus d'efforts. Comment tout ce qui répugne aux uns ou aux autres ; comment tout ce qu'il peut y avoir en nous de paresse ou de force d'inertie, redoutant les devoirs que la raison impose à notre activité, ou bien d'impulsions soudaines et de besoin de croire, de désirs ardents et impétueux, désespérés par ces lenteurs ; comment toutes les puissances ennemies de la raison ou impatientes de son joug ne prendraient-elles pas leurs avantages, et ne nous pousseraient-elles pas à son abandon et à sa ruine ?

Ces luttes produisent encore un autre mauvais effet : c'est de rendre la vérité et les systèmes exclusifs qui la représentent imparfaitement, hostiles à la vérité et à son principe. On part d'abord de la vérité; mais bientôt on s'absorbe dans le soin de ruiner, pour la défendre, non-seulement l'erreur qui la nie, mais la vérité mal comprise qui sert de prétexte à cette erreur. Pour sauver les vérités qui doivent élever l'esprit et le cœur de l'homme au-dessus des choses sensibles, on ne songe plus qu'à ruiner l'autorité de l'expérience. Pour fortifier l'autorité de l'expérience, on nie tout l'entendement pur : l'un, pour garantir les droits de la conscience contre les abus du zèle exagéré des croyances, cherche à détruire jusqu'au fondement de ces croyances, jusqu'à la notion de la divinité; un autre cherche le salut de ces croyances dans la ruine du principe de tout droit. Celui-ci va jusqu'à l'athéisme, pour échapper à la superstition; celui-là, pour nous sauver de l'athéisme, nous prive de tout moyen d'échapper à la superstition. Ici, on cherche le salut des idées d'autorité dans la ruine de toute idée de droit et de liberté; là, celui de la liberté dans la négation de tout ce qui pourrait lui servir de frein, de règle, de contre-poids. On veut défendre la tradition par la ruine de toute idée de progrès, l'idée du progrès par la ruine de la tradition ; en un mot, on veut à tout prix sauver une partie de la vérité et de la raison aux dépens de l'autre. Et, comme toutes les grandes vérités, comme tous les principes de la raison sont solidaires ; comme d'ailleurs telles ou telles des vérités que l'on nie résultent de l'essence même de la raison ou se confondent avec les principes élémentaires qui la constituent ; comme on ne peut nier l'existence d'une cause première sans nier, ainsi que l'a fait Hume, le rapport de tout fait à une cause, et que ce rapport fait presque toute la raison de l'homme ; comme la raison est à la fois la liberté et la loi de la liberté, le droit et le devoir ; comme la tradition n'est que la raison du passé, et le progrès la raison du présent, il arrive ainsi que toutes les doctrines exclusives finissent par diriger leurs attaques contre leur commun principe ; il arrive que, cédant à ces entraînements de la lutte où l'on ne songe plus, de part et d'autre, qu'à détruire l'objet de son animosité, dût-on se précipiter avec lui dans l'abîme, toutes finissent par s'efforcer de faire sombrer la planche sur laquelle chacune s'appuie, par ce qu'elle a de vrai et par ce qui en fait la force; toutes, dans leur dernière exagération, athéisme et théocratie ou mysticisme, absolutisme et individualisme, doctrine d'immobilité ou de mobilité sans règle, de solidarité et d'isolement, finissent par s'identifier avec le scepticisme.

Mais, quelle que soit pour la raison la puissance de ces causes de discrédit et de ruine, le plus grand danger pour elle n'est pas là. Il est surtout dans ses caractères généraux, dans son imperfection irrémédiable et dans les maux auxquels cette imperfection nous expose.

La raison est sujette au doute et à l'erreur. Ses doutes nous désolent, flétrissent ou désespèrent les plus beaux sentiments, ôtent tout ressort à la volonté, dont l'énergie dépend toujours de celle de la foi au bien qu'elle poursuit; ses erreurs nous font commettre mille fautes; ses contradictions nous divisent, nous arment souvent les uns contre les autres; ses critiques menacent des croyances auxquelles on tient par toutes les fibres du cœur, par toute la puissance des engagements de la conscience, par toute la force des plus chères habitudes et des sentiments tout à la fois les plus nobles, les plus légitimes et les plus vifs. Que la moindre lueur d'espoir vienne à se faire jour, de trouver hors des voies cette faculté décevante, et, dans l'affranchissement de son autorité, un principe de foi plus sûr ou plus en harmonie avec ces impérieux besoins du cœur qu'on veut satisfaire à tout prix, avec quelle ardeur ne devra-t-on pas s'y attacher! On désire trop vivement posséder ce principe, pour ne pas se persuader qu'on le possède ; on se le persuadera donc, dût-on prendre pour tel, ce qui arrive en effet, la force même de ses désirs.

Ce principe une fois conçu, que ne fera-t-on pas pour le justifier et s'encourager à s'y tenir, pour ruiner et flétrir celui à l'autorité duquel on veut se soustraire, pour humilier, accabler et anéantir la raison! Que de colère contre l'importune! que d'anathèmes, que de sarcasmes contre «cette orgueilleuse, cette imbécile! »

Voilà ce qui rend tant d'âmes ardentes et honnêtes, hostiles à la raison et à la science, par la force même des sentiments qui devraient les y attacher; voilà ce qui fait qu'on voit si souvent se tourner particulièrement contre la philosophie ceux-là mêmes qui, par l'élévation de leur esprit et de leur cœur, eussent été plus propres à la maintenir pure et forte. Que dis-je, des âmes ardentes! Les esprits les plus froids, les plus maîtres d'eux-mêmes, les plus méthodiques, cèdent aussi parfois à ces malheureux entraînements. Kant lui-même a aussi un intérêt dans son scepticisme, intérêt qu'il avoue, intérêt étrange, s'il en fut jamais. Partageant à la fois, en quelque sorte, par le plus bizarre éclectisme, les sentiments des partis rivaux qui s'opposent mutuellement l'épée tranchante du scepticisme; esprit sincère et profondément honnête, aimant le vrai et le bien, ayant également à cœur les intérêts de la morale et ceux de la science, les droits de la pensée et les devoirs que la conscience impose à la volonté, c'est pour sauver les deux objets de son double culte qu'il se jette aux derniers excès du scepticisme ou du nihilisme. La philosophie de son siècle se servait du scepticisme pour saper les fondements des croyances traditionnelles, en attendant le jour où, par un retour facile à prévoir, les défenseurs de ces croyances devaient s'en faire une arme contre la philosophie et la science. Que fait ce grand et malheureux esprit? Redoutant pour la cause de la science les envahissements de la métaphysique orthodoxe, et pour l'autorité de la morale les atteintes de la métaphysique matérialiste, il se réjouit de couper court aux attaques de l'une et de l'autre en détruisant les principes de toute métaphysique, oubliant que ces principes sont les mêmes que ceux sur lesquels reposent les grands intérêts qu'il voudrait sauver.

Cette simple indication des sentiments qui, en faisant craindre et haïr la raison, viennent en aide aux doctrines sceptiques et en font désirer le triomphe, suffit pour montrer la force de ces sentiments et le danger de ces doctrines. Le cœur a une si grande puissance pour nous tromper; il est si habile à créer des sophismes pour tourner notre esprit suivant ses vœux : que sera-ce lorsque ces sophismes s'offriront d'eux-mêmes, lorsqu'ils auront pour origine et pour fondement des systèmes fortement conçus, profondément médités et combinés, lorsque le cœur et l'esprit concourront, chacun de son côté et de toute sa force, au même but ?

L'effet de ce concours sera ici d'autant plus irrésistible, que les deux puissances croissent ensemble, chacune puisant à chaque nouveau progrès une nouvelle force dans les progrès de l'autre. Le scepticisme et le sentiment sceptique se développent, en effet, peu à peu l'un par l'autre, par une réaction mutuelle incessante. On ne se jette tout à coup, ni dans le dégoût absolu, la haine et la crainte extrêmes de la raison, ni dans la dernière défiance et le dernier mépris de son autorité ; mais un léger sujet de défiance et de doute fait naître un commencement de dégoût ou d'effroi; de ce premier dégoût, de ce premier effroi, naît une première tendance à chercher hors de la raison le repos ou la sécurité qu'elle semble menacer, et, par suite, un premier désir d'échapper à son autorité, une première disposition à accueillir avec faveur les arguments qui la combattent. De cette faveur résulte pour le doute une nouvelle force, et de cette nouvelle force une tendance plus marquée à se complaire dans les illusions qui la soutiennent en la justifiant ; et ce malheureux progrès se continuant toujours ainsi, de réaction en réaction, notre pauvre esprit se verra de plus en plus invinciblement entraîné par la force du tourbillon, jusqu'au fond du gouffre où il devra enfin demeurer plongé sans retour.

Le plus fâcheux, c'est qu'à mesure qu'on se défie et qu'on se dégoûte davantage de la raison, on en use moins, on l'exerce moins, et que, par l'effet de la faiblesse où on la réduit, on autorise de plus en plus cette défiance et ces dégoûts. Autre cercle vicieux, plus déplorable encore que le premier, qui n'égare pas seulement le jugement et les sentiments, mais altère les faits eux-mêmes et nous fait juger mauvais ce qui ne le devient que par le jugement même qu'on en porte. Cercle funeste, auquel on ne peut songer sans effroi, quand on considère qu'on pourrait y enfermer et y étouffer la vie de toute une nation, et venir, après avoir tout fait pour abaisser son esprit et l'abêtir, conclure, de cet abêtissement même, à la nécessité de le perpétuer; à peu près comme les apologistes de l'esclavage justifiaient par l'état de dégradation de ses malheureuses victimes, la criminelle pratique dont cette dégradation est le plus odieux effet.

Encore une fois, nous le reconnaissons : quelle que soit la puissance de cette double impulsion par laquelle le cœur et l'esprit concourent simultanément à détruire notre confiance innée à la lumière qui éclaire tout homme venant dans ce monde, elle ne saurait produire tout l'effet auquel elle tend. Cette foi ne peut être entièrement détruite; mais combien, l'expérience ne le montre que trop! ne peut-elle pas être déplorablement affaiblie? Assurément, les arguments du scepticisme ne feront pas que nul homme puisse jamais douter de sa propre existence, ou aller heurter du front contre un mur, pour n'avoir pas ajouté foi au témoignage de ses sens. Le scepticisme ne fera pas qu'on résiste à l'évidence, lorsqu'elle viendra ainsi s'imposer d'elle-même et frapper, bon gré mal gré, les regards. Mais ne serait-ce rien qu'il pût, par exemple, détourner de la rechercher ou d'en rappeler le souvenir, et nous priver ainsi de toutes les acquisitions de la science, de toute la part de la vérité qui dépend de ses démonstrations, de tout ce qui exige quelque effort d'attention pour être entendu ou pour devenir objet de conviction? Tel est bien, en réalité, l'inévitable effet des doctrines sceptiques, de détruire au moins la foi à la science et à la raison réfléchie, de faire de l'inertie intellectuelle la loi souveraine de la sagesse, de nous réduire à ces simples notions que la nature n'a pas refusées aux plus ignorants des hommes, en laissant même les plus importantes exposées à tous les assauts des sens et de l'imagination, contre lesquels la philosophie a pour mission de les défendre; et, pour tout ce qui s'élève au-dessus, pour tout ce qui fait la vie des esprits et des âmes, de nous réduire aux dernières misères de l'ignorance et du doute, ou de nous livrer pieds et poings liés à toutes les puissances d'aveuglement et d'illusion qui combattent en nous la raison, et ne poussent à sa ruine que pour se donner plus libre carrière.

Or, c'est là, à notre sens, un mal, un très-grand

mal. Sans doute, il est bon de ne pas s'exagérer la puissance des facultés de notre esprit, et, — personne n'en est plus convaincu que nous, — c'est la première loi de toute sagesse, que de savoir en reconnaître les limites, la faiblesse et la faillibilité. Mais nous croyons qu'il importe aussi de ne pas s'en exagérer l'impuissance, qu'il faut savoir surtout ne pas nous défier follement de la lumière que nous leur devons, toute bornée qu'elle puisse être, et ne pas nous croire dans l'ignorance de ce que nous savons. Quelque insuffisant qu'il semble pour répondre aux désirs ardents de notre impatiente curiosité, le principe à l'aide duquel il nous a été donné d'atteindre, ou, si l'on veut, d'entrevoir le vrai, la raison est, pour l'être que nous sommes, la condition et l'origine de tout bien. Tout ce qui peut émouvoir les âmes saines et généreuses; tout ce qui fait l'honneur et le prix de la vie, la force et le bonheur des sociétés; tout ce qu'on nomme conscience, devoir, droit, justice, ordre, honnêteté, liberté, a son principe dans la raison; tout ce qu'on lui oppose de bon n'est qu'elle-même, sous un nom ou sous un autre;

tout ce qui a réellement sujet de la redouter est un mal. La conscience n'est que la mesure du bien et du mal, qu'elle porte en elle-même comme une partie de son essence; le devoir est la règle qu'elle nous impose, et le droit, la dignité qu'elle confère par sa seule présence à l'être en qui elle réside, de ne relever que de lui-même, c'est-à-dire d'elle seule. La déférence à l'autorité est la loi qu'elle se prescrit, quand elle est moins éclairée, de suivre comme indice de la vérité les traces de celle qui l'est davantage; comme l'esprit d'examen et d'indépendance est le droit qu'elle s'arroge de ne pas prendre pour vérité ce qui ne l'est pas. L'unité, qu'on l'accuse de détruire, est l'accord que sa lumière produit entre les esprits; la liberté est sa vie, et la soumission, le frein qu'elle impose à l'indépendance individuelle dans l'intérêt de la liberté de tous. La raison est donc véritablement l'unique sauvegarde, l'unique force des intérêts pour lesquels on la redoute. En même temps qu'elle sauve tous les intérêts légitimes, elle les concilie tous, parce que, contenant le principe et la source de chacun d'eux, elle en contient aussi la mesure.

La raison étant le principe de tout bien, c'est dans sa force et son autorité que résident la force et l'autorité du bien ; c'est de son plus grand développement que dépendent à la fois le développement et l'étendue du bien, et le plus grand malheur pour l'homme et la société, serait que cette autorité pût être ruinée ou affaiblie, ce développement comprimé. Voilà du moins ce que nous pensons.

Mais, quelle que soit à cet égard la valeur de nos sentiments, que nous ne chercherons pas pour le moment à justifier, il suffit que nous les exprimions pour que l'on comprenne l'intérêt que nous attachons à ôter aux sentiments contraires les prétextes que leur offre le scepticisme, et à essayer de réduire à néant, si nos forces nous le permettent, ces tristes sophismes, ces malheureux systèmes par lesquels on voudrait nous détacher de ce qu'il y a de meilleur en nous, et nous contraindre à renier la lumière précieuse, par laquelle l'Auteur de toute vérité se manifeste à nos regards.

Pour combattre efficacement le scepticisme, il

faut l'attaquer là où est sa véritable force. Où est aujourd'hui cette force? Il y a deux sortes de doctrines sceptiques : d'une part, le pyrrhonisme proprement dit, dont le caractère est de procéder *à posteriori,* et de soutenir qu'en fait la science n'existe pas; et, de l'autre, le scepticisme systématique, qui cherche à démontrer *à priori* qu'elle ne saurait exister; le premier arguant contre la raison, du spectacle de ses erreurs, de ses interminables contradictions, du vice de ses démonstrations, et cherchant à l'accabler sous le poids de ses fautes et de ses misères; l'autre cherchant à en démontrer l'impuissance irrémédiable, par l'analyse des facultés qui la constituent, par la nature des idées et des principes sur lesquels s'appuient ses jugements et ses recherches.

Le pyrrhonisme a fait son temps, et il n'est plus permis aujourd'hui à un esprit éclairé de le prendre au sérieux. L'esprit humain a marché depuis Pyrrhon et Sextus; il a démontré sa puissance, il a répondu à ceux qui la niaient, comme Diogène répondait aux subtiles argumentations à l'aide desquelles on cherchait à démontrer en sa présence l'impossibilité du mouvement. On peut essayer de renfermer cette puissance dans telles ou telles limites ; on peut contester encore aujourd'hui telle ou telle partie de la science ; mais, pour la science elle-même, il n'est pas plus permis d'en contester l'évidence ou l'unité, que d'en nier l'influence et les bienfaits. Ce que nous disons du pur pyrrhonisme peut s'appliquer aux doctrines des sophistes, contre lesquels Socrate exerçait son bon sens et sa charmante ironie. S'il peut être permis encore de supposer, avec Kant, que la vérité est toute relative aux lois constantes et uniformes de notre esprit, il ne saurait l'être désormais de soutenir, avec Protagoras, qu'elle dépend du caprice individuel de chacun ; pas plus que d'oser, après les découvertes des Newton et des Kœpler, et en présence de la *Mécanique céleste* de Laplace, accuser la nature d'échapper, par son incessante mobilité, aux efforts par lesquels nous voudrions la saisir.

Reste le scepticisme systématique, ou autrement le nihilisme, c'est-à-dire la philosophie *critique* de

Kant, qui nous paraît avoir absorbé tout ce qu'il y a de considérable dans les doctrines analogues qui l'ont précédée, notamment dans celle de Hume. C'est là qu'est désormais la principale ou l'unique force du scepticisme.

Et cette force est redoutable, il faut l'avouer. Le nom seul de l'auteur, nom qui rappelle toutes les qualités de l'esprit et du caractère les plus propres à inspirer le respect et l'autorité, le seul fait de l'existence de cette doctrine, sont une force pour le scepticisme, un danger pour les intérêts qu'il menace. Quel danger, en effet, ne crée-t-il pas, notamment aux plus vitales des études, dans un moment où tant de malheureuses passions, tant d'aveugles mais puissants préjugés sont conjurés pour leur ruine? Quel triomphe pour ces passions et ces préjugés, quel triomphe pour les adversaires de la philosophie et de son principe, pour les ennemis de la raison et de ses progrès, que de pouvoir dire, comme la doctrine qui va nous occuper semblerait en donner le droit : Voilà l'homme qui a le mieux connu cette raison, à laquelle vous voudriez vous fier ; nul ne l'a condamnée plus sévèrement, nul n'a mieux montré son incurable impuissance, son irrémédiable incertitude ; voilà celui qui en a usé avec le plus de rigueur, qui en a suivi le plus strictement les méthodes : voyez l'abîme où elles l'ont conduit!

Il importe de ne pas leur laisser ce droit ; il importe de montrer qu'ici, comme partout, lorsque l'on condamne la raison, ce n'est pas pour l'avoir bien connue, mais au contraire par l'effet des idées fausses qu'on s'en forme ; que si l'on arrive aux derniers abîmes, ce n'est pas en s'appuyant sur les vrais principes de la raison, mais en raisonnant sur des hypothèses qu'elle condamne ; que ce n'est pas non plus pour avoir suivi la vraie méthode philosophique, mais pour en avoir méconnu les lois. Encore une fois, Kant est un grand et sérieux esprit, ayant tous les titres au respect de tous et à la reconnaissance des amis de la science : il l'a servie même par sa *Critique de la raison pure*, qui contient assurément une large part de vérité, souvent précieuse par sa nouveauté et sa profondeur. Mais c'est, à nos yeux, une raison de plus pour signaler les erreurs de cette œuvre et démasquer les principes qui ont conduit son auteur à l'abîme.

D'ailleurs, cette doctrine n'est pas sans danger pour les vrais philosophes. Le système sur lequel reposent ses paradoxales conclusions, est profond, subtil, fortement conçu, côtoyant souvent la vérité et lui empruntant sa force, et, de plus, d'une incomparable rigueur dans ses déductions. Il offre d'ailleurs des séductions pour tous les esprits ; il flatte à la fois toutes les tendances entre lesquelles ils se partagent, il a des affinités avec toutes les grandes doctrines qui les divisent; allant même jusqu'à en admettre simultanément les prétentions les plus exagérées : celles du sensualisme, en réduisant toute connaissance à la connaissance sensible ; celles du spiritualisme, en réduisant toute réalité à la seule pensée ; celles de l'idéalisme, en faisant, des notions générales innées, la condition de toute connaissance; celles de l'éclectisme, par cela seul qu'il semble ainsi tout concilier.

Cet *Essai* se divise tout naturellement en deux parties : l'une consacrée à l'exposition ; l'autre à la critique de la doctrine qui en est l'objet. Un mot sur la méthode suivie en chacune d'elles.

Peut-être trouvera-t-on notre analyse un peu trop libre, trop peu littérale, trop semblable à un commentaire explicatif. C'est à dessein que nous lui avons donné ce caractère ; notre but l'exigeait. N'en eussions-nous eu d'autre que de faire connaître la pensée de l'auteur, une analyse matériellement exacte de la *Critique de la raison pure* n'aurait pu y suffire. Une telle analyse d'un des livres les plus obscurs qui aient jamais été écrits, eût été absolument inintelligible. Mais nous avions, de plus, à en discuter les principes et les arguments. Or, très-souvent Kant laisse à deviner les uns, et ne nous offre des autres que des lambeaux épars et incomplets. Voilà pourquoi nous avons été forcé, bien malgré nous et malgré les inconvénients que peut offrir une telle méthode appliquée à une doctrine que l'on veut combattre, de reconstituer à notre manière celle de la *Critique.* Ce n'est pas notre faute si Kant a parfois plutôt indiqué qu'exposé les vrais principes de sa doctrine, et si nous ne pouvons discuter le système sur lequel reposent ses conclusions, sans commencer par construire ce système. Le lecteur jugera si nous l'avons fait exactement. Ce qui nous donne l'espoir d'y avoir réussi, à part le soin que nous y avons mis et notre vif désir de pénétrer les vraies causes du mal auquel nous voudrions porter remède, c'est que la pensée de l'auteur forme dans notre esprit, à la manière dont nous la concevons, un tout harmonique, parfaitement lié dans toutes ses parties et où les conclusions se montrent rigoureusement enchaînées aux principes. Sans doute, il y aurait témérité à nous flatter d'avoir pu en bannir absolument toute obscurité. A part tout ce qui a pu nous manquer personnellement, il y a peut-être ici des causes d'obscurité invincibles, non-seulement celles qui tiennent à la profondeur, mais surtout celles qui proviennent de la fausseté des idées ; car il paraît difficile qu'en fait de psychologie, ce qui est faux et n'offre aucune prise à la conscience puisse être parfaitement clair. Nous espérons néanmoins pouvoir, pour peu que la patience du lecteur veuille bien nous seconder, faire assez entendre les hypothèses que nous aurons à discuter, pour qu'on puisse tout à la fois voir clairement comment les conclusions malheureuses que nous voulons combattre en dépendent étroitement, et apprécier la critique à laquelle nous devons les soumettre.

Le système exposé, restait à l'apprécier, c'est-à-dire, suivant nous, à le réfuter. Plus d'un bon esprit pensera sans doute qu'il eût suffi pour cela de lui opposer l'étrangeté des paradoxes auxquels conduit son auteur, et les invincibles répugnances que ces paradoxes ne peuvent manquer de soulever chez tout homme de sens. Tel n'est pas notre sentiment. Partout sujette à de graves inconvénients, cette manière d'opposer aux résultats des investigations laborieuses de la science l'autorité du bon sens vulgaire, nous semble ici particulièrement insuffisante et impuissante. Supposons un esprit réellement séduit par le prestige de quelqu'une de ces doctrines qui réduisent à néant tous les objets de nos pensées : que pourra sur lui, contre la force de cette séduction, la force de la nature et du sens commun ? Pourquoi l'une de ces deux forces l'emporterait-elle toujours sur l'autre ? Si cette dernière triomphe, sans qu'on ait levé tout doute sur l'inanité des apparences qui font la première, le scepticisme continuant à paraître le dernier mot de la science, n'est-ce pas la condamnation de la science et de ses méthodes, c'est-à-dire encore, le triomphe du scepticisme ? Et si l'on demeure indécis entre les deux, n'est-on pas, comme le remarque Pascal, excellemment sceptique ? Par le fait, n'a-t-on pas vu dans tous les temps, plus d'un esprit d'une incontestable valeur n'être nullement empêché par cette force de la nature et du sens commun, de prendre les pires paradoxes des doctrines sceptiques assez au sérieux pour en tirer les conséquences pratiques les plus graves, telles, par exemple, que l'inertie intellectuelle et l'inertie morale érigées en système ; et parmi ceux qui repoussent ces paradoxes, un bien plus grand nombre prendre prétexte de leur existence pour condamner les labeurs de la science, pour présenter comme un danger toute étude sérieuse et approfondie des choses, et s'endormir mollement dans les langueurs d'un demi-scepticisme, commode pour la paresse, commode pour les préjugés et pour les intérêts qui en dépendent, doux peut-être aussi à l'imagination et à certaines affections du cœur par la liberté qu'elle leur laisse et l'autorité qu'elle leur permet de s'arroger, mais très-funeste aux intérêts de la vérité et aux intérêts du vrai bien, toujours inséparables de ceux de la vérité?

Il n'y a donc qu'un seul moyen efficace de prévenir tous les effets des doctrines sceptiques sérieuses : c'est de prendre ces doctrines corps à corps et de dissiper, par l'analyse et la discussion, les paralogismes, les faux systèmes, en un mot, toutes les apparences spécieuses qui en font la force. Cela peut se faire de deux manières : d'une part, en montrant, s'il y a lieu, comme il y a lieu, en effet, à l'égard de Kant, que les principes sur lesquels on s'appuie ne peuvent se soutenir sur leurs propres bases; qu'ils dépassent le but qu'on se propose et vont, au dernier terme des conséquences absurdes qui en résultent, jusqu'à se détruire eux-mêmes;

d'autre part, en mettant ces principes ou les systèmes qui les contiennent, en regard des faits. Ceci surtout est l'important : les faits sont la mesure naturelle des systèmes. C'est cette mesure que nous nous proposons, par-dessus tout, d'appliquer à la grande et malheureuse conception de la philosophie *critique*.

Nous n'entendons pas pour cela opposer système à système. Sans doute, pour appliquer au système de la *Critique* la mesure dont nous parlons, il faut nous former une certaine idée des faits, mais cette idée n'est pas un système ; elle procède d'une méthode bien supérieure à tous les systèmes et à la méthode qui les crée. Cette méthode n'est point de nous, elle est fort supérieure à nous et même à toute pensée individuelle. D'ailleurs elle laisse peu de prise à l'initiative, peu de place à l'orgueil ou aux erreurs de chacun de nous. Cette méthode, nous l'appellerions la méthode française, si nous ne craignions de faire oublier par là que, si elle n'a été qu'assez récemment formulée et réduite en préceptes, elle a toujours été mise en pratique par les meilleurs et les plus grands esprits de tous les temps; et que la science des choses divines et humaines lui doit tout ce qu'elle peut offrir de meilleur et de plus solide. Cette méthode est celle de Descartes, seulement complétée et mieux maintenue dans ses véritables voies, dont s'écarta trop souvent son auteur. C'est celle qui, posant en principe avec ce grand esprit, qu'il faut chercher partout l'évidence et ne se fier qu'à elle, au lieu de procéder par suppositions plus ou moins hasardées, ajoute avec les maîtres plus récents de la philosophie française et avec les philosophes écossais, français eux aussi par l'analogie des doctrines autant que par adoption, avec Maine de Biran, Thomas Reid, Royer-Collard, M. Cousin, Jouffroy, etc., qu'en fait de philosophie, cette évidence, but de tous les efforts de la science, doit être cherchée non dans des constructions ou des déductions *à priori,* mais, avant tout, dans les faits que la conscience offre à notre observation. C'est principalement par cette méthode que la philosophie française se distingue de celle de nos voisins, et qu'elle lui est, selon nous, supérieure.

La philosophie allemande a ses mérites incontestables. La philosophie du pays de Descartes a aussi les siens, qu'une modestie exagérée ne doit pas nous faire méconnaître. Si la première l'emporte par l'étendue du savoir, par la hardiesse et la force de ses spéculations, par la profondeur de ses investigations, la subtilité de ses abstractions, par son incomparable puissance de combinaison et d'invention, la dernière nous semble racheter quelque peu ce qui lui manque de ce côté, par la supériorité de son bon sens tout socratique. Ce bon sens, elle le doit à sa méthode, qui n'est peut-être elle-même que l'effet et l'expression la plus générale et la plus élevée du bon sens. C'est sur cette méthode que nous voulons nous appuyer. On trouvera, sans doute, dans cet écrit plus d'une idée ne portant que trop l'empreinte du travail personnel de l'auteur, et dont nous devons seul accepter la responsabilité; mais, s'il contient quelque vérité, c'est à cette méthode que nous le devrons. C'est grâce à elle que nous pouvons l'espérer sans trop de présomption, et, pour emprunter la comparaison de Bacon, avec aussi peu de présomption qu'il pourrait y en avoir à prétendre mieux tracer un cercle avec un compas, que ne le ferait la main la plus habile, privée du secours de cet instrument. C'est elle, c'est la pensée commune de nos maîtres, bien plus que nos pensées individuelles, que nous entendons opposer à une des plus malheureuses conceptions qu'ait enfantées, dans l'abus de sa force, le génie allemand[1].

---

[1] La philosophie de Kant a été en France l'objet de plusieurs travaux importants : à la liste publiée par M. de Rémusat dans ses *Essais*, il faut ajouter les consciencieuses analyses de M. Wilim, (*Histoire de la philosophie allemande*); le chapitre plein d'excellentes observations que M. Ad. Garnier a consacré à la *Critique de la raison pure*, dans son *Traité des facultés de l'âme*, et enfin, les *Examens* de M. Barni, qui a entrepris sur cette philosophie et qui poursuit avec autant de persévérance que de talent un travail d'ensemble, dont les amis des hautes études attendent l'issue avec impatience. Mais M. Barni n'a pas encore abordé, dans ses *Examens*, la *Critique de la raison pure*; et ni M. Garnier, ni M. Wilim, ni aucun des auteurs qui les ont précédés, n'ont envisagé le système du célèbre allemand sous le point de vue qui nous préoccupe ; personne, que nous sachions, n'a songé jusqu'ici à chercher dans les entrailles mêmes de ce système, la source des conclusions de l'auteur contre la vérité objective de la connaissance humaine, et essayé de combattre ces tristes conclusions dans les principes d'où elles nous semblent dériver. C'est au contraire un préjugé universellement répandu encore aujourd'hui, que le scepticisme de la *Critique* n'a aucun rapport avec les idées psychologiques contenues dans ce grand monument, qu'il repose uniquement sur les *antinomies* et sur le banal argument tiré de l'impossibilité où se trouve la raison humaine de démontrer sa propre véracité sans

tourner dans un cercle vicieux. Le but de notre travail est précisément, d'abord de démontrer, contrairement à ce préjugé, que le jugement désespérant porté par Kant sur la valeur objective de la connaissance humaine, a pour unique ou au moins pour principal fondement, les idées systématiques de ce philosophe sur la nature et les lois des facultés de notre esprit, puis de combattre ce jugement en mettant en évidence la fausseté de ces idées.

# PREMIÈRE PARTIE

## ANALYSE

### CARACTERE ET OBJET DE LA DOCTRINE DE KANT SUR LA CONNAISSANCE HUMAINE.

Ce n'est pas sans raison que la doctrine exposée par Kant dans sa *Critique de la raison pure*, a été mise au rang des doctrines sceptiques : elle offre, en effet, au plus haut degré le caractère essentiel du scepticisme, dont le propre est de nier toute science digne de ce nom, toute connaissance de la vérité, toute certitude de la posséder, et jusqu'au pouvoir de l'esprit humain d'y arriver jamais. Mais, il importe de le reconnaître, là se borne la ressemblance du scepticisme de la philosophie critique avec le scepticisme vulgaire, avec le pyrrhonisme. Il en diffère sous tous les autres rapports, par le but, par la méthode, par la nature des conclusions [1], et surtout par les arguments donnés à l'appui de ces conclusions. Les *antinomies* rappellent bien, il est vrai, les ἀντικείμενα (oppositions) de Sextus Empiricus; mais elles ne jouent, dans la *Critique de la raison pure,* qu'un rôle secondaire; elles n'y servent qu'à confirmer après coup un arrêt fondé sur des considérations d'un ordre tout différent. Les vrais motifs de cet arrêt désespérant sont, avant tout, dans les idées particulières que Kant se forme des facultés qui en sont l'objet, c'est-à-dire, dans son système sur la connaissance en elle-même, sur la nature, et l'origine des principes qui servent à la constituer.

Pour bien comprendre le but et le caractère de ce système, reportons-nous au temps qui le vit

---

[1] Les pyrrhoniens n'émettent qu'un simple doute sur l'aptitude de nos facultés à nous donner la vérité. Comme nous le verrons, Kant fait plus, il nie cette aptitude; il nie, et en même temps il affirme; il nie le rapport qui, suivant les idées communes, unit la connaissance à l'objet connu; il affirme un rapport tout différent.

naître. Ce temps ressemblait peu à celui qu'avaient illustré les hautes et hardies spéculations des Descartes, des Malebranche et des Leibnitz. A l'heureuse confiance avec laquelle ces grands esprits s'étaient élancés jusqu'aux sommets les plus élevés de la région supérieure des vérités universelles et éternelles, avaient succédé les défiances et la circonspection de l'esprit critique. Cet esprit régnait partout, avait tout envahi : partout le désir de comprendre ou de se fixer avait fait place à la crainte de l'erreur, au soin de la combattre ou de l'éviter; partout les besoins de notre nature intellectuelle qui donnent naissance aux systèmes, avaient fait place à celui qui les fait discuter et juger.

Or, il y a deux choses à considérer dans les systèmes philosophiques : les opinions particulières des philosophes qui les ont mis au jour, et le fonds commun des idées et des principes sur lesquels ils reposent tous, c'est-à-dire, par exemple, s'il s'agit de métaphysique, ces idées d'infini, d'absolu, de substance, de cause, d'être, de temps, d'espace, sous lesquelles nous concevons les objets de toute spéculation métaphysique, Dieu, l'âme et l'univers. Cela étant, représentons-nous l'esprit critique porté à ce point de rigueur et de profondeur, qu'on se demande, avant tout, ce qu'il faut penser de ces idées elles-mêmes, de leur valeur, de leur portée, des conditions de leur légitime application, de l'esprit humain lui-même dont elles constituent le fond; nous concevrons l'origine et le but d'un genre de spéculation philosophique propre au dix-huitième siècle, auquel on peut rapporter, aussi bien que les travaux de Kant, ceux de deux autres auteurs célèbres de ce siècle, Locke et Hume, mais dont la *Critique de la raison pure* offre le modèle le plus complet, le plus régulier et le plus remarquable à tous égards. Ce genre de spéculation n'est pas par lui-même le scepticisme et ne le contient pas nécessairement. Il n'y aurait jamais conduit, suivant nous, si ceux qui s'y sont livrés eussent toujours bien raisonné et bien observé les faits. Le nom de *philosophie critique,* donné par Kant à sa propre doctrine, nous semblerait très-propre à le caractériser d'une manière générale. C'est, en effet, une sorte de critique philosophique, seulement plus profonde et plus générale à la fois que la critique vulgaire, et s'en distinguant essentiellement en ce qu'elle prend pour objet de ses discussions, non telle ou telle œuvre passagère de l'esprit humain, mais l'esprit humain lui-même et les principes qui le constituent. C'est bien aussi une sorte de recherche sur l'entendement et les objets de cette faculté, une sorte de psychologie intellectuelle et de métaphysique; mais une psychologie qui ne cherche à connaître les faits que pour les juger ; une sorte de métaphysique différant de la métaphysique vulgaire en ce qu'au lieu de chercher à résoudre les hautes questions que se pose celle-ci sur l'âme, sur Dieu, sur la nature des choses, leur origine et leur destinée, elle se borne à discuter *à priori* la possibilité d'en obtenir la solution, la possibilité de la métaphysique. On conçoit aisément comment cette sorte de critique supérieure dut se faire jour à la suite des grands efforts que la philosophie du dix-septième siècle avait consumés, très-vainement suivant certains esprits, à ses hautes et ambitieuses recherches. En voyant tant de peine perdue à la poursuite d'un but qui fuyait sans cesse, on dut finir par se demander si ce but était vraiment accessible ou s'il n'excéderait pas absolument la portée de l'esprit humain et les bornes de notre compréhension ? De là naturellement ces autres questions : Quelles sont ces bornes, que pouvons-nous connaître, que devons-nous toujours ignorer, et finalement, pouvons-nous rien connaître ? Qu'est-ce que connaître, et que sont réellement en eux-mêmes les objets dont nous prétendons avoir la connaissance ? Telles sont les questions que se pose Kant dans sa *Critique*, et que Locke et Hume s'étaient posées avant lui, moins complètement, il est vrai, et surtout en les discutant avec beaucoup moins de profondeur.

Locke nous le dit lui-même. En prenant pour objet de ses méditations les facultés de l'entendement, il se proposa surtout de déterminer les limites imposées par la nature à la puissance de ces facultés [1]. Il eût voulu, par là, en faisant sentir aux philosophes la nécessité de mettre un frein à leur curiosité immodérée et en les détournant des objets que nulle pensée humaine ne saurait atteindre,

---

[1] *Essai philosophique concernant l'entendement humain ;* préface.

faire cesser ces contradictions insolubles qui font leur tourment, ces controverses interminables qui discréditent la philosophie aux yeux du vulgaire et nuisent si malheureusement aux progrès de la vérité. Hume alla plus loin que Locke. Ce ne fut pas seulement pour marquer les limites de la science, ce fut aussi pour en apprécier la certitude et en mesurer la valeur, qu'il voulut remonter aux sources dont elle dérive et soumettre à une analyse rigoureuse les principes qui lui servent de fondement. De là ses recherches sur une des plus fondamentales de nos idées, l'idée de cause et la célèbre discussion à laquelle il soumit le principe de causalité avec les parties de la connaissance qui en dépendent, notamment l'induction.

Kant poursuit, en lui donnant plus d'extension et de profondeur, la pensée du sceptique anglais. Hume avait borné ses investigations critiques à la seule idée de cause, au seul principe causalité. Kant donne aux siennes un objet beaucoup plus vaste et plus général, il les étend à une classe entière d'idées toutes remarquables par les mêmes caractères qui avaient attiré sur l'idée de cause, l'attention de son précurseur ; à savoir : d'une part, leur importance supérieure, le rôle considérable qu'elles jouent dans tous les développements de l'intelligence humaine, particulièrement dans la métaphysique ; de l'autre, l'impossibilité de leur assigner une origine sensible, et de les justifier par l'expérience. Telles sont d'abord celle sur laquelle Hume avait concentré tout le débat, puis les notions également nécessaires et universelles de temps, d'espace, d'unité, de substance, d'être, etc. Kant voudrait surtout savoir quelle est l'origine de ces notions et de la nécessité que nous remarquons en elles, ou plus exactement de la nécessité des principes sous l'autorité desquels nous leur rapportons tous les objets de nos pensées ; d'où vient que n'étant jamais contenues dans les données de l'expérience, elles s'ajoutent toujours à ces données et concourent toujours avec elles à former la connaissance des choses ; d'où vient que nous affirmons de tout fait qui s'offre à nos regards, qu'il doit avoir été produit par une cause, se rattacher à une substance, avoir une place déterminée dans le temps et dans l'espace, etc., quoique l'idée qui nous est donnée du fait par l'expérience ne contienne aucun de ces rapports. Comment, en général, se demande-t-il dans le langage scholastique qu'il affectionne, des jugements *synthétiques à priori* sont-ils possibles ? Les jugements qu'il nomme synthétiques sont ceux dans lesquels l'esprit ajoute à l'idée du sujet un attribut qui n'était pas contenu dans cette idée et compris dans sa définition, tels que ceux-ci : « Les corps sont pesants, » « tout fait est produit par une cause. » Il les oppose aux jugements analytiques, où l'esprit, sans rien ajouter à l'idée, se borne à la développer et à mettre en lumière quelqu'un des éléments qu'elle enveloppe ; cet autre, par exemple : « Tous les corps sont étendus, » dont l'énoncé ne saurait rien apprendre à quiconque connaît le sens du mot corps, puisque la notion d'étendue est comprise dans la définition de ce mot. Tous les jugements analytiques sont nécessaires, et par conséquent évidents *à priori*. Les jugements synthétiques sont : les uns *à posteriori*, à savoir tous les jugements dérivés de l'expérience ; les autres *à priori*, tels que l'affirmation du rapport de tout fait à une cause, à une substance, à un temps, etc. Les jugements synthétiques *à posteriori* n'offrent aucune difficulté, pas plus que les jugements analytiques, tous fondés sur le principe de non contradiction, tous se réduisant à dire que toute chose est ce qu'elle est, que $A = A$. Les jugements synthétiques *à priori* offrent un plus grand sujet d'étonnement. Pour peu qu'on y réfléchisse, il est difficile de ne pas se demander comment ils sont possibles, quelle en est l'origine et la valeur, et d'où vient la nécessité que nous remarquons en eux? De la solution de ces questions dépend, suivant Kant, le sort de toute métaphysique, et il eût pu ajouter de toute science, car il n'est pas une partie de la science humaine qui n'implique quelqu'un de ces jugements, et dans laquelle il ne nous arrive à chaque instant de remonter d'un fait visible à ses conditions invisibles : cause, substance, espace, temps, etc. Cette solution est le but du système dont nous allons essayer de faire connaître les points essentiels.

Les efforts de l'auteur portent successivement sur trois classes d'idées étroitement unies entre elles : 1° les notions d'espace et de temps, qu'il rapporte à la sensibilité (*Sinnlichkeit*) ; 2° les notions de cause, de substance, d'être, d'unité, etc., qu'il fait naître de l'entendement, faculté active et spontanée, dont le propre est de coordonner les diverses représentations déjà reçues par la sensibilité, pour former, avec la matière que ces représentations lui fournissent, la connaissance des objets ; 3° les idées émanant de la raison pure, les *idées* par excellence, les *idées* dans le sens platonicien du mot, c'est-à-dire, la notion de l'absolu sous ses diverses formes et dans ses diverses applications.

# CHAPITRE PREMIER.

## ESTHÉTIQUE TRANSCENDANTE OU THÉORIE DE L'ESPACE ET DU TEMPS.

—

I. *De l'espace.* — La notion ou représentation[1] de l'espace est, d'après Kant, la plus fondamentale des notions universelles que nous venons d'énumérer.

---

[1] Le mot représentation est, dans le langage de Kant, le terme général qui embrasse dans son extension tout ce qui se nomme autrement idée, notion, connaissance, intuition, conception, etc. Chacun de ces mots, qu'on prend ordinairement comme synonymes, a chez lui une signification propre bien déterminée. « Nous ne manquons pas, dit-il, de mots appropriés aux diffé» rentes espèces de représentations...... En voici l'échelle : Le » mot générique est représentation (*Vorstellung*); il comprend la » représentation avec conscience (*Vorstellung mit Bewusztseyn, per*» *ceptio*); une perception qui se rapporte simplement au sujet » comme modification de son état, est sensation (*Empfindung,* » *sensatio*); une perception objective est connaissance (*Erkennt-*» *nisz, cognitio*); celle-ci, à son tour, est intuition ou concept » (*Anschauung oder Begriff, intuitus vel conceptus*). L'intuition » se rapporte immédiatement à l'objet, en sorte qu'elle est né» cessairement singulière; le concept s'y rapporte médiatement » par le moyen d'un caractère ou attribut commun à plusieurs

De là vient qu'elle est soumise la première à son analyse et à ses critiques.

Au sujet de cette idée, on voit se dessiner, dès le début de la *Critique de la raison pure*, un des traits les plus essentiels du système, le plus important peut-être, et où se montre la principale source des conclusions auxquelles il aboutit ; nous voulons parler de la part excessive que l'auteur attribue à la sensibilité[1]

---

» choses. Le concept est ou empirique ou pur ; et le concept pur,
» s'il a son origine dans l'entendement seul (et non dans une-
» image pure de la sensibilité), s'appelle notion (*notio*). Le con
» cept suscité par des notions et qui dépasse la possibilité de l'ex-
» périence, s'appelle idée ou concept de raison, ou bien encore
» concept rationnel. » — Ros. 258. Born 247. Tiss. II, 28.

Nous devrons, dans plus d'une occasion, rappeler ces termes et ces règles du vocabulaire de Kant ; mais nous ne les adoptons pas, et nous tâcherons de n'avoir en général, même dans notre exposition, d'autre langue que la langue commune.

[1] Nous voudrions bien marquer ici avec précision la signification de ce mot sensibilité (*Sinnlichkeit*), qui joue un si grand rôle dans la *Critique de la raison pure* et dont nous aurons à faire un usage fréquent. Malheureusement, l'idée qu'il exprime est tellement élémentaire, qu'il est impossible de la résoudre dans d'autres idées et par conséquent d'en donner une véritable définition. Tout ce que nous pouvons faire, c'est d'en déterminer le sens par des applications, en disant, par exemple, que la sensibilité est la faculté ou capacité qu'a notre âme (*die Fæhigkeit [Receptivitæt] unsers Gemüths*) d'être affectée (*afficirt zu werden*), d'être modifiée comme elle l'est, d'abord dans les impressions reçues du dehors par l'inermédiaire de nos organes, dans ce que nous nommons froid,

dans la formation de la connaissance ; en d'autres termes, de ses concessions à la doctrine célèbre que l'histoire et la logique ont si souvent convaincue, depuis Protagoras jusqu'à Hume, d'aboutir forcément aux derniers excès du scepticisme et du nihilisme. Sans doute, la sensibilité n'est pas tout dans ce système, comme dans celui de Condillac ; mais elle est la condition et la base de tout, et on peut, je crois, le dire sans exagération, le rôle en est tel, que les résultats sont les mêmes que si elle était tout. Il est certain du moins qu'on fait reposer en elle seule les plus fondamentales de nos idées, et particulièrement celle qui, suivant Kant, est le fondement de tout l'édifice de la connaissance humaine, à savoir, l'idée de l'espace.

Ce qui n'est pas moins certain à nos yeux, c'est

---

chaleur, saveur ; mais plus généralement dans la douleur et dans le plaisir, quelle qu'en soit l'origine, dans la tristesse et dans la joie, dans l'amour et la haine ; en un mot, dans nos sensations, émotions, affections, passions de toute nature. Cette explication, quelque imparfaite qu'elle puisse être, suffit à notre but. Il en résulte immédiatement, que rapporter un fait à la sensibilité, c'est lui attribuer implicitement les caractères communs à tous les faits que nous venons de nommer. Nous verrons bientôt quels sont ces caractères, quelles conséquences en résultent relativement aux idées dont on place le fondement dans la sensibilité ou qu'on identifie avec les affections de cette faculté, et quels rapports les unissent aux paradoxes du scepticisme ou du criticisme.

que de là dérive le jugement *critique* porté sur cette idée, jugement par lequel elle est déclarée absolument impropre à représenter aucun objet réel hors de l'esprit qui la conçoit.

Hâtons-nous pourtant de le dire : lorsque Kant place l'origine et le fondement de la notion de l'espace dans le principe par lequel nous sentons, c'est d'une façon bien différente de celle de la plupart des philosophes qui cherchent à tout dériver de ce principe. C'est en s'appuyant sur une connaissance des faits bien autrement exacte et approfondie ; c'est surtout en sachant éviter de leur faire subir aucune de ces violences qu'on a reprochées à ces philosophes. Il faut le reconnaître : en général, les erreurs vulgaires et grossières sont rarement les siennes ; esprit plein de finesse et de clairvoyance, excellent observateur quand il lui plaît d'observer, au lieu de construire *à priori;* fécond d'ailleurs en expédients ingénieux, ce n'est pas lui qui pourrait ne pas voir ce qui frappe tout regard tant soit peu attentif, ou en être embarrassé. Considérons, par exemple, ces remarquables attributs d'infinité, de nécessité, d'universalité, d'unité, par lesquels l'objet de la notion qui nous occupe contraste si vivement avec les objets bornés, variables, contingents et relatifs de la sensation, et que, pour ce motif, on a toujours opposés avec tant de force et de persistance aux prétentions du sensualisme, pense-t-on qu'il aille les nier, les défigurer ou les amoindrir, comme on l'a fait si souvent dans l'École dont il adopte le principe fondamental? Loin de là; par un de ces traits, nombreux du reste chez lui, et qui ont tout à fait trompé sur le caractère de sa doctrine, au point de la faire comparer aux doctrines les plus opposées, à celles de Platon lui-même et de Leibnitz, il semble se complaire à les décrire; il y insiste avec force, comme eussent pu le faire Descartes, Malebranche ou Leibnitz. Il fait plus encore, il les oppose au sensualisme et à l'empirisme vulgaires : il montre contre ces systèmes que l'espace étant nécessaire et servant de fondement à des vérités nécessaires, celles de la géométrie, la notion que nous en avons ne saurait dériver de la perception de choses contingentes, telles que sont les choses sensibles; que l'espace étant infini et absolument un, tandis que toutes les idées qui dérivent de l'expérience, par quelque voie que ce puisse être, impliquent quelque idée de limitation ou de pluralité, la notion ou représentation de l'espace ne saurait être rapportée à cette source. Il va, enfin, jusqu'à soutenir que cette représentation est la condition de toute expérience; que l'étendue finie perçue à l'aide de nos sens, ne sauraient être conçues par nous que comme la limitation d'un espace unique, infini, dans le sein duquel elle est contenue ; que toute intuition extérieure a, dans la représentation de cet espace, son fondement nécessaire. Malgré tout cela, malgré ces profondes et ingénieuses observations, dirigées contre la philosophie de son temps, Kant n'en maintiendra pas moins, dans ce qu'il a d'essentiel, le principe de cette philosophie. Pour avoir été conservée dans toute son intégrité, avec tous les caractères qui semblent l'élever le plus au-dessus de toute idée sensible, la notion d'espace n'en sera pas moins pour lui toute fondée sur la sensibilité. Voici comment :

Kant ne cherche pas le fondement de la notion d'espace dans une de ces modifications adventices et passagères de la sensibilité, qui naissent en nous de nos rapports avec les choses du dehors et auxquelles convient proprement le nom de sensation. Pour rendre compte des faits qu'il vient d'analyser et d'opposer à l'empirisme vulgaire, il crée l'hypothèse que voici : Il imagine un mode de la sensibilité indépendant de toute cause extérieure et variable, comme une sorte de sensation innée, *à priori*, préformée, toujours présente, toujours inhérente au sujet, invariable, identique, unique, comme l'objet de la notion à laquelle elle doit servir de fondement. Contrastant par tous ces caractères avec les impressions venues du dehors, le mode sensible dont nous parlons se lie pourtant à toutes ces impressions par un rapport nécessaire et réciproque, pareil à celui qui unit l'espace au corps, de telle sorte que celles-ci ne peuvent être sans lui ni lui sans elles ; il en est l'élément uniforme, invariable ; en un mot, il en est la *forme;* il est la *forme* de la sensibilité. Ce mot est celui de Kant, auquel il revient constamment, comme à l'expression la plus claire et la plus rigoureuse de sa pensée ; mot singulièrement profond et merveilleusement inventé ; nous dirions volontiers, mot plein de génie, si le génie pouvait se trouver là où n'est pas la vérité. Il importe d'en bien comprendre le sens et la portée, car là est le point capital du système.

Kant déclare expressément que la notion de l'espace n'est pas, ne peut pas être une sensation ; qu'elle ne contient pas la sensation, qu'elle ne contient rien d'empirique (.... *nicht* .... *Empfindung seyn kann*[1]; .... *schliesst gar keine Empfindung* [*nichts Empirisches*] *in sich*[2]). Cependant il est certain, d'un

---

[1] Roz. 32. Born 16. Tiss. 38.
[2] Roz. 39. Tiss. 48.

autre côté, qu'il lui donne pour siége la sensibilité. C'est là sa pensée la plus intime, la plus constante, qu'on retrouve au fond de tous les développements de sa doctrine, à la base de tous ses arguments. Du reste, il l'énonce en termes formels. Il déclare expressément, au sujet de cette idée, ainsi que de celle du temps, et cela au moment même où il vient de les distinguer de la sensation, qu'elles appartiennent absolument et nécessairement à la sensibilité [1] ; il ajoute qu'elles sont la seule chose donnée *à priori* par la sensibilité [2] ; il définit l'esthétique dont elles sont l'objet, la science de tous les principes de la sensibilité [3].

---

[1] *Iene (Raum und Zeit) hængen unserer Sinnlichkeit schlechthin nothwendig an, welcher Art auch unsere Empfindungen seyn moegen.* Roz. 49. *Formæ facultati sentiendi nostræ absolute et necessario adhærent, cujuscumque generis sensationes videantur.* Born 44. Tiss. 63.

[2] Roz. 33. Born 26. Tiss. 40.

[3] *Wissenschaft von allen Principien der Sinnlichkeit, à priori.* Roz. 32. Born 26. Tiss. 39. Du reste, il n'est permis d'avoir aucun doute sur le sens attaché par Kant à ce mot sensibilité (*Sinnlichkeit*). Ce mot désigne si bien le principe affectif, qu'il signifie au propre, dans la langue allemande, sensualité. Le mot *Gemüth*, qui sert souvent dans la *Critique de la raison pure*, à désigner le substratum de cette faculté, est défini par les dictionnaires : « la partie de l'âme qui réunit les sentiments, facultés affectives ou sensitives, » et il répond au θυμός des Grecs, ainsi qu'à notre mot cœur. L'action qu'exercent les objets sur la sensibilité est exprimée par le mot *afficiren*, dont le sens est le même que celui du

Tout cela s'accorde parfaitement dans la pensée de notre ingénieux auteur. Le caractère propre de sa doctrine sur la sensibilité, consiste à distinguer dans les faits rapportés à cette faculté, deux éléments de nature opposée : l'un accidentel, variable, dépendant de circonstances fortuites, de causes extérieures et passagères ; l'autre, permanent, identique, invariable, commun à toutes les sensations, et dérivant du fond même du sujet, quoique dépendant, dans sa première apparition, des mêmes circonstances qui provoquent le fait accidentel auquel il est lié. Le mot *sensation* (*Empfindung*) désigne exclusivement le premier; les mots *forme de la sensibilité*, le second [1]. D'après cela, affir-

---

mot latin *afficere*, d'où il tire son origine. Enfin, Kant lui rapporte expressément le plaisir et la douleur. Il lui arrive même d'appeler le plaisir et la douleur des représentations de la sensibilité. Tout prouve donc que si le mot *Sinnlichkeit* ou le mot synonyme *Sinn* exprime, dans le langage de Kant, un principe de représentation, ce principe est, d'un autre côté, le même que celui auquel on s'accorde généralement à rapporter les diverses émotions, passions et affections de l'âme.

[1] Nous devons à cette occasion signaler, dans la traduction latine de Born, un passage qui tendrait à détruire entièrement cette distinction capitale. Born traduit le mot de Kant *Empfindung*, quelquefois par le mot *sensatio*, quelquefois aussi par le mot *sensus;* ici, par exemple : *Ac repræsentationes quidem, omni sensus contagione vacuas, simplices et puras dico (sensu transcendentali)* (pag. 26). Qu'on mette à la place du mot latin *sensus*, soit le mot français sensibilité, soit le mot allemand *Sinnlichkeit*, on fera dire à Kant

mer que la notion d'espace n'est pas une sensation, en ajoutant qu'elle est une forme de la sensibilité, c'est dire qu'elle ne dépend directement d'aucune cause extérieure accidentelle, variable ; c'est dire qu'elle n'a rien de commun, par exemple, avec la sensation de l'étendue de Condillac ; c'est dire qu'elle n'est pas, comme on le suppose dans l'école de ce philosophe, le résultat d'une transformation des impressions du tact et de la vue, mais ce n'est pas dire qu'elle soit étrangère au principe interne de la sensation. Loin de là, ces mots, *forme de la sensibilité*, par lesquels on la désigne, l'unissent à ce principe plus étroitement que la sensation elle-même[1] ; ils marquent qu'elle en est inséparable, qu'elle lui est nécessairement inhérente, qu'elle fait partie de son intime constitution. Kant va jusqu'à dire parfois, en parlant des formes de la sensibilité interne ou externe, qu'elles sont la sensibilité elle-même.

que les notions de l'espace et du temps, dont il est ici question sous le nom de représentations pures, sont affranchies de tout contact avec la sensibilité, ce qui est absolument le contraire de sa pensée et tout à fait inintelligible à son point de vue. Mettez le mot *sensation (Empfindung)*, le sens est parfaitement clair, d'après la distinction que nous venons de faire : or, c'est précisément le mot que porte le texte. *Ich nenne alle Vorstellungen rein (im transcendentalen Verstande) in denen nichts was zur Empfindung gehoert angetroffen wird*. Roz. 32.

[1] Roz. 49. Born 44. Tiss. 63.

Il faut le dire, cette définition nous élève bien au-dessus des préjugés du sensualisme vulgaire; c'est le plus admirable effort qui ait jamais été fait pour sauver le principe de ce système. Elle conserve tout, concilie tout, explique tout. Cette forme de la sensibilité, à laquelle est ainsi réduite la notion de l'espace, étant toujours inhérente au sujet sentant, par là s'explique la nécessité de l'espace. Elle s'applique à toutes les sensations : de là, l'universalité de l'espace. Elle est une, invariable, toujours semblable à elle-même : de là, l'uniformité et l'unité de l'espace. Rien en elle ne saurait jamais s'opposer à ce qu'on l'applique à de nouveaux objets, à de nouvelles sensations : de là, l'infinité de l'espace. Elle est en elle-même et dans son essence abstraite, indépendante de toute sensation déterminée : de là, l'espace pur et son indépendance à l'égard des objets qui le remplissent; de là ausi, la possibilité de la géométrie comme science *à priori* de l'espace pur. D'un autre côté, comme elle se lie à toutes nos sensations, de là, l'application des vérités de cette dernière science aux objets de l'expérience.

Il est fâcheux que cette définition, si féconde en heureuses explications, en solutions ingénieuses, détruise absolument la valeur de la notion à laquelle elle s'applique, et qu'elle justifie pleinement les conclusions que l'auteur exprime en ces termes :

« L'espace ne représente aucune propriété des choses, soit qu'on les considère en elles-mêmes, ou dans leurs rapports entre elles ; en d'autres termes, il ne représente aucune détermination qui soit inhérente aux objets mêmes, et qui subsiste abstraction faite de toutes les conditions subjectives de l'intuition.

» Nous ne pouvons parler d'espace, d'êtres étendus, qu'au point de vue de l'homme ; que si nous sortons de la condition subjective, sans laquelle nous ne saurions recevoir d'intuitions extérieures, c'est-à-dire, être affectés par les objets, la représentation de l'espace ne signifie plus absolument rien. Les choses ne reçoivent ce prédicat qu'en tant qu'elles nous apparaissent, c'est-à-dire comme objets de la sensibilité[1]. »

---

[1] Voici comment Born traduit le passage de l'Esthétique qui contient le développement de ce paradoxe :

In spatio nulla prorsus repræsentatur proprietas rerum quarumpiam, nec uti per se sunt, neque in adfectionibus ad alias, hoc est, nulla earum ratio determinans, quæ in rebus oblatis ipsis inhæreat, quæque maneat, si omnis lex visionis, quam dicunt, subjectiva tollatur. Nullam enim determinantium rationem, nec absolutam, nec comparatam, ante res ortas, quibus eæ competunt, adeoque haud ex anticipatione poteris intueri.

Spatium nihil est aliud, quam forma omnium visorum sensuum

Ainsi, l'espace n'est rien hors de nous et sans nous; l'espace dans lequel nous nous sentons vivre et agir, dans lequel subsistent et que supposent par consé-

externorum, h. e. lex singularis, et, quam aiunt, subjectiva sensus, qua sola esse visio externa potest. Quoniam facultas subjecti, qua fit, ut a rebus oblatis pellatur et moveatur, necessario antecedit omnes et singulas harum rerum visiones, intelligi poterit, quomodo forma omnium visorum ante omnes perceptiones veras, [ideo] que ex anticipatione in animo esse data possit, et quo pacto ea, ut pura visio, in qua omnes res objectæ determinari debent ac definiri, initia adfectionum earum omni experientia priora queat continere.

Itaque non, nisi ut homines, de spatio, de naturis extensis, et id genus aliis loqui possumus. Quod si a lege hac subjectiva discesseris, qua fit sola, ut visiones externas nanciscamur, pro eo scilicet atque a rebus objectis pellimur ac movemur, spatii repræsentatio inanis erit. Hoc attributum rebus tantum conceditur quantum conspiciuntur, hoc est, subjectæ sensibus sunt. Forma illa perpetua hujus facultatis quam vim sentiendi vocamus, lex necessaria omnium adfectionum, in quibus res tamquam extra nos positæ conspiciuntur, et si illam ab his sejunxeris, visio pura, quæ spatium appellatur. Quoniam non licet singulares leges facultatis sensitivæ accipere pro legibus, quibus fiat, ut res ipsæ esse possint, dici quidem poterit, spatio res omnes comprehendi, quæ extrinsecus a nobis conspiciantur, non autem omnes, uti sunt in se spectatæ, sive conspiciantur, sive non, aut a quocumque velis. Neque enim de visione aliarum naturarum cogitantium indicare possumus, neque statuere, an iisdem eæ legibus adstrictæ teneantur, quibus nostra circumscripta visio est, quaque ratione nostri valorem universalem habent. Si circumscriptionem judicii conceptui subjecti jungimus, tum judicium simpliciter absoluteque locum habet. Sed enunciatio: res omnes aliæ, pone alias in spatio sunt, locum habet cum adjunctione, si hæ res tamquam obviæ et

quent les êtres qui composent cet univers, l'espace n'est qu'un simple phénomène en nous : tel est le monstrueux paradoxe qu'un esprit sérieux, qu'un grand et consciencieux esprit a pu trouver au bout de ses recherches et oser jeter en défi au sens commun de l'humanité. Nous disons que ce paradoxe n'a pas d'autre cause que l'origine attribuée à la notion qui

oblatæ visioni sensus nostri accipiantur. Quod si autem conditionem conceptui adjunxero sic : omnes res, tamquam visa externa alia pone aliam in spatio sunt, tunc hæc regula universalis erit et sine adjunctione accipienda. Atque ita expositiones nostræ evincunt realitatem (h. e. valorem objectivum) spatii, quoad ea omnia extrinsecus, tamquam res oblatæ, nobis possunt obversari, sed simul etiam idealitatem spatii quoad res per rationem uti sunt consideratas, id est, non habito respectu conditionis facultatis nostræ sentiendi. Itaque tuemur realitatem spatii empiricam (quoad omnem, quæ quidem esse possit, experientiam externam) quamquam idealitatem ejus transcendentalem concedimus, quippe qua illud nihil est, simul atque miseris conditionem, qua omnis esse experientia possit, idque tamquam aliquid, quod rebus ita ut sunt pro fundamento substratum videatur. — Born 31. Roz. 37. Tiss. 44.

Nous continuerons ainsi à emprunter à la traduction latine les passages que nous croirons devoir citer à l'appui de notre témoignage. Nous ne recourrons au texte que lorsque la traduction latine nous fera défaut, ou lorsque la pensée de l'auteur nous semblera trop étroitement liée aux termes qui l'expriment pour pouvoir en être séparée. Nous donnerons en français tous les passages destinés à servir de complément ou d'éclaircissement à notre exposition, plutôt qu'à la justifier.

nous occupe. Nous disons que, de quelque manière qu'on l'entende, le seul fait de donner pour fondement à cette notion un mode de la sensibilité, suffit pour en détruire entièrement ou presque entièrement l'objet. Nous ajoutons qu'en attribuant à ce mode les caractères de constance, d'uniformité, d'innéité que rappelle le mot *forme*, par lequel on le désigne, bien loin de pouvoir prévenir ou atténuer par là les conséquences d'une telle origine, on les aggrave au contraire, on les pousse à l'extrême, et enfin qu'on y met le comble, qu'on réduit absolument à néant l'objet de la notion d'espace, lorsqu'on place dans la sensibilité non-seulement le fondement de la notion, mais la notion elle-même.

D'abord, il est certain, et c'est une vérité que les philosophes d'ailleurs les plus opposés, Malebranche, Bacon, Condillac, Thomas Reid s'accordent à signaler; il est certain, dis-je, que la pure sensation ne saurait nous donner des objets qu'elle nous révèle qu'une notion relative à elle-même, et qu'elle nous laisse tout à fait ignorer ce que ces objets sont en eux-mêmes. Lorsque me sentant assailli tour à tour par une multitude d'impressions diverses, tantôt par telle sorte de douleur ou de plaisir, tantôt par telle autre, je m'aperçois que l'une de ces impressions se produit constamment à la rencontre de tel objet, jamais en son absence, je puis bien supposer avec raison qu'il y a dans cet objet quelque propriété secrète qui le rend capable d'affecter ainsi mon organisation ; mais j'aurais assurément fort mauvaise grâce de prétendre pouvoir par là connaître la nature intime de cette propriété ou celle du corps auquel je l'attribue. Autant vaudrait en effet se flatter de pouvoir connaître par le son d'une harpe ou d'un orgue, la structure anatomique du doigt qui les fait vibrer, ou par la combustion d'une matière inflammable, la composition chimique du corps dont le frottement a provoqué ce phénomène. Je sais des causes extérieures de mes sensations, je sais des qualités qu'on nomme son, saveur, odeur, chaleur, etc., qu'elles existent, qu'elles sont ici ou là, qu'elles sont associées à telles ou telles autres qualités du corps auquel je les rapporte ; mais voilà tout. Du reste, je ne puis les définir que par l'effet qu'elles produisent sur mes sens. On pourrait même dire, avec une certaine vérité, qu'elles n'existent que par cet effet, par la sensation et le moi sentant ; car elles ne sont dans les objets que de pures virtualités dont la sensation est l'acte, des relations dont la sensation est un des termes[1]. D'après cela, on voit à quoi se réduiraient

[1] Assurément, il y a dans les objets de nos sensations quelque chose qui subsiste en soi et qui est parfaitement déterminé indé-

l'étendue et l'espace, si on pouvait les ranger au nombre des qualités purement sensibles de la matière. Il n'y aurait plus dès-lors d'espace à proprement parler, d'espace extérieur ni d'étendue, mais

pendamment de tout rapport à nous, par exemple, dans le corps sonore, les vibrations qui se communiquent à l'air et par l'intermédiaire de l'air à notre ouïe ; dans le corps odorant, les particules qui s'en dégagent pour venir, à travers l'espace qui nous en sépare, agir sur notre odorat ; dans le corps coloré, le mouvement particulier que ce corps communique au fluide dont le contact avec notre œil produit la sensation visuelle. Mais ce ne sont pas là les qualités sensibles proprement dites : les vibrations du corps sonore ne sont pas le son ; le son, c'est la propriété qu'ont ces vibrations ou le corps qui les éprouve de déterminer dans le sens de l'ouïe telle affection qui ne leur ressemble en rien. De même, l'odeur est la propriété inhérente aux particules odorantes et, d'abord pour nous, à l'objet visible et tangible qui les répand dans l'espace environnant, d'affecter notre odorat de telle manière ; la couleur est, par rapport à notre œil, une propriété analogue des rayons lumineux ou de la surface qui réfléchit ces rayons. Ce sont ces propriétés là que nous disons être purement relatives à nous et à notre manière de sentir ; elles le sont par leur définition même : elles sont aussi peu concevables sans la sensation, que la qualité de père sans celle de fils, la mobilité sans le mouvement, l'amabilité sans l'amour, etc. L'idée première de ces propriétés, et celle des agents physiques auxquels nous avons appris à les rapporter, sont tellement distinctes, qu'elles proviennent de sources toutes différentes Un sourd de naissance pourrait se former une idée très-exacte et très-nette des vibrations du corps sonore et de celles de l'air qui en sont la suite, sans avoir la moindre idée du son ; de même un aveugle-né pourrait comprendre parfaitement l'hypothèse cartésienne sur la lumière, sans avoir la moindre notion des couleurs ; et réciproquement, nous au-

seulement je ne sais quelle disposition parfaitement inconnue des choses en elles-mêmes, je ne sais quel rapport à notre constitution propre, qui les rendrait aptes à provoquer en nous, certaines circonstances étant données, le phénomène sensible de l'espace et de l'étendue.

Pour aboutir à ce résultat, il suffirait évidemment de supposer que l'étendue nous est donnée, comme les qualités que nous venons de citer, par un fait de pure sensibilité ; il suffirait presque de ce terme de sensibilité, appliqué au principe qui nous met en rapport avec l'étendue. Les mots, nous le savons, ne sont rien par eux-mêmes ; mais, grâce à la force de l'habitude,

---

rions pu exercer notre ouïe ou notre vue pendant des siècles, sans nous faire aucune idée des causes physiques d'où proviennent les impressions éprouvées par ces sens. La connaissance de ces causes n'est pas le résultat de la perception sensible ; nous la devons à la science et aux procédés qui lui sont propres. Bacon en faisait le principal objet de la physique. C'est à cela que revient cette *forme*, essence ou *loi* (*forma naturæ alicujus datæ*), à laquelle le grand réformateur rapportait toute sa méthode inductive, et qui, la même au fond que la qualité sensible sous laquelle nous la cherchons (*ipsissima res aut natura data*), s'en distinguait à ses yeux, comme l'être se distingue du paraître, comme la nature intime d'une chose se distingue de la manifestation extérieure de cette chose, ou un simple rapport à nous, d'un rapport à l'universalité des êtres : *Non aliter quam differunt apparens et existens aut exterius et interius, aut in ordine ad hominem et in ordine ad universum.* (*Novum organum*, lib. sec. § XIII.)

de l'association et de l'analogie, les mots entraînent des idées, et ces idées leurs conséquences. Le mot sensibilité désignant habituellement et dans sa signification propre, le principe interne de certaines impressions qui ne peuvent nous donner, des qualités qu'elles nous révèlent dans l'objet senti, qu'une connaissance tout indéterminée et relative à elles-mêmes, il paraît bien difficile qu'on évite d'attribuer à tous les objets qu'on supposera connus par l'intermédiaire de la sensibilité, les caractères offerts par ces qualités, et de les supposer, tout relatifs, comme elles, à nous et à notre manière de sentir. C'est là précisément ce qui arrive à Kant, au sujet de la notion de l'espace et de l'étendue.

Mais ses conclusions vont plus loin : il repousse, non comme exagérée, mais au contraire comme insuffisante, cette assimilation du caractère relatif ou plutôt subjectif qu'aurait suivant lui l'étendue, à celui qu'offrent les qualités de la matière dont nous venons de parler, et c'est avec raison : les objets de nos sensations ont beau, en effet, ne pouvoir être déterminés et définis que par rapport à nous, ils existent pourtant, et nous les concevons existant d'une certaine façon hors de nous, ne fût-ce que comme foyers virtuels de sensations possibles. Mais une telle idée implique celle d'un espace véritablement extérieur à nous, réel, objectif, indépendant de nous, tel qu'on le conçoit communément : supprimer l'une, c'est donc aussi supprimer l'autre. Ce n'est que grâce à l'espace, dit avec raison Kant, qu'une chose peut être pour nous un objet extérieur [1]. Nier le caractère absolu de l'étendue et de l'espace (j'entends par là leur indépendance à notre égard), ce n'est pas seulement amoindrir plus ou moins pour nous les choses sensibles, c'est les détruire, les rendre impossibles comme choses hors de nous. Or, c'est à quoi on arrive inévitablement, comme nous l'avons vu, dès qu'on suppose l'étendue donnée par une sensation. Si donc la notion de l'étendue a pour base une pure sensation, rien ne pouvant être hors de nous, et ce mot *hors* n'ayant même plus de sens, il est clair qu'il n'y a aucune étendue réelle hors de nous. Tout au plus pourrions-nous admettre sous ce nom quelque cause de nos sensations tellement inconnue et indéterminée pour nous, que nous ne saurions même imaginer comment elle se distingue et se sépare de nous. Mais ce serait encore trop, beaucoup plus que ne le permet l'hypothèse qui nous occupe.

[1] Roz. 39. Tiss. 48. Les passages pour lesquels nous renvoyons à la traduction latine, ne se trouvent pas dans l'édition suivie par Born, ainsi que par M. Tissot, dans sa première publication.

Suivant cette hypothèse, la notion de l'espace aurait pour base et pour origine, non une sensation adventice et passagère, mais un attribut constant, une forme *à priori* et nécessaire de la sensibilité. Or, Kant le soutient avec raison, et c'est même là son argument de prédilection ; un tel attribut est, par l'effet même des caractères que nous venons de nommer, entièrement dépourvu de toute valeur objective, tout à fait impropre à nous faire connaître aucune existence extérieure. Certainement, toutes les affections de notre sensibilité, quelles qu'elles puissent être, innées ou adventices, variables ou constantes et uniformes, ne sauraient nous donner, des choses qui nous entourent, qu'une connaissance bien imparfaite et bien bornée ; elles nous laisseront toujours ignorer profondément la nature des causes extérieures qui les provoquent. Toutefois, quand elles sont variables et passagères, quand nous les sentons naître tout à coup en présence de tels ou tels objets, disparaître en leur absence, changer et se diversifier avec eux, nous pouvons connaître au moins par là leur affinité avec ces objets. Mais une sensation, ou forme de sensation, invariable, innée, nécessaire, que peut-elle nous apprendre de semblable, à quelle autre cause pouvons-nous la rapporter qu'à celle qui nous a donné l'être ?

Revenons à l'exemple de la harpe ou de l'orgue ; donnons à l'un de ces instruments (qu'on nous pardonne l'étrangeté de la supposition, si elle sert à rendre plus claire la pensée que nous voulons exprimer); donnons, dis-je, pour un instant, à l'un des instruments dont nous parlons, la connaissance des sons qu'on lui fait produire, et l'intelligence nécessaire pour juger comme nous des causes par leurs effets. Aux mouvements divers qui ébranleront ou cesseront d'ébranler les diverses parties de son être, il reconnaîtra sans doute la présence ou l'absence de la main qui le fait résonner ; il pourra, par les caractères variables de ces mouvements, apprécier les caractères analogues de l'action qui les produit, son énergie, sa vivacité, sa mollesse, l'ordre des impulsions qu'elle communique, etc. ; mais, pour ce qu'ils pourraient offrir d'invariable ou d'uniforme, par exemple, la qualité constante des sons de l'instrument, ou bien même leur ordre et la mélodie qui en est la suite, si, comme il arrive dans certaines machines musicales construites dans ce dessein, cet ordre était toujours invariablement le même, quelle que fût la main qui donnât l'impulsion à la machine ; quelle conséquence en tirer et à quelle autre cause le rapporter qu'à lui-même et à son auteur ? Tel serait précisément l'esprit de l'homme à l'égard d'une sensation ou forme de sensation qu'il trouverait constamment en lui comme une partie essentielle de son existence, et qui, loin de dépendre des impressions passagères produites sur nous par les objets qui nous entourent, serait la condition constante de toutes ces impressions. A quelle autre cause pourrait-elle nous faire remonter qu'à l'auteur de notre existence?

Voilà, ce me semble, ce que veut dire Kant lorsqu'il conclut de l'innéité et de la nécessité de la notion de l'espace, l'impuissance de cette notion à représenter un objet réel hors de nous ; voilà pourquoi c'est à ses yeux une seule et même chose de montrer que la notion de l'espace est *à priori* ou innée et nécessaire, et qu'elle est subjective, c'est-à-dire, impropre à représenter rien autre chose que le sujet connaissant, que notre être propre. La conséquence est rigoureuse, dès qu'on fait reposer cette notion sur la seule sensibilité. Si, en effet, une idée *à priori* est celle qui est fondée sur une sensation *à priori* ou innée, et une idée subjective celle qui ne peut représenter aucune cause extérieure de sensation, il est clair que toute idée *à priori* est subjective[1], puisqu'une sensation *à priori* ou innée est, par la force même des termes, celle qui ne dépend

---

[1] Roz. 714. Born 30. Tiss. I, 378

d'aucune cause extérieure. Telle serait précisément la notion de l'espace, si elle avait pour origine ce que Kant appelle une forme de la sensibilité.

Mais voici qui va porter le dernier coup à cette notion, et faire disparaître entièrement l'ombre de réalité objective qu'auraient pu lui laisser les considérations qui précèdent. Pour Kant, la notion de l'espace ne se fonde pas seulement sur une affection sensible, elle est cette affection elle-même. La sensibilité est par elle-même une faculté de représentation [1] (*Vorstellungen zu empfangen, zu bekommen*). Les intuitions, soit empiriques, soit pures (espace et temps), sont à la fois des représentations ou notions, et des modes de la sensibilité. S'il en est ainsi, l'objet de la notion de l'espace, tout relatif à une affection de la sensibilité, le sera donc en même temps à cette notion elle-même, n'existera que par rapport à elle. Or, qu'est-ce qu'un objet qui n'existe que par rapport à son idée? N'est-ce pas précisément celui que nous appelons imaginaire, celui que nous disons ne pas exister? Une idée dont l'objet n'est pas déterminé indépendamment de l'acte par lequel notre esprit le conçoit,

---

[1] Roz. 31, 50, 55, etc. Born 26, 44, 53, etc. Tiss. I, 38, 64, 71, etc.

n'est-ce pas ce que nous nommons une idée chimérique, ou tout au moins une idée fausse? A la rigueur, supposer une idée servant elle-même à déterminer et à constituer son propre objet, c'est supposer une chose contradictoire, un non-sens. Mais peu importe pour le moment. Nous disons que contradictoire ou non, inintelligible ou non, cette supposition résulte rigoureusement de l'hypothèse qui nous occupe, que dès qu'on fait d'une notion une pure sensation, on doit être conduit inévitablement à regarder le rapport de cette notion à l'objet qu'elle représente comme identique au rapport de la sensation à l'objet senti, et par suite à supposer le premier de ces objets tout relatif à l'idée, et déterminé par elle comme celui-ci par la sensation; nous ajoutons que la dernière conséquence à laquelle on aboutit par là, est le complet anéantissement de l'objet de l'idée. Il est clair, en effet, que ces mots *objet d'une idée* désignant proprement la chose conçue sur laquelle doit se modeler l'idée, à laquelle l'idée doit se conformer pour être vraie comme le portrait sur le modèle qu'il représente, tous les traits de l'objet doivent être déterminés indépendamment de l'idée, comme les linéaments du visage indépendamment du portrait : par conséquent, nier qu'un objet, l'espace ou tout autre, puisse être déterminé indépendamment de l'idée qui le représente, c'est dire que cet objet n'existe pas; soutenir que cette idée sert à définir son propre objet, comme la sensation sert à définir la qualité sensible, c'est dire que cette idée n'a pas d'objet dans le sens véritable du mot, en d'autres termes, qu'elle ne représente rien. Or, disons-nous, c'est ce qu'on ne saurait éviter de faire pour toute idée qu'on réduit à une pure affection de la sensibilité. Si donc la notion de l'espace est un fait de pure sensibilité, quel que soit d'ailleurs le caractère de ce fait, cette notion n'a pas d'objet dont on puisse la distinguer; elle ne représente rien, il n'y a pas d'espace hors de nous. Kant a-t-il vu cette conséquence de sa définition? A part ce qu'on doit attendre d'un esprit aussi ferme et aussi rigoureux, il est difficile d'en douter, lorsqu'on le voit, d'un côté, faire constamment, non pas seulement de la notion de l'espace, mais de l'espace lui-même, une pure forme de la sensibilité; de l'autre, conclure son analyse par ces mots : « Les objets considérés par nous comme extérieurs, ne sont rien que de pures représentations dont l'espace est la forme [1]. »

Voilà donc une première pierre, la plus fondamen-

---

[1] Roz. 39. Born 33. Tiss. I, 49.

tale, suivant le système, soustraite à la base de l'édifice de la connaissance ; voilà une de nos plus importantes idées réduite, par le seul fait de son origine sensible, à n'exprimer, à ne pouvoir exprimer rien.

Du reste, nous ne devons pas être surpris que Kant ait attribué à la notion de l'espace une telle origine. Personne, en effet, jusqu'à lui, pas même les cartésiens, n'avait encore paru soupçonner que la notion de l'étendue dût être rapportée à un autre principe que celui par lequel nous sentons, ni que la perception des objets qui nous entourent dût être distinguée des sensations produites en nous par ces objets. Il n'en fallait pas plus pour conduire un esprit rigoureux à dériver de la même source la notion de l'espace; car cette notion est au fond la même que celle de l'étendue et n'en diffère que par la limite. La seule chose qui soit propre à notre philosophe, à ce sujet, c'est, d'abord d'avoir poursuivi jusqu'au bout les conséquences du préjugé commun, puis d'avoir su, grâce à l'idée ingénieuse qu'il exprime par les mots forme de la sensibilité, lui donner un degré de vraisemblance et une sorte d'harmonie apparente avec les faits qu'elle n'avait jamais eus avant lui. Aussi sont-ce là les deux seuls points sur lesquels il insiste. Des deux parties dans lesquelles pourrait se décomposer sa définition de la notion de l'espace, savoir : premièrement, que cette notion est une pure affection de la sensibilité ; deuxièmement, que l'affection à laquelle elle se réduit est un fait constant, *à priori*, nécessairement et naturellement inhérent au sujet, il ne cherche jamais à démontrer que la dernière. La première est pour lui comme un axiome, sur lequel il lui vient à peine à l'esprit qu'on puisse élever le moindre doute. Le plus souvent il l'admet implicitement, sans prendre même le soin de l'énoncer [1].

II. *Du temps et du sens intime.* — La théorie kantienne du temps est parfaitement analogue à celle de l'espace, et aboutit à des résultats identiques. On peut la résumer en ces deux mots : le temps est au sens intime ce que l'espace est au sens externe ; il en

[1] L'argument capital de Kant contre la réalité objective de l'espace, celui sur lequel il revient sans cesse, c'est que cette idée ne saurait dériver de l'expérience, d'où résulte qu'elle est en nous indépendamment des objets extérieurs, et finalement toute fondée sur la nature subjective de la sensibilité. Cet argument est parfait si l'on accorde d'avance l'origine sensible de la notion de l'espace, mais dans le cas contraire il ne signifierait rien. Comment, en effet, de ce qu'une notion ne provient pas du dehors, conclure raisonnablement que cette notion a sa source dans l'essence même du principe par lequel nous sentons, si déjà on n'admet implicitement que ce principe est en nous le seul auquel on puisse la rapporter?

est *la forme*[1]. Ceci demande explication. Le sens intime n'est pas pour notre auteur ce qu'il est dans les idées communes, à savoir, cette faculté nommée autrement conscience, perception intérieure ou encore aperception, que la plupart des philosophes modernes reconnaissent comme un pouvoir donné à l'être pensant, de se saisir directement et immédiatement lui-même, sinon dans sa substance intime, au moins dans la série des modes qui constituent successivement son existence[2]. Encore ici, nous nous trouvons en présence d'une de ces créations singulières qu'on ne peut concevoir exactement, qu'en se plaçant en dehors des idées communes, et aussi, croyons-nous, en dehors des faits; ni très-bien comprendre, qu'en se mettant au point de vue des idées préconçues qui leur ont donné naissance.

Une des idées qui dominent le plus constamment la pensée de Kant, c'est que la sensibilité est le fondement de toute connaissance et que c'est uniquement par l'intermédiaire de cette faculté que nous pouvons per-

---

[1] *Nicht anders als die Form des innern Sinnes, d. i. des Auschauens unserer selbst und unsers innern Zustandes. Neque vero quidquam aliud tempus erit, quam forma sensus intimi, hoc est, visionis nostri ipsius nostrique status interni.* Roz. 42. Born 36. Tiss. I, 52.

[2] Voy. ci-dessous, 2ᵉ partie, chap. IV.

cevoir les objets. Or, comment connaissons-nous par l'intermédiaire de la sensibilité ? Rappelons-nous ce qui se passe dans la perception extérieure, dans cette partie de la perception extérieure qui naît de la sensation[1]. Là, notre esprit, avons-nous dit, n'atteint pas directement et immédiatement l'objet ; il le conclut seulement en vertu de la loi de causalité, il le suppose comme une condition de la sensation éprouvée : de là vient qu'il ne s'en fait jamais qu'une idée très-vague, très-indéterminée, toute relative à cette même sensation. C'est sur ce modèle que Kant me paraît s'être représenté le mode d'action du sens intime. Pour lui, le sens intime est un sens dans toute la force du terme (sauf, bien entendu, l'appareil organique[2]), c'est-à-

---

[1] Nous essayerons de montrer ailleurs (2ᵉ partie, chap. III) comment la partie la plus importante de la perception des objets qui nous entourent, a un fondement tout autre que la sensation.

[2] L'idée de la sensibilité telle que nous l'avons définie, n'implique nullement celle d'un organe corporel, surtout d'un organe extérieur. La sensibilité physique ou extérieure est elle-même, comme le remarque fort bien Kant, une faculté de l'âme (*eine Eigenschaft unseres Gemüths*; Roz. 34). Que sera-ce donc de cette partie de la sensibilité dans laquelle prennent naissance ces sortes d'émotions qu'on nomme vulgairement plaisirs et peines du cœur, de l'esprit ou de l'âme ? Non-seulement la sensibilité n'appartient pas au corps, mais il semble qu'elle ne lui soit unie par aucun rapport nécessaire. Si, dans certaines affections elle se montre assujettie aux mouvements dont l'organisme est le théâtre, on conçoit très-bien qu'elle

dire, tout à la fois une double faculté de sentir et de connaître, par l'intermédiaire de la sensation éprouvée, l'objet qui la produit. Si nous l'en croyons, le sujet pensant pourrait, dans le développement de sa spontanéité, agir sur lui-même, modifier sa propre *réceptivité* (*receptivitæt*), produire en elle une sorte d'affection sensible ou de sensation. C'est par cette sensation qu'il se connaîtrait, comme il connaît l'objet externe par la sensation venue du dehors [1]. Ainsi, la

puisse être affranchie de cette sujétion, comme la nature semble l'en affranchir, en effet, dans cet ordre supérieur d'émotions dont nous venons de parler, qui, bien que liées à certains ébranlements des nerfs du diaphragme ou du cerveau, ne sauraient être confondues ni avec ces ébranlements, ni avec l'espèce de sourde sensation par laquelle ils se révèlent. Cela étant, il est aisé d'imaginer une faculté de connaître, s'exerçant par une sorte de sensibilité dont les affections, indépendantes des mouvements du corps et des causes extérieures de nos sensations, seraient dues seulement à l'activité d'une cause interne; en d'autres termes, une espèce de sens différant des sens externes, en ce que, au lieu de contenir comme ceux-ci trois choses, l'organe, le principe de la sensation, la faculté de connaître par l'intermédiaire de la sensation, il ne contiendrait que les deux dernières. Et il est clair que les caractères que nous avons remarqués dans les notions sensibles, dépendant non de l'origine corporelle de la sensation à laquelle ces notions se rapportent, mais de la nature de la sensibilité et de la manière dont cette faculté contribue à la formation de la connaissance, ces caractères devraient se retrouver aussi dans les notions du sens immatériel et interne que nous imaginons. C'est précisément ce qui arrive dans l'hypothèse kantienne du sens intime.

[1] Roz. 747. Born 104. Tiss. I, 420.

connaissance du sujet interne serait, elle aussi, comme celle des choses extérieures, toute indirecte, toute relative, toute subjective, et son objet, le moi, se percevrait lui-même dans le sens intime, non tel qu'il est, mais tel qu'il apparaît ; il ne serait jamais pour lui-même qu'un pur phénomène. Du reste, la faculté spontanée qui détermine le sens intime ne pouvant s'exercer, et par conséquent la sensation qui en est la suite, se produire, qu'à l'occasion de la sensation externe dont cette faculté doit réunir les éléments pour former la connaissance, on voit combien le sens intime se trouve par là étroitement lié et subordonné à la sensibilité externe.

Plusieurs causes ont pu concourir à provoquer dans l'esprit de notre ingénieux auteur cette singulière imagination. D'abord, comme on vient de le voir, elle se lie étroitement au principe fondamental énoncé dès le début de la *Critique de la raison pure,* qu'il n'y a pour nous de perception possible, de connaissance possible se rapportant immédiatement aux objets (*sich auf Gegenstænde unmittelbar beziehend*), que celle que nous en acquérons par les sensations qu'ils nous font éprouver [1]. Comment concilier avec ce prin-

---

[1] Qua illa tandem cumque via, quibusve cumque subsidiis atque adminiculis ad res sibi subjectas cognitio referatur, tamen is modus,

cipe un fait aussi étranger à tout ce qu'on nomme voir, entendre, toucher, en un mot sentir et percevoir par les sens, et d'un autre côté aussi difficile à nier, que la conscience de notre être et des faits que nous portons en nous? L'hypothèse d'une sensibilité intérieure par laquelle le sujet se révélerait à lui-même, semble opérer parfaitement cette conciliation.

En second lieu, parmi les idées que nous acquérons par la conscience de nous-mêmes, et dont il nous est impossible de percevoir l'objet hors de nous, il en est une, à savoir la notion du temps, qui offre l'analogie la plus étroite avec la notion de l'espace, et que

---

quo illa proxime ad eas refertur, et quo omnis cogitatio, motusque animi pertinet ac tendit, positus in contuitu est seu visione. Qui quidem tantum locum habet, quatenus res nobis datur atque objicitur. Id quod ipsum vero, certe in homine, ita tantum fieri potest, ut illa animum quodammodo moveat atque adficiat. Sed vis illa (vulgo receptivitas) qua ad modum quo adfici pelliique rebus objectis videmur, repræsentationes in nobis excitantur, *sensus* sive *facultas sentiendi* vocatur. Igitur interveniente sensu res nobis dantur et offeruntur, sed mente et intelligentia eæ cogitantur, atque ex hac exsistunt conceptus. Omnis autem motus animi mentisque agitatio attingat demum contuitus, adeoque in nobis sensum, necesse est, sive istud directo fiat, sive circuitione quadam atque anfractu, ope certarum notarum; neque enim alia via est, qua res ulla nobis possit offerri.

Rei vero oblatæ effectionem in mente, sive facultate repræsentandi, quatenus nos ea pellimur ac moveamur, *sensationem* dicimus.—Roz. 31. Born 25. Tiss. I, 37.

jamais les métaphysiciens n'en ont séparée dans leurs analyses. Cela étant, si l'une de ces idées est une forme de la sensibilité, comment en serait-il autrement de l'autre ? Mais la durée ne peut être la forme d'un sens externe, puisque nous ne la percevons qu'en nous : il faut donc qu'elle soit la forme d'un sens interne, et, par conséquent, qu'il y ait un sens interne.

Remarquons, enfin, que si les idées sous lesquelles Kant conçoit ce sens interne sont à la rigueur très-inexactes, elles ne laissent pas que d'avoir dans les faits certains prétextes. Comme nous le verrons plus tard[1], il ne s'agit pour lui sous ces mots que des représentations de l'imagination conçues dans leur double rapport avec la sensibilité à laquelle elles lui semblent appartenir en propre ; et de l'autre, avec la force active de l'attention qui les rappelle, les évoque en quelque sorte et les coordonne d'après certaines lois. Pour nous, qui croyons que le principe par lequel nous sentons doit toujours être distingué de la faculté de concevoir, nous ne saurions admettre que les représentations propres à l'imagination puissent, plus qu'aucune autre sorte de conceptions, être rapportées à ce principe ; toutefois, nous devons convenir d'abord que si elles lui appar-

[1] Voy. chap. suivant.

tenaient, elles constitueraient bien en effet une sorte de sens intime dépendant de la spontanéité du sujet pensant et non des choses du dehors[1]; en second lieu, que si les représentations de l'imagination n'appartiennent pas à la sensibilité, elles ont avec elle, comme la perception extérieure dont elles ne sont que l'écho des rapports très-étroits, assez étroits, pour que très-peu d'auteurs, surtout avant Kant, aient songé à les en séparer ou même hésité à les lui rapporter[2]. — Il est bien certain pour nous, d'un autre côté, que l'imagina-

---

[1] « Je ne vois pas, dit Kant, comment on peut trouver tant de » difficulté à reconnaître le sens intime comme affecté par nous-» même, quand chaque acte de l'attention peut nous en fournir un » exemple. Dans chacun de ces actes, en effet, l'entendement dé-» termine dans le sens intime une intuition conforme à la combi-» naison conçue par l'esprit, et correspondante à la diversité com-» prise dans la synthèse intellectuelle. » — Roz. 750. Born 106. Tiss. I, 424.

[2] Ainsi, parmi les cartésiens eux-mêmes, Bossuet, par exemple, ne voit dans l'imagination qu'une sensation qui persiste ou se renouvelle en l'absence de l'objet sensible; il la met à côté du plaisir et de la douleur, de l'amour et de la haine, au nombre des opérations qu'il nomme sensitives; lui aussi lui donne le nom de sens intime. Malebranche tient un langage à peu près pareil. C'était là, du reste, chez ces philosophes une suite de l'inexactitude déjà signalée, qui leur faisait confondre la perception avec la sensation. L'imagination n'étant, en effet, que la perception extérieure renouvelée, de là résulte évidemment que si la perception extérieure se réduit à la sensation, elle ne saurait contenir elle-même rien de plus que la sensation.

tion, quelque idée qu'on doive se former de sa nature, se distingue absolument de la faculté par laquelle le moi se révèle à lui-même; toutefois, peut-être n'est-elle pas tout à fait sans rapport avec cette faculté. D'abord, le moi doit se révéler à lui-même dans la conscience par l'exercice de la puissance active de l'imagination, aussi bien que par tous les autres modes de son activité ; puis, il semble aussi que cette puissance ait cela de commun avec la conscience, qu'à un certain degré du développement intellectuel, sinon toujours, comme le veut Kant, tout devrait rentrer dans sa sphère, toutes nos idées porteraient l'empreinte de son activité ordonnatrice ; et enfin que la conscience de nos représentations ne puisse s'élever à son dernier terme et ces représentations devenir vraiment nôtres, que grâce à cette activité et à la condition que nous les ayons soumises par elle à un ordre qui nous soit propre.

Quoi qu'il en soit, quelle que soit la cause qui ait pu porter Kant à placer dans une sorte de sensibilité le fondement de la connaissance de l'être spirituel, et à faire du temps *la forme* ou la loi de cette sorte de sensibilité[1], le fait en lui-même ne saurait être l'objet d'aucun doute. Les affirmations du systématique pen-

---

[1] Voy. ci-dessous, 2ᵉ partie, chap. IV.

seur sont à cet égard des plus claires, des plus explicites; il décrit, il définit, il essaie de démontrer et par le raisonnement et par les faits cette action exercée, suivant lui, par le moi sur lui-même; il nous dit à quelle occasion elle se produit; il déclare que « sous » le titre de synthèse transcendentale de l'imagination, » l'entendement exerce sur le sujet passif dont il est la » faculté, une action telle que nous pouvons dire avec » raison qu'elle affecte le sens intime ¹. » Partout le sens intime est assimilé par lui au sens externe et décrit dans les mêmes termes qui nous ont paru, au sujet de ce dernier, en marquer le plus clairement le rapport au principe affectif. La connaissance du moi donnée par le sens intime, est pour lui précisément ce que doit être toute connaissance fondée sur la sensation. « Le moi se connaît par le sens intime, non tel qu'il est, mais tel qu'il paraît à lui-même, » répète-t-il souvent, ajoutant même quelque part expressément, que, s'il en est ainsi, c'est que le moi ne se perçoit que suivant la manière dont il est affecté par lui-même ². Enfin, cette idée d'une sensibilité inté-

---

¹ Roz. 748-717, etc. Born 104, 49, etc. Tiss. I, 421, 381, etc.
² ...... Ubi tum se ipsum animus intuetur, non quomodo se ipse proxime spontanee repræsentaret, sed ad eam rationem, qua intus adficitur et movetur, proinde, uti sibi ipse videtur non uti in re est.... — Born 49. Roz. 717. Tiss. I, 382.

rieure servant de base à la notion du sujet, est impliquée dans tous ses raisonnements, dans tous les développements de sa pensée, dans toute la théorie du temps, dans toute l'esthétique transcendentale ; en un mot, dans tout le système [1].

Revenons à la théorie du temps. Le temps est pour Kant, disons-nous, la forme du sens intime, et ce mot *forme* signifie ici la même chose que dans son appli-

....... Nimirum hunc [sensum intimum] vel nosmet ipsos tales modo quales nobis videamur non quales reapse simus, conscientiæ repræsentare, quoniam nosmet ipsi nos videmus et conspicimus pro eo atque intus movemur atque adficimur..... Born 104. Roz. 747. Tiss. I, 420.

....... Proinde determinationes sensus intimi eodem ipso modo tamquam phænomena in tempore sint componendæ ; quo, quæ sensibus subjecta sunt externis, in spatio componimus, ideoque, si his posterioribus concedimus res objectas nos cognoscere, pro eo atque extrinsecus pellamur, etiam fatendum sit sensu intimo nobis nosmet videri, prout intus a nobismet ipsis adficiamur, id est, quantum visionem internam attinet, nostrum ipsorum subjectum tamquam solum visum, non pro eo atque per se ipsum est, cognoscere. — Born 106. Roz. 750. Tiss. I, 424.

[1] Sans doute le sens intime n'est pas tout dans la connaissance de nous-même. Kant reconnaît, en outre, une faculté d'aperception immédiate (*Vermœgen der Aperception*) qui s'exerce même sans sensibilité (*ohne Sinnlichkeit*). Mais cette faculté d'aperception se borne à nous faire connaître que nous sommes; elle ne nous donne que la notion abstraite de l'existence du moi. Le sens intime peut seul nous en faire connaître les divers états (*Zustœnde*) ; il peut seul nous en donner une connaissance empirique déterminée. Roz. 34-750. Born 628-106. Tiss. I, 41-425.

cation à l'espace. Il exprime que le fait auquel on l'applique n'est pas une modification passagère, accidentelle, mais, au contraire, une affection constante, nécessaire, innée, de la sensibilité interne, la loi essentielle de cette faculté : le temps est en quelque sorte, dit quelque part Kant, le sens intime lui-même (*ein innerer Sinn seiner Form nach*, *sensus intimus secumdum formam suam*)[1]. De là vient qu'il se mêle à toutes les notions que nous devons à ce sens ou qui l'impliquent, comme l'espace se mêle à toutes les sensations venues du dehors et à toutes nos idées des choses extérieures, comme la couleur du verre que devrait traverser la lumière du soleil pour arriver jusqu'à nos yeux, se mêlerait nécessairement à la représentation de ces objets.

De cette définition du temps analogue à celle qui a été donnée de l'espace, résulte, sur la valeur objective de la première de ces deux notions, un jugement identique à celui qui a été porté sur la seconde[2]. Pas

[1] Roz. 717. Born 49. Tiss. I, 381.
[2] Tout ceci est encore bien étrange et bien fait pour étonner le bon sens. Si l'on craint que nous n'exagérions, qu'on lise ce qui suit : Tempus non est aliquid, quod per se sit, neque quod rebus insit atque inhæreat tamquam determinatio objectiva, quodque proinde reliquum fiat, si ab omni conditione visionis subjectiva mentem sevoces. Quod si enim per se foret illud, cogeretur, ut aliquid vere esset, sine re vera tamen. Sin autem temporis ratio

plus et bien moins encore que l'étendue, la durée ne saurait être dans les choses une qualité indépendante de notre manière de sentir.

cerneretur in eo, quod rebus ipsis inhæreret tamquam determinatio, quam dicunt, objectiva, tum res oblatas, quarum quippe determinatio foret, antecedere posse, neque adeo enunciatis syntheticis ex anticipatione agnosci et conspici. In quod autem commode locum inveniet, si tempus in nulla re alia positum sit, quam in conditione subjectiva, qua fiat, ut omnium in nobis visionum esse copia possit. Tum enim hæc forma visionis intimæ ante res ipsas oblatas, et proinde ex anticipatione, poterit repræsentari.

Neque vero quidquam aliud tempus erit, quam forma sensus intimi, hoc est, visionis nostri ipsius, nostrique status interni.

. . . . . . . . . . . . . . . . . .

Si mentem a modo abduxeris, quo nosmet ipsos intuemur intus, hujusque visionis ope omnes quoque visiones externas facultate repræsentandi complectimur, et proinde res oblatas capias ita, uti per se sint, tempus nihil erit. Illi tantum objectiva ratio competit ratione visorum seu phænomenorum, si quidem hæc in rebus posita sunt, quas tamquam sensibus subjectas agnoscimus : sed ea ratio objectiva non amplius illi competit, simul atque cogitationem a facultate sensitiva visionum nostrarum, adeoque ab illo repræsentandi modo avocaveris, qui nobis peculiaris est et naturalis, et de rebus omnino atque in universum dixeris. Itaque tempus tantum lex ex subjectiva nostrarum (humanarum) visionum, quæ semper a sensibus proficiscuntur, id est, quatenus a rebus nos pellimur ac movemur, in se vero ipsum spectatum, extraque subjectum sentiens positum, nihil erit. Nihilominus illud tamen, ratione omnium visorum, ideoque et rerum omnium, quæ nobis esse obviæ per experientiam possunt, necessario ex ratione objectivum erit. Non possumus pronunciare : res omnes in tempore sunt ; si quidem in conceptu rerum in universum ab omni modo earum intuendarum cogitationem abducimus, sed visio propria

Nous ne saurions l'attribuer avec vérité, d'une manière absolue, même à notre être propre. Sans doute, elle est dans le moi comme sujet connaissant ; mais, si on considère le moi comme objet connu, on trouvera

lex est, qua fit, ut tempus ad repræsentationem rerum oblatarum pertinere videatur. Quod si igitur eam legem conceptui junxeris, et pronunciaveris ita : omnes res, quatenus in visis sunt (sive res visioni sensitivæ oblatæ) in tempore sunt ; tum decretum istud sane erit objective verum atque ex anticipatione universale.

Igitur, quæ hactenus dicta sunt, evincunt veritatem seu realitatem [temporis] empiricam, nempe ostendunt, omnino re ipsa atque in universum (objective) locum tempus habere, ratione eorum omnium, quæ umquam poterunt sensibus nostris proponi. Quumque visio nostra semper posita in sensu sit, fieri non potest, ut umquam nobis in experientia res objiciatur, quin ea lege complexa temporis videatur. E contrario contendimus, nullam prorsus realitatem absolutam in tempus cadere, quippe quæ, nullo respectu habito visionis nostræ sensitivæ, simpliciter rebus, tamquam quædam illarum conditio vel attributum aliquod, adhæreat. Tales enim, quæ in res ipsas per se, uti sint, cadant, numquam poterunt per sensus offerri atque proponi. Igitur idealitas temporis transcendentalis in eo cernitur, ut, si a singularibus, quas dicunt, subjectivis visionis sensuum legibus cogitationem abduxeris, nihil prorsus illud sit, neque rebus ipsis in se spectatis, missa illarum ad nostram visionem adfectione, vel quod insit in iis atque subsistat, vel quod illis adhæreat, possit accenseri. Interim tamen hæc idealitas [temporis perinde atque spatii] non erit cum captionibus et subreptionibus sensuum quasique præstigiis conferenda ; si quidem visis ipsis, quibus hæc attributa inhærent, sumimus realitatem objectivam inesse, quæ hic prorsus non locum habet, præterquam, quatenus empirica est, id est, quoad illa rem ipsam accipit pro mero phænomeno......... — Roz. 42. Born 36. Tis. I, 52.

qu'elle lui appartient seulement comme nous avons vu que l'étendue réduite à un mode inné de la sensibilité externe appartiendrait aux objets extérieurs, c'est-à-dire d'une manière toute relative à l'impression sensible sous laquelle il se perçoit, impression dont la durée est la *forme*. Le moi n'étant pour lui-même qu'un pur phénomène tout relatif au sens intime, aucun des attributs sous lesquels il se conçoit ne saurait être absolu; moins qu'aucun autre, si nous raisonnons comme nous l'avons fait au sujet de l'étendue, celui qui n'est que la *forme* de ce sens.

A l'égard des choses extérieures, supposé qu'il y en eût, la durée serait beaucoup moins encore, et ce mot exprimerait une relation bien plus indirecte, bien plus éloignée de la nature intime absolue de ces choses et plus impropre encore, s'il était possible, à nous les faire connaître en elles-mêmes. Pour se former une idée exacte d'une telle relation, il ne faudrait évidemment pas la comparer à celle qui unit ces choses aux sensations qu'elles nous font éprouver ; car ce serait attribuer à la forme du sens interne plus de de valeur objective qu'à celle du sens externe, et nécessairement elle en a moins. Nous ne dirons donc pas que la durée appartient aux choses hors de nous, comme le son et l'odeur appartiennent aux objets qui affectent notre odorat et notre ouïe, ou les couleurs de l'arc-en-ciel aux vapeurs dans lesquelles notre œil peut percevoir ces couleurs, quand il reçoit sous un certain angle la lumière qu'elles réfléchissent. Il y aurait, à la leur rapporter, tout au plus autant d'exactitude qu'à attribuer, par exemple, à ces mêmes vapeurs les pensées que pourrait faire naître dans l'esprit de Newton, la vue du phénomène auquel elles donnent naissance; ou bien encore, de rapporter aux objets embellis par l'imagination du poète, les couleurs dont il les pare; aux lieux qui ont le privilége de réveiller certains souvenirs, la beauté morale des actions héroïques auxquelles se rattachent ces souvenirs. L'espèce d'affection sensible dans laquelle nous est donné le phénomène interne de la durée, ne tient pas plus, en effet, à la nature de l'objet extérieur, que ces pensées et ces sentiments à celle du spectacle qui les provoque. Elle en dépend seulement en ce que l'activité intellectuelle qui lui donne naissance, est une suite nécessaire de la sensation venue du dehors et ne peut s'exercer qu'à l'occasion de cette sensation. C'est uniquement pour cela que la notion de la durée se lie toujours à la notion de l'objet sensible ou extérieur, et semble en faire partie. En réalité, elle en fait partie à peu près, comme pour un esprit nourri des souvenirs de l'antiquité classique, l'idée du dévouement de Léonidas ou celle du jugement porté par Platon sur les vertus de Sparte, se trouve en quelque sorte comprise dans l'idée des Thermopyles.

Enfin, qu'on aille jusqu'à prendre l'affection sensible, non seulement pour le fondement de la notion, mais pour la notion elle-même, il arrivera, comme pour l'espace, que cette notion n'ayant plus d'objet, ou, ce qui revient au même, son objet n'existant que par rapport à elle, elle ne sera plus seulement relative au plus haut degré, mais absolument subjective. C'est ce que ne pouvait manquer de conclure un esprit aussi rigoureux que Kant, et ce qu'exprime à lui seul le mot *forme* de la sensibilité, qu'il applique, non-seulement à la notion du temps ou à l'affection sensible qui aurait pu lui donner naissance, mais au temps lui-même.

Ainsi, le temps et l'espace ne sont rien hors de nous, parce que les notions qui les représentent ont tout leur fondement dans la sensibilité, ne sont que des modes de cette faculté ; telle est, réduite à ses termes essentiels, la pensée de Kant sur ces deux grandes notions ; c'est-à-dire, que, leur appliquant l'hypothèse plus générale sur laquelle Protagoras dans l'antiquité, Hume chez les modernes, avaient fondé tout leur scepticisme ou leur nihilisme, il déduit de cette hypothèse, à leur sujet, les conséquences que ces deux hommes célèbres en avaient tirées pour toute la connaissance. Du principe, que connaître n'est que sentir, Protagoras concluait que l'homme est la mesure de toute chose, du vrai et du faux, du juste et de l'injuste, aussi bien que du doux et de l'amer, du chaud et du froid; Hume en concluait que rien n'existe hors de nous, que tout se réduit à nos sensations et aux idées qui en émanent. Kant, admettant ce principe à l'égard des notions d'espace et de temps, conclut avec la même rigueur, que l'espace et le temps ne sauraient être que des attributs de notre sensibilité.

Quelques considérations secondaires viennent cependant à l'appui de cet argument capital ; les voici en substance. Premièrement, si le temps et l'espace étaient des choses en soi, ils seraient des conditions de l'existence de Dieu, et ainsi, cette existence serait subordonnée. Deuxièmement, de quelque autre manière qu'on essaie de concevoir l'espace et le temps, on aboutit à des difficultés insurmontables, telles que celle-ci : le temps et l'espace ne peuvent être conçus, ni en dehors des choses, car alors ce seraient comme deux non-êtres infinis ; ni dans les choses, parce que les attributs de nécessité, d'universalité, d'infinité qui caractérisent ces deux grands objets de nos pensées ne sauraient le permettre. A quoi il faut ajouter les difficultés qui seront exposées plus tard, sous le nom d'*antinomies*, à savoir : l'impossibilité de concevoir l'ensemble des phénomènes qui occupent l'espace et le temps, soit comme fini, soit comme infini ; soit comme éternel, soit comme ayant commencé d'être ; comme composé d'éléments simples et indivisibles, ou de parties divisibles, etc.

## CHAPITRE II.

ANALYTIQUE TRANSCENDENTALE OU THEORIE DES CONCEPTS A PRIORI ET DES LOIS DE L'ENTENDEMENT (*Concepts de cause, de substance, d'unité, d'être, etc., lois de causalité, loi de substance, etc.*)

I. *Des concepts à priori en général.*—La sensibilité occupe le premier rang parmi les facultés de l'esprit, mais elle est loin de le constituer tout entier. Elle ne peut même jamais rien par elle seule. Les représentations que nous lui devons se trouvent toujours au fond de la connaissance, comme en étant la matière indispensable ; mais elles ne sauraient jamais suffire à la constituer; il faut de plus le concours d'un principe tout différent, l'entendement ou la pensée.

L'entendement est tout l'opposé de la sensibilité : il représente le côté actif de notre constitution intellectuelle, comme celle-ci en représente le côté passif. Le rôle qui lui est propre est de coordonner les éléments divers fournis par *l'intuition* sensible, de les ramener à l'unité, et de former par leur réunion opérée suivant certaines lois, ce que nous appelons la connaissance *d'un objet*. L'acte par lequel s'opère cette réunion est le jugement. L'entendement est donc la faculté de juger. Il est aussi défini par Kant, la faculté des *concepts* ou idées générales, et cette définition s'accorde parfaitement avec la précédente; car, d'une part, tout jugement implique quelque acte de généralisation; et, d'un autre côté, le seul usage possible des concepts est dans les jugements qu'ils nous servent à former; d'où vient que le jugement est souvent défini : la connaissance par concepts.

Ainsi que la sensibilité, l'entendement a des formes qui lui sont propres. Il y a des concepts qui sont, dans l'ordre des jugements, ce que sont le temps et l'espace dans l'ordre des intuitions, c'est-à-dire, nécessaires, universels, innés à l'entendement, appliqués *à priori* par lui aux impressions adventices des sens, mais jamais donnés dans ces impressions. Tels sont, les concepts de cause, de substance, d'unité, etc. Par cela même, l'entendement a aussi des lois, sous l'autorité desquelles nous rapportons tous les phénomènes, tous les objets de nos pensées ; à ces concepts universels, par exemple, tout ce qui arrive à une cause, tout changement à une substance, etc. Impliquées dans tous nos jugements, ces notions élémentaires en marquent les caractères et les divisions, et, par suite, on les retrouve facilement sous ces divisions. Ainsi, dans le jugement *catégorique* se trouvent les notions de substance et de mode ; le jugement *conditionnel* rappelle les idées de cause et d'effet ; le jugement *disjonctif*, celle d'action réciproque ; la distinction des jugements *affirmatifs* et *négatifs* implique les notions d'être et de néant ; le jugement *individuel* implique la notion d'unité, le jugement *général* celle de pluralité, etc.

C'est là ce que Kant nomme spécialement *catégories*, d'un nom emprunté à Aristote, ou bien encore, concepts purs, concepts *à priori*, concepts intellectuels purs. Il en compte douze, correspondant à autant de divisions du jugement et se rangeant sous les mêmes titres que ces divisions [1].

[1] Nos jugements se divisent : 1º sous le rapport de la *quantité*, en singuliers, particuliers, généraux ou universels (deux choses que confond Kant très-mal à propos) ; 2º sous le rapport de la

Nous n'avons pas à entrer ici dans le détail de cette énumération, ni dans l'analyse particulière de chacun des concepts qu'elle comprend ; pas plus que nous n'aurons plus tard à apprécier cette énumération et cette analyse. La seule chose qui doive nous occuper, c'est l'explication donnée par le système, de la nécessité des rapports qui unissent dans notre esprit tout phénomène à ces divers concepts. Là doit être, en effet, la source des idées de l'auteur sur la valeur objective

---

qualité, en affirmatifs, négatifs, indéfinis (ce dernier mot exprime une idée fausse à notre avis, et que, par suite, Kant ne peut parvenir à exprimer clairement); 3° eu égard à la relation, nos jugements se divisent en catégoriques : tous les corps sont pesants; hypothétiques ; si le soleil est immobile, la terre se meut; disjonctifs : telle quantité est égale à telle autre, ou elle est plus grande ou elle est plus petite; le monde est l'effet du hasard, ou d'une cause intelligente, ou il existe par lui-même ; 4° sous le rapport de la modalité (voy. le sens de ce mot dans tous les traités de logique), en problématiques, *assertoriques* (assurant la vérité sans y joindre la nécessité), et *apodictiques* (nécessaires). Au jugement singulier répond l'idée ou la catégorie de l'unité; au jugement général ou universel, le concept de totalité; au jugement particulier, celui de la pluralité. Le jugement affirmatif contient la catégorie de réalité; le jugement négatif, la catégorie de la négation; le jugement limitatif, le concept de la limitation. Aux jugements catégoriques, hypothétiques, disjonctifs, répondent les concepts de substance, de causalité et de communauté ou action réciproque; aux jugements problématiques, assertoriques, apodictiques, ceux de possibilité, d'existence, de nécessité, et leurs contraires : impossibilité, non-existence, contingence.

ou la vérité de ces rapports. Là est, par conséquent, la partie la plus grave et en même temps la plus délicate du problème posé au début sur les principes synthétiques *à priori*, parmi lesquels ces rapports, notamment le rapport de tout fait à une cause, occupent incontestablement, par leur importance, le rang le plus élevé. Malheureusement, cette partie si capitale de la *Critique de la raison pure*, en est aussi la plus énigmatique et la plus obscure [1]. En voici pourtant, ce nous semble, les points essentiels.

Posons de nouveau la question : Sous le nom de principes synthétiques *à priori*, de lois de l'entendement, il s'agit des rapports nécessaires qui unissent indissolublement dans notre esprit tout fait à une cause, tout changement à une substance, tous les objets de nos pensées aux caractères d'être ou de néant, d'existence ou de non existence, de nécessité ou de contingence, etc., etc. Ces rapports ne nous sont pas donnés par l'expérience, puisqu'ils sont nécessaires et

---

[1] Kant avoue quelque part cette obscurité par laquelle il prie le lecteur de ne pas se laisser rebuter et il s'en excuse sur la difficulté et la nouveauté du sujet. Roz. 93. Tiss. I, 122. Ailleurs, parlant du fait intellectuel qui sert de base à toute sa déduction des catégories (c'est le nom qu'il donne à la démonstration de la légitimité de ces concepts), il déclare que nous en avons très-peu conscience.

universels, et que l'expérience ne peut nous donner que le contingent et le relatif. D'un autre côté, ils ne résultent pas de la nature des termes associés de telle sorte que nous soyons tenus, sous peine de contradiction, d'admettre le rapport de ces termes : « rien, par exemple, dans le concept d'un fait qui arrive, n'impliquant, remarque Kant, un rapport à une cause. » Enfin, ils ne sont pas, comme ceux qui nous ont occupé dans l'esthétique, fondés sur la nature de la sensibilité : il n'en est pas des termes auxquels ils unissent la notion sensible, comme de l'espace et du temps, qui, n'exprimant que la manière dont nous sentons, doivent par cela même être compris dans toute sensation, dans toute représentation sensible. Ils ne sont en aucune façon contenus dans l'idée du phénomène. D'où viennent donc ces rapports et l'invincible nécessité qui nous pousse à les affirmer?

C'est dans l'étude attentive de l'expérience et dans l'analyse des conditions dont elle dépend, que nous devons chercher la réponse à ce grave problème. Nous disons que les principes de l'entendement, bien loin de dériver de l'expérience et de pouvoir être induits des données qu'elle nous offre, lui servent de fondement. Cela même démontre la nécessité de les accepter. Si, en effet, ces principes sont le fondement de l'expérience, si l'expérience n'est possible que par eux, il est clair que les repousser, ce serait repousser l'expérience elle-même [1].

Reste donc à montrer que les catégories sont, en effet, des conditions de l'expérience. D'abord, c'est un fait qu'elles y interviennent toujours. Nous ne pouvons connaître par nos sens, sans mêler à *l'intuition* sensible « la notion d'un *objet* qui apparaît, » dit Kant, dans cette *intuition*[2], » et qui s'en distingue par cela même. Or, cette notion *d'objet* ne peut être constituée qu'à l'aide des catégories. Ce fait est déjà un commencement de démonstration, ou, comme s'ex-

---

[1] « Il s'agit maintenant de savoir s'il ne faut pas admettre aussi antérieurement des concepts *à priori*, comme conditions qui seules permettent, non pas de percevoir, mais de penser en général quelque chose comme objet ; car alors toute connaissance empirique des objets serait nécessairement conforme à ces concepts, puisque sans eux il n'y aurait plus d'objet d'expérience possible.........  ....
» La déduction transcendentale de tous les concepts *à priori* a donc un principe sur lequel doivent se régler toutes nos recherches, c'est celui-ci : Il faut que l'on reconnaisse dans ces concepts autant de conditions *à priori* de la possibilité des expériences (soit de l'intuition qui s'y trouve, soit de la pensée). Les concepts qui fournissent le principe objectif de la possibilité de l'expérience, sont par cela même nécessaires. » — Roz. 89. Born 89. Tiss. I, 117.

[2] « Outre l'intuition sensible par laquelle quelque chose nous est donné, toute expérience contient encore un concept d'un objet donné en intuition ou qui apparaît. Des concepts d'objets en général servent donc comme conditions *à priori*, de fondement à toute

prime Kant, un commencement de *déduction* de la légitimité des catégories, une première justification de leur valeur *objective*[1].

Mais il faut pénétrer plus avant et chercher d'où vient que des concepts à priori sont la condition de toute pensée, de toute notion d'objet, et que la notion d'un objet se mêle nécessairement à toute intuition.

La solution donnée par le système à cette question, est tout entière dans les idées que l'auteur se fait de l'opération à laquelle il donne le nom de synthèse, du rôle de cette opération dans la formation de la connaissance et des conditions auxquelles elle est soumise.

« La synthèse est définie par Kant : l'action d'a-
» jouter, les unes aux autres, plusieurs représenta-
» tions, pour en former une seule connaissance dans
» laquelle doivent se réunir tous les éléments divers

connaissance expérimentale ; par conséquent, la valeur objective des catégories comme concepts *à priori*, repose sur ce fait, que l'expérience, quant à la forme de la pensée, n'est possible que par elles ; car alors elles se rapportent nécessairement aux objets de l'expérience, parce qu'un objet de l'expérience en général ne peut être pensé que par leur intermédiaire. » — Roz. 89. Born. 87. Tiss. I, 117.

[1] « C'est déjà en donner une déduction suffisante ; c'est déjà en justifier la valeur objective, que de pouvoir prouver qu'un objet ne peut être pensé que par leur moyen. » — Roz. 92. Tiss. I, 120.

» fournis par chacune de ces représentations ¹. » Cette opération est, suivant lui, la condition nécessaire de toute connaissance. En vain l'intuition sensible nous serait-elle donnée : si le principe actif de la pensée n'intervenait pour en parcourir les éléments de quelque manière, les recueillir, les rassembler, les lier, et former ainsi, par leur moyen, une connaissance unique, elle ne serait rien pour nous; nous ne connaîtrions absolument rien. « Si je veux connaître quel-
» que chose dans l'espace, par exemple une ligne,
» il faut que je la tire et que j'opère synthétiquement
» une liaison déterminée d'éléments divers donnés, de
» telle sorte que l'unité de cet acte soit en même
» temps l'unité de la conscience (dans le concept d'une
» ligne), et que par là, et pas avant, je connaisse un
» objet, un espace déterminé ².......... Nous ne pou-
» vons concevoir un cercle sans le décrire, nous re-
» présenter les trois dimensions de l'espace, sans faire
» partir d'un même point trois lignes réciproquement
» perpendiculaires l'une à l'autre ³ »

La raison du fait que Kant énonce en ces termes, est indiquée dans le premier des passages que nous

---

¹ Roz. 76. Tiss. I, 100.
² Roz. 736. Born 94. Tiss. I, 405.
³ Roz. 748. Born 105. Tiss. I, 422.

venons de citer. Ce qui fait que la connaissance implique nécessairement un acte de synthèse, c'est que, d'une part, elle implique la conscience du moi auquel doivent être rapportées toutes les représentations qu'elle embrasse, et que, d'un autre côté, la conscience n'est possible que par la synthèse.

La première de ces propositions ne saurait être l'objet d'aucun doute. Puisque, en effet, en parlant de ces représentations je dis *mes* représentations, je les appelle *miennes*, il faut bien que j'aie conscience de leur rapport au moi [1]; car ces mots *miennes*, *mes*, ne signifient pas autre chose que ce rapport. D'ailleurs, ajoute Kant, il n'y a pas de connaissance sans unité. Or, toute unité vient de la conscience : l'unité *objective*, l'unité qui fait de l'objet de la connaissance un seul objet, n'est pas autre chose que l'unité impliquée dans la conscience de l'acte par lequel nous réunissons dans notre esprit les divers éléments de la connaissance [2].

. Nous disons, en second lieu, que la conscience du rapport des représentations au moi ne peut se produire que par la synthèse qui les réunit et les coordonne. D'abord, en fait, elle y est contenue, elle en

---

[1] Roz. 736 et 737. Born 91, 93. Tiss. I, 400, 402.
[2] Roz 98, 736. Born 92. Tiss. I, 128, 404, etc.

constitue l'unité, elle en est le point culminant, elle est presque la même chose que cette synthèse. Kant distingue trois sortes de synthèse, ou plutôt trois degrés, trois moments dans la synthèse empirique. Pour connaître à l'aide de l'intuition, « il faut d'abord,
» dit-il, parcourir les éléments de la diversité qu'elle
» fournit et les réunir en un tout¹. » C'est la synthèse de *l'appréhension*. Cette opération serait évidemment vaine et sans résultat, si, à mesure que dans ce mouvement notre esprit passe de l'un des éléments au suivant, il ne conservait le souvenir des points parcourus précédemment. « Il est évident que, si je tire une ligne
» par la pensée, ou que si je veux concevoir la durée
» qui sépare un midi d'un autre, ou bien encore si je
» veux me représenter un certain nombre, je suis
» d'abord dans la nécessité de saisir par la pensée une
» de ces diverses représentations après l'autre. Mais
» si, à mesure que je pense à un nouveau point, je
» laissais échapper les éléments que j'ai précédem-
» ment parcourus (à savoir les premières parties de
» la ligne, les parties antérieures du temps, les unités
» successivement représentées), et si ces éléments ne se
» reproduisaient pas, aucune représentation entière,

---

¹ Roz. 94. Tiss. I, 123.

» aucune des conceptions que nous venons de nommer,
» ni même les plus pures et les plus fondamentales
» notions de l'espace et du temps, ne pourraient se
» produire[1]. » Cette présence simultanée dans notre esprit des divers éléments de la représentation sensible, est la synthèse de la *reproduction*. Elle ne suffit pas encore ; elle aurait lieu inutilement, et rien ne pourrait être conçu par son intermédiaire, si un nouvel acte du principe spontané ne s'ajoutait aux deux précédents. Les diverses parties successivement saisies par mon imagination auraient beau être simultanément présentes à ma pensée, si ma mémoire, en même temps qu'elle les conserve et les rappelle incessamment, ne les reconnaissait pour être celles-là mêmes que j'ai successivement parcourues, et si je pouvais les croire nouvelles, jamais je n'aurais la notion de l'objet unique qu'elles doivent représenter. Si, par exemple, en faisant un compte, j'oubliais que les unités présentement réunies dans ma pensée ont été ajoutées par moi, peu à peu, les unes aux autres, je ne pourrais évidemment jamais connaître le nombre auquel doivent aboutir mes calculs ; je ne pourrais même, sans ce pouvoir de saisir l'identité de ma pensée à travers

---

[1] Roz. 96. Tiss. I, 125.

la série des instants pendant lesquels elle doit s'accomplir, former l'idée d'aucun nombre, puisqu'un nombre n'est que la production de la multitude par l'addition successive de l'unité à l'unité¹. Ce dernier période de la synthèse empirique est la synthèse de la reconnaissance. C'est ici surtout qu'intervient la conscience. La synthèse de la reconnaissance n'est, au fond, que la conscience de l'unité de la synthèse empirique, la conscience de l'unité de l'opération intellectuelle qui, pour former la connaissance, coordonne les représentations offertes par la sensibilité et les rapporte à un même moi². Kant va jusqu'à dire que le concept à l'aide duquel s'opère, comme on vient de le voir, la synthèse de la reconnaissance, consiste uniquement dans la conscience de cette unité de la synthèse³.

L'unité de la conscience impliquée dans la synthèse du jugement, dépend, à son tour, étroitement de cette

---

¹ Roz. 96. Tiss. I, 126.

² « Cette conscience une est ce qui réunit en une seule représentation le divers perçu peu à peu et ensuite reproduit. » — Roz. 97. Tiss. I, 127.

³ Roz. 96. Tiss. I, 127. Kant ajoute « que le mot *Begriff* pourrait, à lui seul, suggérer cette remarque. » En effet, ce mot dérive du verbe *begreifen*, qui signifie réunir, embrasser. Le mot latin *conceptus* a une origine analogue.

synthèse et ne saurait être qu'en elle. Je ne puis, suivant Kant, me représenter l'identité de la conscience du moi dans plusieurs représentations (*mir die Identitæt des Bewusztseyns in Vorstellungen selbst vorstellen*), qu'à la condition de les ajouter l'une à l'autre (*eine der andern hinzuzusetzen*), et grâce au pouvoir de les unir dans un acte de pensée unique, ou, comme dit Kant, dans une seule conscience (*in einem Bewusztseyn zu verbinden* [1]). En effet, la conscience empirique qui accompagne différentes représentations étant en soi dépourvue de toute unité, de tout lien entre ses parties (*zerstreut, sparsa et dissipata*) et sans rapport à l'unité du sujet, il faut bien que ce rapport et cette unité lui viennent d'une autre source. Cette source ne peut être que l'activité spontanée du sujet, qui, rassemblant et coordonnant ces représentations pour en former un tout, les unit, d'une part, entre elles par l'harmonie et l'unité de ce tout, et de l'autre, à elle-même, par le fait même de l'action commune à laquelle elle les soumet [2]. D'ailleurs, pour-

---

[1] Roz. 733. Born 91. Tiss. I, 400.

[2] Scilicet hæc perpetua identitas apperceptionis varietatis cujusdam in visione datæ synthesin continet repræsentationum, solumque esse per conscientiam potest hujus syntheseos Nam conscientia empirica, diversas repræsentationes comitans, per se sparsa est et dissipata (*zerstreut*) quasi, caretque adfectione ad identitatem

rait-on ajouter en s'appuyant sur un des principes les plus constants du système, si le moi n'est que le sujet

subjecti. Igitur hæc adfectio nondum efficitur eo, ut quamque repræsentationem cum conscientia equidem comiter, sed ut alteri alteram *addam*, mihique earum syntheseos conscius sim. Itaque duntaxat eo, ut varietatem repræsentationum datarum in una et individua conscientia conjungere queam, fieri potest, ut identitatem conscientiæ in his repræsentationibus ipsam cogitem, id est, unitas apperceptionis analytica non nisi posita quapiam synthetica esse potest. Igitur quum cogito, eas repræsentationes in visione datas meas esse, ad meque pertinere, idem facio, ac si eas in una conscientia individua conjungam, certe in ea conjungere possim; quæ quidem cogitatio quamquam ipsa nondum conscientia syntheseos repræsentationum est, tamen hujus illa possibilitatem ponit priorem, id est, eo duntaxat, quod varietatem illius una possum conscientia comprehendere, eas dico singulas repræsentationes meas; alias enim mihimet essem *ipse ego* tot varietatum, totque colorum, quot repræsentationes sint, quarum mihimet conscius sum. Igitur unitas synthetica varietatis visionum, qua ex anticipatione data, causa et fundamentum est ipsius identitatis apperceptionis, omni definita cogitatione mea ex anticipatione prioris. Conjunctio autem non in rebus objectis inest, neque ab iis forte perceptione potest deprimi et mutuari, et in intelligentiam eo demum recipi, sed solum in actione versatur intelligentiæ, quæ ipsa nihil aliud est, nisi facultas conjungendi ex anticipatione, varietatisque repræsentationum datarum unitati apperceptionis subjiciendæ, quod quidem decretum summum est universæ cognitionis humanæ. . . . . . . . . . . . . Igitur unitas synthetica conscientiæ lex atque conditio est cognitionis universæ, non ejus, qua ego ipse duntaxat ad rem objectam cognoscendam indigeo, sed cui subesse quamque visionem oportet, quæ mihi res fieri objecta possit. Siquidem alio modo, sineque illa synthesi varietas illa in una non posset conscientia conjungi. — Born 91. Roz. 733. Tiss. I, 400. Voy. aussi Roz. 100, 106, etc. Tiss. I, 131, 139, etc.

du *je pense*, et si la *pensée* n'est que la synthèse opérée par l'entendement, il est bien évident que le moi, la conscience du moi, le rapport des représentations au moi ne sont possibles que par cette synthèse, et que rien ne saurait être ramené au moi que par elle.

En donnant naissance à la conscience, la synthèse rend possible et produit aussi l'unité de la connaissance, qui n'est autre chose, comme nous l'avons vu, que l'unité de la conscience. Elle rend possible également l'opération qui lui est opposée, à savoir : l'analyse ; car, où l'entendement n'a rien lié, composé, il ne peut rien décomposer. C'est grâce à elle, par conséquent, que peuvent se produire tous les effets de l'analyse, et, par exemple, les idées générales, les concepts communs comme tels (*gemeinsame Begriffe als solche*). Il est bien clair, en effet, que concevoir une qualité comme commune à plusieurs objets, c'est concevoir dans ces divers objets, outre cette qualité, d'autres attributs qui les distinguent les uns des autres; c'est avoir déjà conçu préalablement cette qualité réunie à d'autres et formant avec elles une totalité synthétique (*in synthetischer Einheit mit anderen*)[1].

---

[1] Unitas conscientiæ analytica omnibus conceptibus communibus, ut talibus, adhæret: velut si *ruborem* generatim cogito, eo mihi qualitatem animo informo, quæ ( ut nota) in ulla re aliqua de-

Enfin, l'importance du rôle de cette opération est telle aux yeux de Kant, qu'il va jusqu'à dire qu'elle est l'entendement lui-même (*der Verstand selbst*), c'est-à-dire, en réalité la faculté de connaître, puisque ce n'est que par l'entendement que les représentations aveugles de la sensibilité peuvent être transformées en connaissance.

Cherchons maintenant quelles sont les conditions de cette opération capitale. Kant soutient qu'elle ne peut jamais s'effectuer qu'à l'aide d'un concept, et c'est par là précisément qu'il va démontrer la nécessité de concepts *à priori*. C'est-à-dire qu'ici encore et plus que jamais, nous allons voir cet indéfinissable esprit s'écarter absolument des traditions de l'école philosophique dont les principes ont le plus contribué à l'égarer, abandonner même ces traditions dans

---

prehendi possit, aliisque repræsentationibus esse conjuncta; proinde tantum ope prius cogitatæ, quæ esse queat, unitatis cujusdam syntheticæ animo possum concipere analyticam. Repræsentatio, quæ cogitari debet tanquam *diversis* communis, spectatur tanquam ea, quæ ad illos pertineat, quæ præter eam aliquid habeant *diversi*, proinde illa in unitate synthetica cum aliis (quamquam duntaxat possibilibus) repræsentationibus ante, necesse est, cogitetur, quam unitatem conscientiæ analyticam, quæ eum conceptum communem efficit, in ea possim cogitare. Ita unitas apperceptionis synthetica summus ille apex est, cui omnis usus intelligentiæ, et vel ipsa tota logica, post illamque philosophia transcendentalis debet adfigi, quia ea facultas ipsa intelligentia est.—Born 92. Roz. 733. Tiss. 401.

ce qu'elles ont de plus plausible, de plus conforme, ce semble, au sens commun, et accepter les prétentions les plus exagérées des doctrines rivales. Si, en effet, il est un point sur lequel l'empirisme semble triompher aisément de ses adversaires, c'est assurément lorsqu'il soutient que les notions simples et générales ne sauraient en aucun cas et en aucune manière précéder la perception des objets individuels dont elles représentent les aspects divers, et qu'elles ne sont jamais qu'un produit ultérieur de l'analyse appliquée aux données de l'expérience, des abstractions artificielles, ordinairement provoquées par la comparaison de ces données. Tel n'est pas le sentiment de Kant. Comme Platon, comme Malebranche, comme les *réalistes* du moyen-âge, comme tous les philosophes qu'on a le plus accusés d'outrer les principes opposés à l'empirisme, il suppose l'esprit pourvu, dès sa naissance, d'un certain nombre d'idées générales, les portant en lui-même comme son propre fonds, et pouvant les en tirer sans le secours d'aucune expérience préalable; et il veut que ces idées générales soient la condition de toute expérience, de toute connaissance [1]. Ce n'est pas qu'il admette

---

[1] Ceci n'est nullement en contradiction avec ce qui a été dit précédemment sur la nécessité de la synthèse individuelle pour concevoir les concepts communs comme tels. Ces mots : comme tels

que nous puissions rien connaître avant l'expérience ; loin de là! l'expérience, la connaissance des êtres individuels, seuls objets de l'expérience, est tout à ses yeux; et même, d'après ses principes les plus constants et les plus arrêtés, toute connaissance se réduit pour nous à celle des seuls êtres sensibles, ou, pour employer son langage, des seuls êtres donnés en intuition. Mais autre chose est pour lui la connaissance, autre chose est le concept. Pour constituer la connaissance, il faut outre le concept, la représentation sensible dont le concept sert à coordonner les éléments; le concept n'est donc pas la connaissance. Le concept se distinguant de la connaissance, on conçoit aisément que ce qui serait faux de l'une puisse être vrai de l'autre. Il n'y a pas de con-

---

(*als solche*), ajoutés par Kant, expliquent parfaitement sa pensée. Il faut se rappeler qu'il y a dans toute idée générale deux choses à distinguer : l'essence ou le type qu'elle représente, et son rapport aux objets dans la compréhension desquels se trouve ce type et qu'il sert à classer. C'est seulement de ce dernier rapport que Kant a voulu parler dans la note que nous avons citée, et c'est là ce que signifie l'expression : concepts communs comme tels. **La question reste donc tout entière sur les concepts en eux-mêmes, sur la notion pure du type en lui-même,** ce que Platon appelle εἶδος αὐτὸ κατ' αὐτὸ, savoir : si ces notions sont toutes d'abord données dans la perception des objets individuels, et dégagées plus tard par l'abstraction, de la notion de ces objets, ou s'il en est d'innées, de préformées, servant à constituer cette notion,

naissance antérieure à l'expérience, mais il y a des concepts antérieurs à l'expérience et lui servant de fondement, en d'autres termes, des concepts *à priori*.

Remarquons bien d'abord que toute connaissance suppose un concept. Si le concept n'est pas la connaissance, il en est la condition rigoureuse ; s'il n'est rien sans l'intuition, l'intuition n'est rien sans lui. Pour devenir intelligible, pour devenir connaissance, notion d'un *objet*, l'intuition doit lui être rapportée, ou, pour employer l'expression de l'auteur, *subsumée*. On peut même dire qu'un objet n'est qu'un ensemble de représentations réunies sous un concept. Nous disons que
« nous connaissons l'objet, quand nous avons opéré une
» unité synthétique dans les divers éléments de l'intui-
» tion. Mais cette unité est impossible, si la synthèse
» n'a pas pour fonction de ramener l'intuition à une
» règle qui rende nécessaire *à priori* la reproduction
» des éléments divers, et possible un concept où ils
» s'unissent. Ainsi, nous concevons un triangle comme
» un objet, alors que nous avons conscience de l'as-
» semblage de trois lignes droites, suivant une règle
» qui s'applique à l'exhibition de toute intuition sem-
» blable. . . . . . . . . . . .
» Toute connaissance exige un concept, si imparfait
» ou si obscur qu'il puisse être ; et ce concept est tou-

» jours, quant à sa forme, quelque chose de général et
» qui sert de règle. Ainsi, le concept de corps, en
» ramenant à l'unité les divers éléments que nous y
» concevons, sert de règle à notre connaissance des
» phénomènes extérieurs.....; il représente la repro-
» duction nécessaire des éléments divers de l'intuition
» et par conséquent l'unité synthétique qui en accom-
» pagne la conscience [1]........ L'entendement, pour
» parler généralement, est la faculté de former des
» *connaissances*. Celles-ci consistent dans le rapport
» déterminé de représentations données à un objet;
» un objet est ce dont le concept réunit les éléments
» divers d'une intuition donnée [2]. »

Ainsi, la synthèse empirique suppose un concept, parce qu'elle exige une règle, et que cette règle ne peut lui être offerte que par un concept; voilà, en résumé, pourquoi la connaissance, qui dépend de cette synthèse, suppose toujours un concept.

Cette règle offerte par le concept est nécessaire à tous les degrés de la synthèse; elle l'est dans la synthèse de l'appréhension, pour déterminer l'ordre dans lequel nous devons parcourir les divers éléments de la

---

[1] Roz. 98. Tiss. I, 128.
[2] Roz. 735. Born 94. Tiss. I, 04

représentation sensible ; dans la synthèse de la reproduction, pour que ces éléments soient rappelés dans le même ordre. Mais la nécessité s'en fait particulièrement sentir dans la synthèse de la reconnaissance. La synthèse de la reconnaissance consiste, en effet, uniquement dans la conscience de l'identité des éléments divers réunis sous un concept (par exemple, les unités d'un nombre) avec ceux qu'il a fallu parcourir successivement pour former la notion empirique (par exemple, ces mêmes unités pendant la durée de l'addition). De là vient que Kant la nomme synthèse de la reconnaissance dans le concept [1].

Le concept est presque la même chose que ce dernier acte de la synthèse ; il en est l'unité ; il se confond avec cette unité de la conscience, que nous avons déjà dit être le point culminant de la connaissance empirique [2]. Le concept n'a même pas d'autre objet que de servir à l'entendement de règle pour arriver à l'unité, dans laquelle seule peut s'accomplir la connaissance [3].

[1] Roz. 96, 112. Tiss. I, 126, 147.
[2] *Denn dieser Begriff* (de nombre) *besteht lediglich in dem Bewusztseyn dieser Einheit der Synthesis.* — Roz. 96. Tiss. I, 127.
[3] De là vient que le jugement qui est la connaissance par concepts peut être défini d'une manière de réduire des connaissances données à l'unité objective de l'aperception (*die Art, gegebene Exkenntnisse zur objectiven Eineit der aperception zu bringen*). Roz. 739, Born 97. Tiss I, 409.

Ces faits reconnus, il est aisé d'en tirer, relativement aux concepts *à priori*, la conclusion qui est le but de toute cette déduction. Si, en effet, toute expérience, toute connaissance repose sur un concept ; pour qu'une première expérience puisse avoir lieu, une première connaissance se produire, il faut quelque concept venant d'une autre source que l'expérience ; or, c'est là ce qu'on nomme un concept *à priori*. Il y a donc en nous des concepts *à priori;* concepts nécessaires et universels, puisqu'ils sont la condition de toute connaissance, de toute pensée. D'ailleurs, il y a une synthèse *à priori*, la synthèse transcendentale de l'imagination s'appliquant aux seules intuitions pures de l'espace et du temps, et dont on voit l'exemple dans la géométrie pure. Or, il est clair qu'une synthèse *à priori* doit reposer sur des concepts *à priori* [1]. Il y a aussi une unité de conscience supérieure à celle que nous trouvons dans chacun des actes de la connaissance pris à part, à savoir : l'unité du moi persistant identiquement le même sous la série des modes qui déterminent successivement son existence. Toute connaissance doit être rapportée à ce moi unique ; autrement elle ne serait pas en nous, elle ne

---

[1] Roz 94, 95, 108, etc. Tiss. 1, 123, 125, 141, etc.

nous appartiendrait pas. L'unité du moi est donc l'unité nécessaire et universelle de la connaissance; mais, d'après ce que nous venons de dire, une telle unité conçue comme fondement de toutes nos connaissances, suppose une synthèse analogue, universelle et absolue comme elle, embrassant tous les objets de nos pensées ; elle suppose, par suite, des concepts universels s'étendant à tous ces mêmes objets. Des concepts universels et *à priori* sont donc la condition nécessaire de toute connaissance [1].

Sans des concepts *à priori*, non-seulement il n'y aurait rien en nous, ni connaissance, ni pensée ; mais

« [1] Mais cette unité synthétique [l'unité synthétique de l'aperception] suppose une synthèse, ou la renferme ; et si la première doit être nécessairement *à priori*, la seconde doit aussi être une synthèse *à priori*..............................................

» Il y a donc dans l'entendement des connaissances pures *à priori*, qui contiennent l'unité nécessaire de la synthèse pure de l'imagination, relativement à tous les phénomènes possibles. Ce sont les catégories, car tel est le nom des concepts purs de l'entendement pur. » — Roz. 108. Tiss. I, 141.

« Comme toute perception possible dépend de la synthèse de l'appréhension et que cette synthèse empirique dépend elle-même de la synthèse transcendentale, par conséquent aussi des catégories, toutes les perceptions possibles, et conséquemment tout ce qui peut parvenir à la conscience empirique, c'est-à-dire tous les phénomènes de la nature quant à leur liaison, doivent donc être soumis aux catégories. » — Born 111. Tiss. I, 432. Voy. aussi Roz. 740. Born 98. Tiss. I, 410, etc.

le moi ne serait pas, nous n'existerions pas pour nous, car le moi n'est que la pensée, le *substratum* du *je pense*, une pure forme de la conscience (*die blose Form des Bewusstseyns*[1]), laquelle ne saurait être rien elle-même, comme nous l'avons vu, hors de la synthèse empirique dont elle constitue l'unité. Le moi ou le *je pense*, dit quelque part Kant, est le *véhicule* des catégories ; le moi, ajoute-t-il ailleurs, c'est la substance, la cause, etc. Il faut bien entendre ces paroles et se garder, par exemple, de leur donner le sens qu'elles auraient pu avoir dans la bouche de Leibnitz. Suivant une des maximes les plus fondamentales de la doctrine de ce philosophe, l'âme ou la *monade* que nous portons en nous, serait le modèle primitif sur lequel notre entendement aurait formé les notions universelles sous lesquelles il conçoit toutes choses. C'est uniquement parce que notre moi est un être, une substance, une cause active, parce qu'il est un, etc., qu'il nous serait donné de pouvoir attacher un sens à ces mots être, substance, cause, activité, unité, etc. ; c'est par la conscience de notre être, dans le sein duquel nous les trouvons réalisées, que nous aurions acquis les notions exprimées par ces mots [2]. Telle n'est pas la

[1] Roz. 305. Tiss. II, 89.
[2] *Nouveaux essais*, l. 11. ch. 1, etc.

pensée de Kant : à entendre ainsi les choses, le moi n'est pour lui ni substance ni cause, il n'est pas même un être, puisqu'il n'est pas donné en intuition, et que ces mots cause, être, substance, etc., ne peuvent exprimer que des concepts d'objets donnés en intuition. En quel sens donc le moi est-il la cause, la substance, etc.? En ce sens qu'il les conçoit, que c'est par là que s'accomplit la pensée dont il est le *substratum*. C'est uniquement comme sujet connaissant, et nullement comme objet connu, que le moi possède les catégories. Il y a en lui, non les attributs représentés par ces notions, mais seulement les notions elles-mêmes. C'est à ce dernier titre seulement que le moi est le véhicule des catégories : ajoutons que ce n'est qu'à ce même titre que le moi est quelque chose. Il est tout entier dans les concepts intellectuels purs, dans la faculté de les appliquer et de les mettre au jour, car il n'est rien que par la pensée et dans la pensée ; il n'est que l'unité de la pensée, qui n'est elle-même que la synthèse opérée suivant ces concepts.

II. *Démonstration des divers principes de l'entendement ; schema transcendental, etc.* — Recon-

---

[1] *Dialectique transcendentale*, chap. 1ᵉʳ du liv. II.

naissons où nous en sommes et le chemin qui nous reste encore à parcourir, pour arriver au terme de la démonstration qui nous occupe. Jusqu'ici, Kant s'est efforcé d'établir, d'une manière générale, que des concepts *à priori* devaient servir de base à toute connaissance ; il a cherché à prouver, par des raisonnements abstraits et en quelque sorte algébriques, la nécessité de rapporter tous les phénomènes à ces concepts. Il lui reste à montrer que ces concepts nécessaires sont bien ceux qui ont été énumérés précédemment sous le nom de catégories, et aussi à faire comprendre comment nous leur rapportons, en effet, tous les phénomènes perçus par nos sens, comment ils surgissent des profondeurs de notre nature intellectuelle pour s'unir à l'intuition sensible et former, avec cette matière aveugle que lui offre la sensibilité, la connaissance des objets.

L'explication de ces deux points dépend, dans la *Critique de la raison pure*, de deux théories étroitement unies, n'en faisant au fond vraiment qu'une : la théorie de l'imagination et de son rôle dans la formation de la connaissance, et celle du *schema* transcendental.

Quoique l'imagination s'offre à nos yeux, avant tout, comme la faculté de représenter en intuition les objets absents, elle ne laisse pas, suivant l'auteur, de contribuer pour une grande part à la connaissance des objets présents [1]. C'est elle, à proprement parler, qui opère la synthèse dont nous venons de décrire les effets : elle tient au même principe que l'entendement, la spontanéité du sujet pensant; elle s'en distingue à peine. Kant paraît souvent la confondre absolument avec cette dernière faculté, et lorsqu'il met entre elles une différence, cette différence semblerait être toute de degré et telle qu'on l'exprimerait assez exactement en disant que l'entendement est la réflexion de l'esprit sur la synthèse opérée par l'imagination [2].

[1] « Aucun psychologue n'a bien vu encore que l'imagination entre nécessairement dans la perception. C'est que, d'une part, on a restreint cette faculté aux reproductions, et que, d'autre part, on a cru que les sens, non-seulement nous donnent des impressions, mais encore les composent et produisent des images des objets. Ce résultat exige certainement, outre la réceptivité des impressions, une fonction qui les synthétise. » — Roz. 109. Tiss. I, 143.

[2] « La synthèse est en général, comme nous le verrons plus tard, l'œuvre pure et simple de l'imagination, fonction aveugle de l'âme, mais indispensable, puisque sans elle nous n'aurions aucune connaissance de quoi que ce soit, fonction, du reste, dont nous avons rarement conscience. Mais l'action de réduire cette synthèse en concepts est la fonction de l'entendement par laquelle nous avons, et pas avant, la connaissance proprement dite. » Roz. 77. Born 72. Tiss. I, 101.

« Trois principes subjectifs de connaissances concourent à rendre possible l'expérience en général, et la connaissance de ses objets

Le propre de l'imagination est de combiner, de réunir, en les ajoutant un à un, les divers éléments de la représentation sensible : elle ne le peut sans soumettre ces éléments à un ordre embrassant des rapports tout différents de ceux qui proviennent de la forme du sens externe, l'espace.

Cet ordre nouveau, produit par l'imagination, est le temps. Le temps a été précédemment défini la forme du sens intime ; mais le sens intime ne fait qu'un, à certains égards, avec l'imagination; il n'est pas autre chose que la capacité inhérente au sujet d'être affecté par la puissance active de cette faculté, la propriété de la sensibilité d'être déterminée par elle [1]. Le temps est la loi fondamentale de l'imagina-

---

à savoir : le *sens*, l'*imagination* et l'*aperception*. Le sens représente les phénomènes empiriquement dans la perception, l'imagination dans l'association (et la reproduction), l'aperception dans la conscience empirique de l'identité de ces représentations reproductives avec les phénomènes qui les donnent, par conséquent dans la reconnaissance. » Roz. 105. Tiss. I, 138.

[1] « Ce qui détermine le sens intime, c'est l'entendement et sa faculté originelle de lier le divers de l'intuition, c'est-à-dire, de le ramener à une aperception (laquelle est le principe de la possibilité même de cette faculté). Or, comme l'entendement dans nous autres hommes n'est pas lui-même une faculté intuitive, et que l'intuition fût-elle donnée dans la sensibilité, il ne pourrait cependant se charger de la recueillir et de réunir en quelque sorte en un tout la diversité de sa propre intuition, la synthèse de l'enten-

tion, puisque cette faculté ne procède, ne forme sa synthèse que par addition successive. C'est parce que l'imagination ne procède que par addition successive, qu'elle modifie le sens intime successivement et que le temps est la loi de ce sens. Pour soumettre les représentations réunies par elle à la loi du temps, l'imagination doit être dirigée par certaines règles, s'appuyer sur certains concepts *à priori*, soit virtuels, soit actuels [1]. Ces concepts sont précisément ceux qui nous occupent, les catégories. Les phénomènes que l'ima-

---

dement, considéré seulement en lui-même, n'est donc autre chose que l'unité de l'action dont il a conscience comme telle, même sans sensibilité, mais par laquelle cependant il peut déterminer ultérieurement la sensibilité par rapport à la diversité qui peut lui être donnée suivant la forme de son intuition. Sous le titre de synthèse transcendentale de l'imagination, il exerce donc, sur le sujet passif dont il est la faculté, une action telle que nous pouvons dire avec raison qu'elle affecte le sens intime. » Roz 748. Tiss. I, 420.

[1] Kant affirme fréquemment que la synthèse de l'imagination dépend des concepts qui constituent la notion d'*objet* en général (p. ex. Roz. 134. Tiss. I, 178). S'il entendait parler de concepts actuels, cette affirmation serait en contradiction manifeste avec tous les passages où il suppose l'entendement intervenant après l'imagination pour réduire la synthèse empirique en concepts, aussi bien qu'avec l'idée qu'il se forme de la nature de l'entendement et de celle des concepts, qui, suivant ses principes les plus constants, ne peuvent rien signifier, indépendamment de la représentation sensible. Voilà ce qui nous porte à penser qu'il s'agit ici moins d'un concept actuel que d'une loi, forme ou disposition équivalant

gination doit embrasser pour former la connaissance empirique, ont, en effet, entre eux divers rapports eu égard au temps : l'un précède, l'autre suit, tel autre existe en même temps ; celui-ci passe et s'évanouit, celui-là persiste à travers tous les changements; l'un dure plus, l'autre moins ; tel autre, enfin, est conçu comme existant en tout temps. Or, nous ne percevons pas le temps, les choses dans le temps et leur rapport au temps ou leur rapport mutuel dans le temps, comme nous percevons l'espace et les choses dans l'espace. Ce n'est pas d'après une telle perception qu'opère l'imagination, puisque c'est uniquement par l'action de l'imagination que se produit le temps, puisque le temps n'est que la forme ou l'ordre de la série des modifications que cette action imprime au sujet pensant. Qu'est-ce donc qui déterminera le rapport précis de chacun des objets de nos pensées au temps, ou leur rapport mutuel dans le temps ? Ce seront certains caractères conçus *à priori* et dont ces rapports sont la conséquence nécessaire. Ainsi, un fait étant conçu comme dépendant d'un autre, il sera placé après et celui-ci avant; comme lié par un rapport de

---

par ses effets à un concept. Du reste, ceci est un point très-secondaire, d'où nos conclusions et notre argumentation ne dépendront en rien.

dépendance réciproque, il sera simultané ; comme *substratum* ou fondement de tel changement, il sera permanent ; comme réel, il remplira une partie du temps ; comme nécessaire, il sera en tout temps, etc. Or, ces caractères du phénomène que nous exprimons en disant qu'il dépend ou qu'il tient sous sa dépendance un autre phénomène, qu'il lui sert de fondement ou qu'il a en lui son fondement, etc., etc., sont précisément les catégories de cause, de substance, etc., etc.[1], ou plutôt ce qui, dégagé plus tard par l'abstraction de tout rapport à la sensibilité, donne naissance aux catégories. On voit, d'après cela, comment non-seulement des concepts *à priori* en général, mais les catégories en particulier, sont la condition nécessaire de toute expérience, et pourquoi nous ne pouvons rien penser que par leur intermédiaire. La raison en est que la synthèse d'où dépend, comme on l'a vu ci-dessus, l'unité de la conscience, ne peut être produite que par l'imagination, que l'imagination est d'ailleurs soumise à la loi du temps, contrainte d'ordonner tous les faits suivant cette loi, et que, d'un autre côté, les divers rapports des choses au temps ne peuvent être déterminés qu'à l'aide des catégories.

---

[1] Roz. 754. Tiss. I, 430.

L'imagination unit donc les catégories au phénomène sensible, l'entendement à la sensibilité [1]; elle unit tout, elle relie tout, elle est comme le nœud vital de l'organisme intellectuel; elle en est à la fois la vie et l'unité. En opérant la synthèse des éléments de l'intuition sensible, elle affecte le sens intime et, par là, donne naissance au temps, qui n'est que la forme de ce sens; elle produit l'unité de la conscience, qui n'est que l'unité de cette synthèse et ne peut se produire qu'en elle. C'est elle, par suite, qui transforme en connaissances les représentations aveugles de la sensibilité, et cela, grâce aux catégories qu'elle met au jour, auxquelles elle fournit leur première et seule légitime application, ne laissant tout au plus à l'entendement, avec lequel elle se confond en principe, que le soin de les généraliser.

Ce qui fait que les catégories interviennent nécessairement dans toutes les opérations de l'imagination, et par suite sont la condition de toute connaissance, c'est la loi du temps, à laquelle est soumise cette faculté. La loi de l'unité de la conscience fait que des concepts *à priori* sont nécessaires pour connaître; la loi du temps fait que ces concepts doivent être

---

[1] Roz. 112. Tiss. I, 147.

précisément ceux qui ont été énumérés sous le nom de catégories : la cause, la substance, la réalité, l'unité, etc. ; de sorte que c'est proprement la notion du temps avec ses divers aspects qui forme le lien nécessaire de chacune des catégories au phénomène. Ceci nous conduit au *schema transcendental*.

Le *schema transcendental* n'est autre chose que la catégorie concourant à cette œuvre nécessaire et universelle de l'imagination d'où résulte le temps, et en constituant la loi. C'est la catégorie dans son union avec un des modes du temps, avec un des rapports des choses au temps, avec celui de ces rapports auquel elle sert de fondement. C'est, par conséquent, la catégorie dans sa première, dans sa plus naturelle et, suivant Kant, dans sa seule légitime application. C'est la cause s'exprimant par le rapport de succession, la substance représentée sous la notion d'un phénomène permanent, la réciprocité d'action sous celle de la simultanéité, la réalité sous la notion d'un fait qui remplit le temps, la nécessité sous la notion de l'éternité, etc. [1]. Le *schema* transcendental est presque le temps

---

[1] « Le *schema* pur de la quantité est le nombre, et le nombre est une représentation comprenant l'addition nécessaire de l'unité à l'unité ; il n'exprime pas autre chose que l'unité de la synthèse que nous formons des éléments divers d'une intuition homogène, de

lui-même, c'est un des aspects nécessaires et universels du temps, ce que Kant nomme une des déterminations *à priori* du temps (*Zeitbestimmungen à priori*);

manière à produire le temps lui-même dans l'appréhension de cette intuition.

»Le *schema* de la réalité est la reproduction continue et uniforme de cette réalité qui se forme dans le temps lorsqu'on descend de la sensation qui a un certain degré, jusqu'à son évanouissement, ou qu'on remonte de sa négation à ce degré. Son opposition au néant (négation) consiste dans la différence du même temps considéré comme plein ou vide..............................

» Le *schema* de la substance est la permanence du phénomène réel dans le temps, c'est-à-dire, qu'il nous représente ce réel comme un substratum de la détermination empirique du temps en général, substratum qui demeure pendant que tout le reste change. Ce n'est pas le temps qui s'écoule, mais en lui l'existence du changeant. Par conséquent, au temps qui est par lui-même immuable et fixe, correspond, dans le phénomène, l'immuable dans l'existence, c'est-à-dire la substance, et c'est en elle seulement que peuvent être déterminées la succession et la simultanéité des phénomènes par rapport au temps.

»Le *schema* de la cause et de la causalité d'une chose en général, est le réel qui, une fois posé arbitrairement, est toujours suivi de quelque autre chose. Il consiste donc dans la succession des éléments divers, en tant qu'elle est soumise à une règle.

»Le *schema* de la réciprocité ou de la causalité mutuelle des substances par rapport à leurs accidents, est la simultanéité des déterminations de l'une avec les déterminations de l'autre, suivant une règle générale.

»Le *schema* de la possibilité est l'accord de la synthèse de représentation avec les conditions diverses du temps en général ; par exemple : les contraires ne peuvent exister en même temps dans une chose par rapport à un certain temps.

c'est le temps considéré dans son double rapport au phénomène dont il marque la place dans la synthèse nécessaire à laquelle il doit être soumis pour être connu, et à la catégorie sous l'influence de laquelle il se produit.

Kant désigne par le mot *schema* en général un fait intermédiaire entre le concept pur et l'image individuelle, et formant comme une sorte de transition de l'un à l'autre. C'est, dit-il, comme la représentation d'un procédé général de l'imagination, pour donner à un

»Le *schema* de la nécessité est l'existence d'un objet en tout temps. On voit donc par tout cela que le *schema* de chaque catégorie, tel que celui de la quantité, contient et représente la production (la synthèse) du temps lui-même dans l'appréhension successive d'un objet; le *schema* de la qualité, la synthèse de la sensation (perception) avec la représentation du temps; le *schema* de la relation, le rapport des perceptions entre elles en tout temps (c'est-à-dire suivant une règle de la détermination du temps); enfin le *schema* de la modalité et de ses catégories, le temps lui-même, comme le corrélatif de la détermination d'un objet, si et comment cet objet appartient au temps. Les *schema* ne sont donc que des déterminations de temps *à priori*, d'après des règles qui, suivant l'ordre des catégories, ont pour objet la série du temps, la matière du temps, l'ordre du temps, et enfin l'ensemble du temps par rapport à toutes les choses possibles. C'est pourquoi le *schema* n'est proprement qu'un phénomène ou le concept sensible d'un objet d'accord avec la catégorie. (*Numerus est quantitas phænomenon, sensatio realitas phænomenon, constans et perdurabile rerum substantia phænomenon. Æternitas, necessitas, phænomena*, etc.)» Roz. 126 et suiv. Born 122 et suiv. Tiss. I, 165 et suiv.

concept son image [1]. Le *schema* transcendental diffère du *schema* ordinaire, comme on le voit par les développements dans lesquels nous venons d'entrer, en ce qu'au lieu de représenter la règle résultant de tel concept particulier, comme triangle, quadrupède, il représente le procédé général par lequel l'imagination ramène les divers éléments du phénomène sensible à la notion nécessaire et *à priori d'objet* et aux catégories

[1] » Le *schema* n'est toujours par lui-même qu'un produit de l'imagination. Mais, comme la synthèse de cette faculté n'a pour but aucune intuition isolée, mais seulement l'unité dans la détermination de la sensibilité, il faut bien distinguer le *schema* de l'image. Ainsi, quand je place cinq points les uns à la suite des autres....., c'est là une image du nombre cinq ; au contraire, quand je ne fais que penser un nombre en général, qui peut être ou cinq ou cent, cette pensée est plutôt la représentation d'une méthode servant à représenter en une image, conformément à un certain concept, une quantité (par exemple mille), qu'elle n'est cette image même, chose que, dans le dernier cas, il me serait difficile de parcourir des yeux et de comparer avec mon concept. Or, c'est cette représentation d'un procédé général de l'imagination, servant à procurer à un concept son image, que j'appelle le *schema* de ce concept. Le *schema* du triangle ne peut exister ailleurs que dans la pensée, et il signifie une règle de la synthèse de l'imagination relativement à certaines figures conçues dans l'espace par la pensée pure. Le concept de chien désigne une règle d'après laquelle mon imagination peut décrire la figure d'un certain quadrupède en général, sans être restreinte à aucune figure particulière que nous offre l'expérience, non plus qu'à une image possible quelconque que je pourrais me représenter *in concreto*. » —Roz. 124. Born. 121. Tiss. I, 162.

qui constituent cette notion. Par sa définition même, le *schema* transcendental ne doit contenir, outre la catégorie et la représentation du phénomène en général, rien autre chose que le rapport de ces deux termes à la faculté qui les réunit, c'est-à-dire, à l'imagination et à la loi de l'imagination, le temps. De là vient qu'il se réduit en lui-même à une pure détermination transcendentale du temps, et que c'est véritablement le temps qui, sous le nom de *schema transcendental*, représente en général la catégorie appliquée au phénomène. Chacun des *schema transcendentaux*, succession, permanence, simultanéité, etc., est, à l'une des catégories cause, substance, réciprocité d'action, etc., sous lesquelles nous concevons tout phénomène, dans le même rapport que l'imagination et sa loi, le temps, à l'entendement en général. De même que l'imagination lie en général l'entendement à la sensibilité, le *schema transcendental*, qui en est le produit, l'acte essentiel et nécessaire, unit tel ou tel des divers concepts intellectuels purs, à la représentation sensible.

Le *schema transcendental* contenant nécessairement la catégorie, n'étant que la catégorie elle-même conçue comme règle de l'imagination; l'esprit humain ne pouvant qu'à l'aide de la catégorie ramener le phénomène au *schema transcendental*, et par suite à l'imagination, au sens intime et à sa forme le temps ; de là résulte que ce même *schema* doit être réciproquement pour le philosophe un moyen de remonter du phénomène à la catégorie. Placé entre les deux comme le moyen terme du syllogisme entre les deux extrêmes, il pourra servir à les unir, à démontrer la nécessité, la vérité (subjective) des principes qui en expriment l'indissoluble association. Ainsi, tout fait étant nécessairement conçu comme succédant à un autre fait (rapp. du ph. au sch.), et l'ordre de succession ne pouvant être déterminé que par un rapport de cause (rapp. du sch. à la cat.), de là le principe qui lie tout fait à une cause (rapp. de la cat. au ph.). Tout fait ayant des rapports de coexistence avec d'autres faits, et l'idée de coexistence dépendant de celle d'influence réciproque, de là le principe de la réciprocité d'action de toutes les substances coexistantes. Tout fait étant la détermination d'un *substratum* permanent, et la permanence n'étant concevable qu'à l'aide de la notion de la substance, de là le principe que, sous la vicissitude des phénomènes, persiste toujours la substance. Par une raison semblable, tout phénomène remplissant plus ou moins le temps devra être conçu comme réel (ayant une quantité intensive);

soumis à la loi du nombre, c'est-à-dire exigeant, pour être mesuré ou saisi par la synthèse successive de l'imagination, un temps plus ou moins long, il devra être soumis à la catégorie de la quantité (extensive); car le nombre est le *schema* de la quantité. Les *schema* ou rapports au temps, qu'expriment les mots présence (*Daseyn*) dans une partie déterminée du temps, présence dans tous les temps ou éternité, simple accord avec les conditions de l'existence dans le temps, entraîneront également les catégories d'existence (*Wirklichkeit*), de nécessité et de possibilité, sans lesquelles nous ne pourrions concevoir ces rapports.

Ainsi se justifie l'application de chacune des catégories au phénomène sensible, ainsi se démontre, ainsi s'explique la nécessité de ces concepts, comme aussi l'autorité et la valeur des principes qui nous font une loi de comprendre sous ces concepts tous les objets de nos pensées.

Au sujet du plus important de ces principes, le principe de causalité, Kant essaie de rendre sa pensée sensible par des exemples : il oppose le fait de la perception d'une maison à celle d'un bateau qui suit le cours d'un fleuve. Dans l'un et l'autre cas, l'appréhension du phénomène est successive, les lois de l'imagination exigeant qu'elle le soit toujours. Mais, tandis que dans la perception de la maison je puis également parcourir les éléments divers de la représentation, en commençant par le faîte et finissant par les fondements, ou, à l'inverse, en remontant du fondement au faîte, en allant de droite à gauche ou de gauche à droite ; au contraire, dans l'autre exemple, je ne puis voir le bateau sur tel point de la ligne qu'il parcourt qu'après l'avoir perçu sur tel autre point situé plus haut. Ici donc l'ordre des perceptions successives est rigoureusement déterminé et il doit l'être d'après quelque règle. Cette règle ne peut être, suivant Kant, que le rapport de dépendance ou de causalité, lequel exige que le phénomène conçu comme effet soit placé après celui que nous concevons comme cause. Voici ses propres paroles :

« L'appréhension de la diversité du phénomène est
» toujours successive........ Ainsi, par exemple,
» l'appréhension des éléments divers offerts par le
» phénomène d'une maison en face de moi est suc-
» cessive.

» Mais je remarque encore que si, dans un phéno-
» mène qui contient un événement, j'appelle $a$ l'état
» précédant de la perception, et $b$ l'état qui suit, $b$ ne
» peut que suivre $a$ dans l'appréhension, et que la
» perception $a$ ne peut suivre $b$, qu'elle ne peut au

» contraire que le précéder. Je vois, par exemple, un
» bateau se diriger suivant le cours d'un fleuve : ma
» perception de l'endroit qu'il occupe plus bas succède
» à la perception de l'endroit du cours du fleuve qu'il
» occupait plus haut ; et il est même impossible que,
» dans l'appréhension de ce phénomène, le bateau
» puisse être observé d'abord plus bas, ensuite plus
» haut. L'ordre successif des perceptions dans l'ap-
» préhension est donc ici déterminé, et cette appré-
» hension est liée à l'ordre des perceptions. Dans
» l'exemple précédent de la maison, mes perceptions
» pouvaient commencer, dans l'appréhension, par le
» faîte et finir par les fondements ; mais elles pouvaient
» aussi commencer par le bas et finir par le haut ; elles
» pouvaient de même appréhender la diversité de l'intui-
» tion empirique par la droite ou par la gauche. Il
» n'y avait donc, dans la série de ces perceptions, au-
» cun ordre déterminé qui m'obligeât, si j'étais dans
» la nécessité de commencer l'appréhension, à syn-
» thétiser empiriquement le divers. Mais cette règle
» doit toujours se trouver dans la perception de ce
» qui arrive, et rend *nécessaire* l'ordre des percep-
» tions successives (dans l'appréhension de ce phéno-
» mène). »

Le principe du commerce universel ou de l'action

réciproque de toutes les substances qui existent en même temps, se démontre et s'explique d'une manière analogue. La nécessité de ce principe tient uniquement à ce que la simultanéité ne saurait être conçue qu'à l'aide du concept de la réciprocité d'action. Deux choses sont dites exister simultanément, quand elles existent dans le même temps. Mais nous ne percevons pas le temps, nous ne pouvons donc percevoir le rapport de plusieurs choses à un même temps. Comment donc, se demande Kant, pouvons-nous savoir que plusieurs choses existent simultanément? C'est, répond-il, par la facilité que nous avons de parcourir indifféremment la série de ces choses, soit dans un sens, soit dans un autre, en passant de $a$ en $e$ par $b$, $c$, $d$, ou réciproquement de $e$ en $a$ par $d$, $c$, $b$, comme je puis, par exemple, commencer ma perception par la lune et ensuite par la terre, ou réciproquement par la terre et ensuite par la lune. Si l'ordre de ces phénomènes était successif, commençant par $a$ et finissant par $e$, il serait impossible que l'appréhension dans la perception commençât par $e$ et se continuât en $a$, puisque, au moment où nous devrions saisir le fait $a$, ce fait aurait cessé d'exister: afin donc que l'appréhension puisse s'exécuter indifféremment en tout sens, il faut que les phénomènes qui en sont l'objet soient simultanés. Mais dire qu'une série de phénomènes peut être parcourue en deux sens opposés, c'est dire que deux termes voisins quelconques de cette série peuvent déterminer réciproquement la place l'un de l'autre dans la série des représentations sous lesquelles notre imagination les embrasse. Or, qu'est-ce qui peut faire que deux représentations déterminent ainsi réciproquement la place l'une de l'autre, dans l'ordre successif créé par l'imagination? Ce ne peut être qu'un rapport de causalité réciproque entre ces deux phénomènes ; car c'est toujours la cause d'une chose, dit Kant, qui assigne à cette chose sa place dans le temps. Plusieurs phénomènes ne peuvent donc être conçus par nous, comme existant simultanément, qu'à la condition que nous nous les représentions comme causes l'un de l'autre, en d'autres termes, comme liés par un commerce d'action et de réaction réciproque. Des phénomènes isolés et non liés entre eux pourraient bien être conçus successivement, tantôt dans un ordre, tantôt dans un autre ; mais nous ne saurions dire si cet ordre de nos pensées a un fondement dans l'objet, en d'autres termes, si les choses auxquelles ces pensées s'appliquent se succèdent ou si elles existent simultanément. Ainsi se démontre le principe que Kant énonce en ces termes : « Toutes les substances, en tant qu'elles peuvent être perçues en même temps dans l'espace, sont dans une action réciproque universelle [1]. »

---

[1] Citons encore la démonstration du principe de substance. Kant énonce ce principe en ces termes : « Sous la vicissitude du phénomène persiste la substance (*beharrt die Substanz*), et sa quantité n'augmente ni ne diminue dans la nature. » Voici la preuve qu'il en donne : « Tous les phénomènes sont dans le temps, et c'est en lui seulement, comme dans un *substratum* (ou dans la forme constante de l'intuition intérieure), qu'on peut se représenter la simultanéité aussi bien que la succession. Le temps donc où tout changement de phénomène doit être conçu, demeure et ne change pas ; la succession ou la simultanéité n'y peuvent être représentées que comme des déterminations de ce temps immuable. Or, le temps ne peut être perçu en lui-même. C'est donc dans les objets de la perception, c'est-à-dire dans les phénomènes, qu'il faut chercher le substratum qui représente le temps en général et où peut être perçue dans l'appréhension, au moyen des rapports qui l'unissent au phénomène, toute succession ou toute simultanéité. Mais le substratum de tout ce qui est réel, c'est-à-dire, de tout ce qui appartient à l'existence des choses, est la substance, dont tout ce qui appartient à l'existence ne peut être conçu que comme détermination. Par conséquent, ce quelque chose de permanent, sans lequel les rapports des phénomènes ne pourraient être déterminés, est la substance du phénomène, c'est-à-dire, ce qu'il y a de réel en lui et ce qui demeure toujours le même, comme substratum de tout changement. Et comme cette substance ne saurait changer dans son existence, sa quantité dans la nature ne peut ni augmenter ni diminuer. » . . . . . . . . . . . . . .

Il n'y a donc aucun rapport de temps sans le permanent. Or, le temps ne pouvant être perçu en lui-même, ce permanent dans les phénomènes est donc le substratum de toute détermination de temps. Toute existence, tout changement dans le temps ne peut être considéré que comme un mode de ce permanent qui demeure et

III. *Conséquences sceptiques qui résultent de la théorie exposée dans les deux sections précédentes.* — Où nous conduit, en définitive, cette laborieuse justification des plus fondamentales notions de notre entendement, et de la nécessité des principes qui nous obligent à rapporter à ces notions tous les objets de nos pensées? Prouve-t-elle la valeur réelle de ces notions? Y fait-on dériver ces principes de quelque principe plus élevé, offrant une certitude plus irréfragable ou plus immédiate? Y met-on en évidence, enfin, l'harmonie des lois de notre constitution intellectuelle avec l'éternelle vérité des choses? Nullement ; on ne l'essaie pas même. On cherche à montrer seulement que, sans les notions dont il s'agit, certaines opérations desquelles dépend la connaissance comme simple fait en nous, ne sauraient s'accomplir. On nous apprend, non que tout fait se lie réellement par une relation nécessaire à une cause, à une substance, etc.; mais que, sans le concept de cette relation, il serait impossible de rapporter aucun phénomène au temps, par suite

---

continue de subsister. Le permanent est donc, dans tous les phénomènes, l'objet même, c'est-à-dire, la substance (*die Substanz* [ *phœnomenon* ]); et tout ce qui change ou peut changer n'appartient qu'à la manière dont cette substance existe, et par conséquent à ses déterminations. — Roz. 766, 158. Born 151. Tiss. I, 441, 208.

au sens intime, dont le temps est la forme, à la synthèse de l'imagination, qui ne peut s'opérer, comme nous l'avons vu, que suivant la loi du temps ; enfin, à l'unité de la conscience du moi, qui dépend absolument de cette synthèse, ainsi qu'à l'unité de l'objet, qui se confond avec l'unité de la conscience[1].

Remarquons bien cependant que Kant n'entend pas seulement démontrer, par cette subtile théorie, la nécessité des principes qui sont la base et la condition de toute pensée humaine ; il prétend expliquer cette nécessité, et en donner la seule explication, la seule raison possible, la véritable et unique cause. Il le répète constamment : Les concepts intellectuels n'ont pas d'autre usage que de servir de règle à la synthèse d'où dépend, suivant lui, toute connaissance, et les lois de l'entendement n'expriment rien autre chose que les conditions de cette synthèse.

De là résultent deux graves conséquences. La pre-

---

[1] Du reste, « quant à donner une raison plus profonde de cette propriété qu'a notre entendement, de n'arriver à l'unité de l'aperception *à priori* qu'au moyen des catégories, et tout juste de cette espèce et de ce nombre de catégories, c'est, ajoute Kant, ce qui est tout aussi impossible que d'expliquer pourquoi nos jugements ont précisément telles fonctions et non pas d'autres, ou pourquoi le temps et l'espace sont les seules formes de toute intuition possible pour nous. »—Roz. 742. Born 99. Tiss. 1, 412.

mière est que les lois et les concepts nécessaires qui constituent l'entendement, ne sauraient avoir aucune valeur hors du domaine de l'expérience sensible ; par suite, que tout se réduit pour nous à ce seul domaine, toute connaissance à celle que nous pouvons acquérir par le moyen des sens, toute existence à celle des choses que nos sens peuvent atteindre ; la seconde, que, même dans ces limites, ces concepts et ces lois n'ont qu'une valeur subjective, et finalement que l'expérience sensible elle-même est sans objet, ou, ce qui revient au même, les objets qui lui sont propres existent seulement dans notre esprit et se réduisent à de pures représentations.

Remarquons bien, en effet, d'abord que la synthèse dont les concepts intellectuels purs sont les conditions nécessaires et dont les principes de l'entendement expriment les lois, n'a et ne peut avoir d'autre but que de constituer l'expérience, que de réunir pour en former la connaissance des objets sensibles, les représentations données par les sens externes. Comment dès-lors la nécessité de ces concepts et de ces principes pourrait-elle ne pas être toute relative à ces seuls objets, à cette unique sorte de connaissance, à ces seules représentations ? Comment l'autorité de lois fondées uniquement sur la nature particulière des opérations et des facultés qui concourent à constituer l'expérience, pourrait-elle s'étendre au-delà des objets de l'expérience? Ou pour revenir au langage de Kant, comment des concepts dont la nécessité dérive uniquement de l'impossibilité où nous sommes de connaître aucun objet donné en intuition autrement qu'avec leur aide, pourraient-ils avoir la moindre valeur, et les principes qui en règlent l'application la moindre autorité, hors de la sphère de l'intuition? Nous disons donc très-bien, par exemple, en nous tenant dans les limites de cette sphère et en exprimant les conditions de la connaissance sensible, que tous les phénomènes qui se succèdent dans le temps sont nécessairement liés entre eux par le rapport de la cause à l'effet. Il n'en serait plus ainsi si nous nous permettions d'affirmer, d'une manière générale, que tout ce qui est dépend d'une cause, ou, comme disait Leibnitz, d'une raison d'être; si, partant de ce principe général, nous en concluions l'existence d'une cause absolue de tous les phénomènes de l'univers; si surtout, à l'exemple de plusieurs grands métaphysiciens, nous cherchions à déduire de la nature de cette cause souveraine la raison suprême de ses déterminations ou même de son existence. Élevé à cette hauteur par une abstraction téméraire qui ne saurait l'y porter sans le séparer de l'unique fondement de toute vérité, le rapport de cause n'a plus aucune valeur, aucune autorité, et les conclusions que nous en tirons sont tout à fait illégitimes. Il en est des autres notions et des autres principes de l'entendement, comme de l'idée de cause et du principe de causalité. Aucun de ces principes ne saurait jamais nous autoriser à étendre nos affirmations au-delà des purs phénomènes, et s'il nous était jamais permis d'admettre un objet qui dépassât ces bornes, il ne pourrait tomber sous les notions de l'entendement. Si nous pouvions supposer un objet insaisissable aux sens et à l'imagination, tel, par exemple, que la métaphysique spiritualiste conçoit l'âme et Dieu, nous n'aurions aucun droit de lui appliquer les dénominations de substance ou de mode, d'être même ou de réalité, pas plus que celles de cause ou d'effet, de nécessité ou de contingence, etc., puisque ces mots n'expriment autre chose que les conditions subjectives des notions formées par les sens et l'imagination. Il y a plus : ainsi transportés hors du domaine de l'expérience sensible, réelle ou possible, les concepts intellectuels purs sont entièrement vains et inintelligibles, tout à fait impropres à représenter aucun objet. Pures formes de la synthèse opérée par l'imagination, ils ne sont quelque chose, comme tous les concepts, que dans leur rapport à cette faculté et aux représentations qu'elle a pour fonction propre de coordonner et d'unir. Ils ne sont, ils ne signifient rien que dans leur rapport à leurs *schema*, le concept de cause dans son rapport à la succession, la substance dans son rapport à la permanence, la réciprocité dans son rapport à la simultanéité. De leur côté, ces *schema* et tous les rapports des choses dans le temps et le temps lui-même, n'étant autre chose que la loi sous laquelle l'imagination doit parcourir et coordonner les sensations qui représentent les objets externes, les concepts qui en dépendent s'évanouiront nécessairement comme les *schema* et le temps s'évanouiront eux-mêmes dès qu'on essaiera de les séparer de ces objets ; la cause dès qu'on essaiera de la concevoir autrement que comme un fait physique précédant un autre fait physique ; la substance autrement que comme la permanence de l'objet donné en intuition, ou représentation sensible. Et, du reste, comment de purs concepts pourraient-ils être quelque chose ; comment, pris en eux-mêmes et séparés de la représentation sensible, pourraient-ils avoir un objet, s'il est vrai qu'un objet ne soit autre chose qu'une synthèse de représentations sensibles réunies sous un concept ?

Les choses étant ainsi, si nous considérons, d'un

autre côté, que les concepts dont on borne ainsi l'usage et la portée sont la condition de toute connaissance, de toute pensée, qu'ils constituent la notion même d'*objet* en général, et qu'enfin parmi ces concepts se trouvent les notions même d'être, de réalité, d'existence, aussi bien que celles de cause et de substance, il faudra bien admettre que tout se réduit, pour nous, aux seuls objets accessibles aux sens et à l'imagination, que hors du cercle de ces objets il ne peut y avoir aucun être, aucune chose réelle, existante, aucun objet, en un mot, rien ou du moins rien que nous puissions connaître.

Telle est bien, en effet, la pensée intime et constante de l'auteur de la *Critique*. C'est celle qu'il exprime dès les premières lignes de l'esthétique transcendentale, lorsque après avoir défini l'intuition : « Le mode de « connaissance qui se rapporte immédiatement aux objets, » il ajoute aussitôt que la sensibilité peut seule nous fournir des intuitions. C'est celle par laquelle il débute aussi dans la logique transcendentale, lorsqu'il affirme « que l'intuition et les concepts sont les éléments de toute connaissance, » que « sans la sensibilité aucun objet ne nous serait donné, » que « la connaissance résulte toujours de l'union de l'intelligence et de la sensibilité. » On trouve cette pensée partout dans la

*Critique*, aussi bien à la base qu'au terme de ses déductions ; de telle sorte qu'il est difficile de décider si elle est le principe ou le but du système, et que le mieux est peut-être d'admettre qu'elle est l'un et l'autre, que le système est destiné tout à la fois à la développer et à la justifier [1]. Mais là ne s'arrêtent pas, dirons-nous, les conclusions de cet étrange système. Dans ces bornes mêmes de l'expérience sensible, quelle pourra être en effet la vraie valeur des concepts intellectuels purs et la vraie signification de la nécessité des lois de l'entendement ? Naturellement, la même que celle des notions d'espace et de temps auxquelles ces concepts sont subordonnés. Le temps et l'espace n'étant que de pures formes de notre sensibilité, étant par conséquent tout à fait étrangers à la nature des choses extérieures, il en sera de même forcément de ces concepts de cause, d'unité, de substance, d'être, qui ne conviennent aux choses qu'en tant qu'elles

---

[1] Ici ce n'est pas à tel ou tel passage, c'est à *la Critique de la raison pure* tout entière qu'il faudrait renvoyer. Signalons cependant quelques-uns des passages où cette pensée fondamentale de l'auteur est le plus clairement exprimée. Les plus saillants, outre les premières pages de l'esthétique transcendentale et de la logique transcendentale, sont le chap. III du 2e livre intitulé : *Du schématisme des concepts intellectuels purs*, les § XXII et XXIII de l'édition traduite par Born, etc., etc.

sont rapportées au temps et à l'espace. De même donc que nulle chose ne saurait être conçue comme appartenant à l'espace ou comme appartenant au temps, indépendamment de tout rapport à notre sensibilité, ainsi il n'y aura rien, même dans le monde sensible, qui puisse être dit cause ou effet, substance ou mode, unité ou pluralité, être même ou existant, si nous faisons abstraction de la synthèse à laquelle ces concepts de cause, d'effet, de substance, d'être, etc., nous servent à soumettre nos sensations. Dans la sphère même de la connaissance dont ils sont les conditions, dans leur application aux objets de l'expérience, ces concepts n'exprimeront rien qui soit dans les choses considérées indépendamment de leur rapport à nous, rien même qui ne soit en nous, ce qu'exprime le mot *subjectif* que Kant emploie pour les qualifier de préférence au mot relatif. Kant parle bien parfois de leur valeur *objective*, mais c'est dans un sens qui n'implique aucun rapport à une chose véritablement extérieure; il entend désigner par là uniquement la propriété inhérente aux catégories de former, par leur application aux données de l'expérience, ce fait intellectuel, qui dans son langage prend particulièrement le nom de connaissance d'un *objet*. Cette propriété qui n'ôte rien, comme on le voit, à leur caractère subjectif ou relatif, est la seule chose qui distingue la valeur de ces concepts dans les limites de l'expérience, de leur valeur hors de ces limites. Hors des limites de l'expérience, ils ne signifient absolument rien, ils ne peuvent servir à former aucune connaissance; mais dans ces limites ils ne répondent à rien de semblable à ce que nous appelons communément objet ou chose connue. Les lois en vertu desquelles notre esprit les applique, n'expriment en rien les lois des choses hors de nous ; elles résultent uniquement de la constitution propre, de la nature de notre entendement et de la subordination de cette faculté aux formes de la sensibilité ; elles n'expriment que les conditions toutes contingentes en elles-mêmes, quoique nécessaires pour nous, sous lesquelles nous devons ramener à la synthèse empirique et par suite à la conscience de nous-mêmes, les représentations données sous ces formes. Toutes reposent particulièrement sur la loi du temps, sur l'impossibilité où nous sommes de concevoir aucun objet sans le rapporter au temps : supprimer cette loi ou les en séparer, c'est les détruire ; séparer le principe de causalité de la loi de succession, substituer à l'énoncé critique qui a été donné de ce principe quelque autre énoncé moins concret et plus général, tel que ceux-ci : « Toute chose fortuite a la cause de son existence hors de soi,» « toute existence contingente repose sur une existence nécessaire,» ce serait lui ôter toute son autorité, puisque cette autorité n'a d'autre source que l'impossibilité où nous sommes de concevoir un phénomène autrement que comme succédant à un autre phénomène par lequel est déterminée sa place dans le temps ; ce serait même rendre le concept de cause entièrement vain, à tel point qu'à peine pourrions-nous attacher un sens à ce mot. Il en serait de même du concept de substance et de la loi de substance, si nous faisions abstraction de la permanence; des concepts de réalité, d'existence, de réciprocité, etc., si nous faisions abstraction de tel ou tel autre mode du temps ; de sorte que le temps n'étant rien qu'en nous et par l'action qu'exerce l'imagination pour opérer la synthèse des sensations qui nous viennent du dehors, nulle chose ne saurait être dite cause, substance, effet ou mode, réelle, existante, etc., que par rapport à nous, à notre imagination et à nos sensations.

S'il en est ainsi, ce n'est pas seulement le monde supérieur de la spéculation métaphysique et des *idées* pures, c'est le monde visible lui-même; ce sont les objets mêmes de l'expérience sensible qui s'évanouissent à nos regards et se réduisent à une vaine fantasmagorie notre imagination. Comment en effet les choses visibles pourraient-elles, plus qu'aucune autre chose, subsister en soi indépendamment de nous, ne pouvant être en soi ni substances, ni modes, ni cause, ni effet même des êtres? Comment pourraient-elles exister indépendamment de nos pensées, l'existence elle-même n'étant qu'un rapport à nos pensées? Comment pourraient-elles être indépendamment de nous, comme objet, si ce mot objet n'exprime qu'un rapport à nous? Elles ne sont donc rien, du moins pour tout ce que nous pouvons en connaître, que par rapport à nous, ou plutôt elles ne sont rien qu'en nous, elles ne sont que de pures modifications de notre esprit.

Kant a-t-il poussé jusqu'à ces dernières extrémités les conséquences de sa doctrine? Il semble difficile d'en douter, lorsqu'on le voit affirmer, comme il le fait à plusieurs reprises, que « nous n'avons jamais affaire » qu'à nos représentations, » que toutes les choses que nous pouvons connaître ou concevoir, et les phénomènes par lesquels elles se manifestent, ne sont pas autre chose [1] ; que « la nature n'est en soi qu'un en- » semble de phénomènes, par conséquent pas une » chose en soi, mais simplement une multitude de

---

[1] Roz. 162, 115. Tiss. I. 215, 151.

» représentations en nous » (...*dass diese Natur an sich nichts als ein Inbegriff von Erscheinungen, mithin kein Ding an sich, sondern blos eine Menge von Vorstellungen des Gemüthes sey...*)[1] ; déclarer tantôt, que l'objet n'est rien pour nous que l'inconnu absolument ; tantôt, qu'il n'est rien qu'un ensemble de représentations réunies sous un concept ; que l'unité objective n'est rien autre chose que l'unité de la conscience ; le rapport d'une représentation à un objet, rien autre chose que son accord avec les lois de l'unité[2] ; l'unité de la nature, rien autre chose que l'unité du sujet pensant sous l'action duquel les diverses représentations offertes à nos sens se coordonnent et se réunissent en un seul tout[3].

Voilà pour l'entendement, ses lois, ses concepts et les connaissances que nous lui devons. Passons maintenant à la raison, à ses principes et à ses idées.

---

[1] Roz. 104. Tiss. I, 137.
[2] Roz. 736. Born 94. Tiss. II, 404.
[3] Du reste, ce point importe peu pour le moment. Ce que nous nous proposons surtout dans cette analyse, c'est de bien connaître les causes et les principes du scepticisme ou du nihilisme de Kant. C'est surtout quand nous aurons à apprécier ces principes que nous devrons nous attacher à en mesurer exactement les conséquences et à mettre ces conséquences hors de doute. (Voy. ci-dessous, 2e Partie, chap. 1.)

## CHAPITRE III.

**CRITIQUE DE L'USAGE PUR DE LA RAISON OU DES TENTATIVES DE L'ESPRIT HUMAIN POUR ÉLEVER SA CONNAISSANCE AU-DESSUS DES SENS, ET DES RÉSULTATS DE CES TENTATIVES.**

1. *De la raison et des idées transcendentales en général.* — Au-dessus de l'entendement s'élève la raison, qui le domine à peu près comme il domine lui-même la sensibilité. La raison, dans le langage de Kant, est la faculté par laquelle l'esprit tend à l'absolu, ou autrement cette partie de l'intelligence humaine en qui résident les principes vraiment dignes de ce nom, les principes premiers et suprêmes, ces notions absolues que Platon nomme par excellence *idées*. Le rôle de cette faculté est de couronner l'œuvre des deux autres, de porter la connaissance à son dernier terme, de l'élever de l'unité relative à l'unité absolue, en ramenant à une synthèse suprême, universelle, les diverses notions que forme l'activité synthétique de l'entendement avec les éléments qui sont offerts par la sensibilité.

L'acte propre de la raison est le raisonnement. Le

raisonnement est toujours, en effet, un mouvement de l'esprit vers l'absolu et l'unité, et il tend essentiellement à y ramener tous nos jugements, puisqu'en les déduisant de principes de plus en plus élevés il n'a évidemment d'autre but que de les rattacher immédiatement au principe suprême sur lequel ils reposent tous, et qui, de son côté, ne repose que sur lui-même. Le raisonnement remplit donc les fonctions de la raison ; il est pour cette faculté ce qu'est le jugement pour l'entendement, il est la raison même en action.

La raison tend à son but dans le raisonnement sous des conditions analogues à celles que nous avons vues présider aux fonctions de l'entendement sous la direction de certaines *idées* ou notions absolues qui lui sont essentielles, qui en sont la loi ou la forme, comme les catégories sont la forme de l'entendement, et qui se retrouvent sous les diverses divisions du raisonnement, comme les concepts constitutifs de l'entendement sous celles du jugement. Or, il y a trois principales sortes de raisonnements correspondant aux trois catégories de la relation (substance, causalité, réciprocité d'action), à savoir : le syllogisme catégorique, le syllogisme hypothétique ou conditionnel, le syllogisme disjonctif[1]. De là, trois *idées* essentielles marquant le but

---

[1] Le raisonnement catégorique est celui qui se compose de pro-

de chacun de ces raisonnements et servant à la raison à opérer la synthèse des jugements auxquels il correspond, comme les catégories servent à opérer celle des représentations sensibles [1].

Kant trouve que ces *idées*, ces notions absolues, impliquées dans les diverses divisions du raisonnement sont, pour le raisonnement catégorique, l'idée d'un sujet absolu, c'est-à-dire d'un sujet qui, recevant des attributs, n'est pas lui-même à son tour attribut d'un sujet supérieur; pour le syllogisme hypothétique, l'idée d'une supposition ne dépendant d'aucune supposition préalable, par exemple, le premier terme

---

positions catégoriques; c'est le syllogisme simple ou syllogisme proprement dit, avec tout ce qui s'y ramène, comme enthymème, sorite, etc. Le syllogisme conditionnel ou hypothétique est celui dans lequel, après avoir affirmé le rapport de dépendance entre deux propositions A (antécédent) et C (conséquent), on conclut de l'affirmation de A celle de C. Le syllogisme disjonctif est le raisonnement par élimination, dans lequel, après avoir posé diverses alternatives possibles, on découvre la vérité de l'une de ces alternatives par la fausseté des autres : lors, par exemple, qu'après avoir remarqué que telle quantité est égale à telle autre, ou plus grande ou plus petite, prouvant ensuite qu'elle ne saurait être ni plus petite ni plus grande, on conclut qu'elle est égale. (Voyez tous les traités de logique.)

[1] Si nous comprenons bien la pensée de l'auteur, il nous semble qu'on pourrait dire que le raisonnement est le *schema* de l'*idée transcendentale*, comme la synthèse empirique opérée par la faculté de juger est le *schema* des catégories.

d'une série de causes enchaînées l'une à l'autre, l'idée de la cause absolue ; enfin, pour le syllogisme disjonctif, où l'on part du concept de l'ensemble des attributs possibles d'un sujet, l'absolu de la totalité, en d'autres termes, l'idée d'un tout absolu ou qui n'est pas la partie d'un tout plus vaste, idée qui se confond avec celle de l'infini ou être des êtres [1].

Ces *idées* essentielles et nécessaires à la raison et qui la constituent, sont ce que Kant nomme *idées* transcendentales et aussi concepts rationnels purs.

On doit prévoir aisément, d'après ce qui précède, le jugement qu'il en portera. Dire que les concepts rationnels purs n'ont aucune valeur, pas même la valeur toute relative ou subjective des catégories, c'est ne faire que répéter une des conclusions que nous venons de tirer de l'analyse *critique* de l'entendement. Il est clair, d'après cette analyse, que les concepts rationnels purs ne peuvent servir à former aucune notion d'objet, même en prenant le mot objet dans le sens particulier dans lequel Kant admet des objets, et que nulle idée ne saurait représenter rien qu'on puisse dire réel ou seulement possible, n'accordât-on même aux concepts exprimés par ces mots *réel* et *possible* qu'une valeur subjective.

---

[1] Roz. 260, 322. Born, 249. Tiss. II, 31, 115, 8. Voy. ci-dessous même chapitre, § 2.

La seule définition de l'*idée* suffirait pour motiver ce jugement. « J'entends par idée, dit Kant, un con- » cept nécessaire de la raison, auquel ne peut corres- » pondre aucun objet donné par les sens [1]. » Par le seul fait de cette définition, l'*idée* en général répugne absolument aux lois et aux conditions de la connaissance. Nous l'avons vu, en effet : un concept séparé de toute intuition sensible est absolument vide et vain, et ce que nous appelons *objet* n'est même pas autre chose que l'intuition sensible elle-même, ramenée à l'unité, à l'aide d'un concept. On ne doit donc pas s'étonner de voir Kant conclure immédiatement de sa définition de l'idée, qu'une idée a bien peu de valeur comme expression de la réalité, et que c'est à bon droit que, pour exprimer qu'un concept ne saurait être réalisé et qu'il ne désigne qu'un *maximum* impossible à atteindre, on dit que ce concept « n'est qu'une *idée*[2] » (*er ist nur eine Idee*).

---

[1] Roz. 263. Born. 252 Tiss. II, 35.

[2] « On peut dire que l'objet d'une idée purement transcendentale est quelque chose dont on n'a nul concept, quoique la raison produise nécessairement ces idées suivant les lois originaires. C'est qu'en effet l'entendement ne saurait nous donner aucun concept d'un objet qui doit être adéquat à la prétention de la raison, c'est-à-dire de concept qui puisse être montré et rendu sensible dans une expérience possible. On s'exprimerait cependant mieux, et l'on serait moins exposé à être mal compris, en disant que nous ne

Si maintenant nous considérons en particulier les *idées* transcendentales ou concepts rationnels purs, nous trouverons dans la nature propre de ces *idées* des motifs non moins décisifs de les condamner. Les *idées* transcendentales ne sont autre chose que les catégories élevées à l'absolu. Cela seul suffit pour en démontrer rigoureusement l'impossibilité. Si on suppose la catégorie appliquée au phénomène, renfermée dans son *schema*, comme on doit le faire pour qu'elle ait un sens, il implique contradiction qu'elle soit élevée à l'absolu. Ainsi, par exemple, l'idée pure dans la série des causes serait la cause indépendante, la cause qui ne serait pas l'effet d'une autre cause. Or, la cause n'est qu'un phénomène précédant un autre phénomène et en déterminant la place dans le temps. Les lois de l'entendement ne nous permettant jamais de concevoir un phénomène que comme effet d'une cause, comme précédé d'un autre phénomène et déterminé par lui,

pouvons avoir aucune connaissance d'un objet qui corresponde à une idée, quoique nous en puissions avoir un concept problématique. » — Roz. 272. Tiss. II, 46. Born 260.

« Il n'y a pas, à proprement parler, pour ces idées transcendentales, de déduction objective possible proprement dite, comme celle que nous avons pu donner pour les catégories. C'est qu'en effet, précisément parce qu'elles ne sont que des *idées*, elles n'ont point de rapport à quelque objet qui puisse être donné comme y correspondant. » — Roz. 269. Born 258. Tiss. II, 44.

comment pourrait-il y avoir un phénomène cause et non effet, un phénomène non précédé, non déterminé par un autre phénomène, ainsi que devrait l'être, d'après ces définitions, la cause absolue ? En général, l'absolu, dans quelque ordre qu'on le considère, répugne entièrement à la nature du phénomène. Dans chacune des séries où le place nécessairement notre entendement, le phénomène doit toujours être rapporté à un terme supérieur ( cause déterminant sa place dans le temps, substance lui servant de théâtre, ensemble plus vaste de forces coexistantes déterminant sa place dans l'espace); il ne peut donc jamais être le terme premier ou absolu de la série. La catégorie ne saurait donc, tant qu'elle est impliquée dans le phénomène sensible, atteindre l'absolu.

D'un autre côté, veut-on, pour élever la catégorie à cette hauteur, l'affranchir de tout rapport aux choses des sens et de l'imagination, on la réduit à un concept vide, sans valeur, sans signification aucune, à une forme sans matière. N'exprimant qu'un mode d'union des éléments de la représentation sensible, une loi de leur synthèse, comment pourrait-elle avoir un sens hors de cette synthèse, hors de la sphère des choses sensibles ? Il faut donc que l'esprit humain, qui ne peut s'exercer qu'à l'aide des catégories, se résigne à se renfermer dans cette sphère. La nature de ses facultés l'y condamne absolument. C'est en vain qu'il espérerait pouvoir, par un effort d'abstraction impossible, parvenir à s'élever plus haut; aussi vainement que la colombe espérerait accroître la rapidité de son vol en s'affranchissant de la résistance de l'air. Si l'intuition sensible arrête notre esprit dans son essor, elle le soutient aussi et lui sert d'appui, comme l'air à la colombe : que cet appui vienne à lui manquer, il tombe dans le vide et le néant; il n'y a plus véritablement en lui de pensée digne de ce nom ; toute vérité, toute idée saine lui échappent, non-seulement la vérité objective, mais la vérité même subjective, l'accord de la pensée avec ses propres lois. Tel est l'inévitable sort réservé à l'intelligence humaine, lorsque, croyant pouvoir rompre les liens qui enchaînent ses concepts, par un rapport nécessaire, aux objets des sens, elle essaie de s'élever, sur les ailes des *idées* pures, dans la région supérieure des essences invisibles et de l'absolu en qui elles résident.

Les *idées* provenant des catégories ne sont pourtant pas une fiction arbitraire; elles dérivent de la nature de notre raison; bien plus, elles sont d'un usage utile, nécessaire même. Mais cet usage, selon Kant, n'est pas d'étendre la sphère de notre connaissance, il est seulement de diriger l'esprit dans ses recherches expérimentales, et de lui offrir une règle pour en coordonner les éléments. L'idée est, par exemple, comme ces *maxima* sur la conception desquels les géomètres sont parfois obligés de s'appuyer, tout en sachant bien qu'ils ne sauraient être réalisés, ou comme ces *foci imaginarii*, dont on se sert pour définir la direction de certaines lignes, quoiqu'on sache bien que ces lignes n'y aboutissent pas. Kant la compare aussi à ces types idéaux absolus, que les physiciens eux-mêmes sont obligés d'admettre hypothétiquement, tels que l'eau pure, l'air pur, le genre suprême, modèle primitif de tous les genres inférieurs et de toutes les espèces, et encore à cette notion d'une loi suprême et unique par laquelle ces savants se laissent diriger à leur insu, lorsqu'ils s'efforcent de ramener à des lois de plus en plus élevées, les lois découvertes par l'étude comparée des phénomènes. Nous croyons qu'on entrerait encore dans sa pensée, si on les comparait à cet idéal de beauté et de perfection que cherchent vainement à atteindre les artistes et les poètes, mais auquel doivent toujours se rapporter les efforts de leur imagination.

Telle est la vraie portée et la seule valeur des idées pures. On ne saurait, sans tomber dans une erreur profonde, leur en attribuer une autre. Ce serait se tromper gravement que de penser, par exemple, pouvoir en faire une application analogue à celle qui peut être faite des catégories, et de leur prêter un objet, même dans le sens dans lequel la philosophie critique admet des objets. Que serait-ce d'un objet dans la signification commune de ce mot ?

C'est pourtant ce que fait la métaphysique, et elle fait plus encore. Après avoir donné aux idées, des objets réels, indépendants de nous et de nos pensées, elle applique à ces objets ces mêmes catégories, qui nous servent à concevoir les choses sensibles et n'ont un sens que dans leur application à ces choses ; elle en fait des êtres, des substances ayant quantité, qualité, individualité, pluralité, unité, existence actuelle ou possible, nécessaire ou contingente, telles, par exemple, que l'âme et Dieu. La métaphysique ne saurait donc être qu'un tissu d'illusions et de sophismes à l'appui. Qu'on examine avec quelque attention les résultats auxquels ont abouti jusqu'ici les spéculations de cette prétendue science, et l'on verra aisément qu'en effet elle n'est pas autre chose, et que les faits confirment pleinement à son sujet les vues de la théorie.

La métaphysique comprend trois parties, correspondant tout à la fois aux trois principaux concepts rationnels purs et aux diverses divisions du raisonnement dont ces concepts sont les formes ; à savoir: la psychologie rationnelle, au syllogisme catégorique et à la notion de substance absolue ; la cosmologie, au syllogisme hypothétique et à l'idée de cause ou condition première ; la théologie, au syllogisme disjonctif et à l'idée de totalité absolue. Parcourons-les successivement dans cet ordre.

II. *Psychologie rationnelle.* — L'âme est substance, et par conséquent permanente; l'âme est simple, et par suite incorruptible, et enfin, distincte du corps, l'âme est identique. Tels sont, suivant Kant, en y ajoutant une quatrième proposition dont nous parlerons tout à l'heure, les principaux dogmes dans lesquels peuvent se résumer les prétentions de cette partie de la métaphysique qu'il nomme psychologie rationnelle. Ce sont, comme on le voit, les maximes fondamentales de la psychologie spiritualiste.

A ses yeux, toutes ces propositions sont vraies en un sens, dans un sens tout logique et tout subjectif ; mais elles sont fausses dans le sens qui leur est donné communément; et la psychologie rationnelle n'est qu'un paralogisme perpétuel, tout fondé sur la confusion de ces deux points de vue [1].

---

[1] Voy. *Dialectique transcendantale*, livr. II, chap. 1er.

Premièrement, l'âme est substance (*Susbtanz*), dit la métaphysique spiritualiste, car elle est le sujet absolu (*absolutes Subject*) de la pensée, sans être d'ailleurs le prédicat d'aucune autre chose.

Rien de plus juste à certains égards, remarque Kant. Le concept et même l'*idée* de la substance s'appliquent parfaitement à l'âme ou au moi, en ce sens que toutes les pensées se rattachent au moi comme à un sujet dont elles sont les déterminations (*dem Gedanken nur als Bestimmungen inhæriren*), sans que lui-même puisse être employé comme détermination d'aucune autre chose (*kann nicht als die Bestimmung eines anderen Dinges gebraucht werden*)[1]. Mais il faut bien distinguer entre le concept logique de la substance, et la notion réelle de la substance ou l'*objet* substantiel. Le concept logique et abstrait de la substance est simplement celui d'une chose pouvant jouer dans nos pensées le rôle d'un sujet, jamais le rôle d'un attribut[2]. La notion de la substance réelle est celle de l'objet permanent de l'intuition. Si le concept logique et abstrait de la substance peut s'appliquer à l'âme, il n'en est pas ainsi de cette dernière notion. Elle ne saurait s'appliquer à l'âme ; car l'âme

[1] Roz. 281, 318. Tiss. II, 57 et 108
[2] Roz. 319. Tiss. II, 109

n'est pas un objet donné en intuition. Il est clair d'abord que le moi ne peut être donné en intuition, puisqu'il n'est pas étendu ; mais, de plus, il répugne à la définition qui a été donnée du moi et au rôle qu'il joue dans la connaissance et dans la pensée, qu'il puisse être l'objet d'aucune connaissance, d'aucune pensée. Qu'est-ce en effet que le moi ? C'est le *substratum* nécessaire du *je pense;* c'est la pensée elle-même, considérée dans l'unité qui la constitue essentiellement ; c'est le véhicule nécessaire des catégories et ce qui les fait être. Connaître un objet, penser, n'est autre chose que ramener la représentation sensible au moi par le moyen des catégories. Nous ne pouvons donc connaître un objet, nous ne pouvons penser et appliquer les catégories qu'à l'aide du moi et de la représentation *moi*. De là résulte, aux yeux de Kant, que le moi ne peut pas être un objet de connaissance ou de pensée. Comment, en effet, demande-t-il, connaître comme objet ce par quoi je connais tout objet [1] ? La représentation du *moi* étant

---

[1] *Man kann daher von dem denkenden Ich (Seele) . . . . . sagen dass es* nicht sowohl sich selbst durch die Kategorien, *sondern die* kategorien, *und durch sie alle Gegenstœnde, in der absoluten Einheit der Apperception, mithin durch sich selbst erkennt. Nun ist zwar sehr einleuchtend, dass ich dasjenige wass ich voraussetzen muss um uberhaupt ein Object zu erkennen, nicht selbst als Object erkennen*

la condition de toute connaissance, comment connaître le moi sans recourir à cette représentation, sans partir de la notion même de la chose que je voudrais connaître, sans tourner dans un cercle perpétuel [1] ? Il est vrai que j'ai conscience de moi, mais ce n'est pas à dire pour cela que je me perçoive et que je me connaisse comme objet. Par la conscience, j'ai seulement le concept de mon *moi-même* dans son rapport à la pensée et à la synthèse empirique dont il est la condition. « La conscience en soi est moins une représen-
» tation propre à discerner un objet particulier qu'une
» forme de la représentation en général, en tant que
» la représentation doit être appelée connaissance [2]. »

*kœnne, und dass das bestimmende Selbst (das Denken), von dem bestimmbaren Selbst (dem denkenden Subject) wie Erkenntniss vom Gegenstande unterschieden sey.* — Roz. 319. Tiss. II, 110.

[1] « Par ce moi, c'est-à-dire par la chose qui pense, rien n'est donc représenté (*vorgestellt*), si ce n'est un sujet transcendental de la pensée (*transcendentales Subject der Gedanken*), lequel n'est connu que par les pensées (*die Gedanken*) qui en sont les prédicats (*Predicate*), qu'il nous est impossible de nous représenter isolément, et à l'égard duquel encore nous tournons dans un cercle vicieux (*in einem bestœndigen Cirkel herumdrehen*), puisque déjà nous sommes obligés, pour en juger quelque chose, de nous servir de sa représentation (*indem wir uns seiner Vorstellung jederzeit schon bedienen mussen*).... » — Roz. 279. Tiss. II, 54.

[2] *Dass das Bewusztseyn an sich nicht sowohl eine Vorstellung ist die ein besonderes Object unterscheidet, sondern eine Form derselben überhaupt, so ferne sie Erkenntniss genannt werden soll.* Roz. 279 Tiss. II, 54

Le moi n'est donc pas un objet dans le vrai sens du mot, il n'est rien que comme sujet; il ne saurait donc être substance que comme sujet, sujet déterminant (*bestimmend*), dit Kant, et non déterminable (*bestimmbar*).

Ne connaissant pas le moi comme objet, je ne puis appliquer au moi comme objet le concept de la substance, et s'il m'est permis de conserver ce concept, c'est à la condition de reconnaître qu'il n'indique qu'une substance en idée et non une réalité substantielle (..... *dass er also nur eine Substanz in der Idee, aber nicht in der Realitæt bezeichne*). Aucun des caractères qui résultent du caractère substantiel de l'objet, ne saurait donc en être affirmé. Tel est celui de la permanence : on chercherait vainement à le déduire du concept logique d'une chose qui, recevant des attributs, n'est pas elle-même attribut. Nous ne saurions d'ailleurs établir la permanence de l'âme par une observation certaine; « car, si le moi se trouve au
» fond de toute pensée, il ne se joint pas, à la repré-
» sentation exprimée par ce mot, la moindre intuition
» (*mindeste Anschauung*) propre à la distinguer de
» tout autre objet percevable. On peut donc bien re-
» marquer que cette représentation revient constam-
» ment dans toute pensée, mais non pas que ce soit

» une intuition fixe et constante, servant de théâtre
» à la vicissitude de nos pensées variables ¹. »

Des considérations analogues démontrent le vice du paralogisme relatif à la simplicité. La psychologie spiritualiste soutient la simplicité de l'âme sur ce fondement que, si l'âme était composée, la pensée serait répartie entre ses diverses parties (comme serait, par exemple, le mouvement entre les différentes molécules du corps), ce qui reviendrait à dire que les diverses représentations qui la composent appartiendraient à différents êtres; supposition manifestement fausse, puisque des représentations appartenant à différents êtres ne sauraient constituer une pensée unique. Encore ici, suivant Kant, on confond deux choses très-distinctes, le sujet moi donné par la conscience, et la nature intime de l'être ou de la substance dont cette forme de pensée que nous appelons moi, est la manifestation subjective. Le moi, considéré comme sujet, est incontestablement simple; la simplicité du moi est aussi nécessairement impliquée dans le *je pense*, que le rapport à l'existence exprimé par le *cogito, ergo sum* ² de Descartes. Mais c'est là une

---

¹ Roz. 882. Tiss. II, 58.
² Roz. 283, 318. Tiss. II, 63, 108.

simplicité toute logique, toute relative, qui n'exclut nullement la pluralité de la substance en soi, et qui, toute collective elle-même, pourrait tout aussi bien se rapporter à une collection de substances, concourant à une même action, qu'à une substance unique [1]. Pour avoir le droit d'affirmer que le sujet de la pensée est simple comme objet, il faudrait que nous puissions le percevoir par la conscience comme substance et comme objet, et c'est ce qui n'a pas lieu [2]. Tout cela revient à dire en deux mots que l'âme n'est pas une substance simple, un être simple, parce qu'elle n'est pas une substance, parce qu'elle n'est pas un être.

---

[1] ...*Denn die Einheit des Gedankens, der aus vielen Vorstellungen bestehet, ist collectiv und kann sich, den blossen Begriffen nach, eben sowohl auf die collective Einheit der daran mitwirkenden Substanzen beziehen (wie die Bewegung eines Koerpers die zusamengesetzte Bewegung aller Theile desselben ist), als auf die absolute Einheit des Subjects.* Roz. 284. Tiss. II, 61.

[2] « Le seul concept de pensée implique que le moi de l'aperception, dans toute pensée, est quelque chose de singulier (*singular*) qui ne peut se résoudre en une multitude ; il désigne, par conséquent, un sujet logiquement simple. La proposition : je pense, est donc une proposition analytique; mais cela ne signifie pas que le moi pensant soit une *substance* simple. Le concept de substance se rapporte toujours à des intuitions qui, en moi, ne peuvent être que sensibles (*die bei mir nicht anders als sinnlich seyn konnen*), et qui, par conséquent, sont tout à fait hors du champ de l'entendement et de la pensée auquel se rapporte pourtant la proposition : le moi de la pensée est simple. » — Roz. 788. Born 267. Tiss. II, 559.

Avec la simplicité de l'âme disparaissent les attributs d'incorruptibilité et d'immatérialité, auxquels la simplicité sert de fondement.

Au sujet de ce dernier, Kant ajoute une réflexion digne de remarque, à laquelle le conduisaient tout naturellement les principes de son système, mais qui rappelle aussi les principes d'une doctrine bien souvent défigurée par ce système, la doctrine de Leibnitz[1]. La simplicité de l'âme, du sujet pensant, fût-elle admise, on n'aurait, suivant lui, aucun droit d'en conclure, comme le fait la psychologie spiritualiste, que la matière étant étendue et par suite nécessaire-

« Quand j'appelle simple une chose qui m'est donnée dans un phénomène, j'entends par là que l'intuition de cette chose est bien une partie du phénomène, mais qu'elle ne peut être elle-même divisée, etc. Mais, lorsque quelque chose n'est reconnu comme simple que dans le concept que j'en ai et non dans le phénomène, alors je n'ai réellement par là aucune connaissance de l'objet, mais seulement du concept que je me fais en général de quelque chose qui ne comporte aucune intuition propre. Je me borne à dire que je conçois quelque chose comme tout à fait simple, parce que je ne puis réellement rien dire de plus, sinon que c'est quelque chose. »
Roz. 318. Tiss. II, 108.

[1] La doctrine de Leibnitz ne favorise nullement le matérialisme ; elle en est tout l'opposé, puisque, bien loin de matérialiser l'esprit, elle a pour caractère propre, si je puis m'exprimer ainsi, de spiritualiser la matière. Mais, par cela même, elle s'accorde avec le matérialisme à nier la distinction des deux substances. (Voy. ci-dessous, 2ᵉ partie.)

ment composée de parties, l'âme est d'une autre nature que la matière. En effet, ce que nous nommons matière, c'est-à-dire l'objet des sens, n'est en soi ni étendu, ni composé de parties, pas plus qu'impénétrable, figuré, etc., car nous savons que ces divers attributs sont tout relatifs à notre manière de sentir [1].

La troisième maxime de la psychologie spiritualiste, l'identité personnelle, ne résiste pas mieux que les deux premières à un examen sérieux. Elle est aussi toute fondée sur une équivoque.

Le temps n'étant que la forme sous laquelle chacun de nous se perçoit lui-même dans l'activité qu'il déploie, pour ramener à l'unité de conscience ses représentations, il faut avouer que si, comme on ne peut en douter, le moi est, d'un autre côté, unique et le même dans ses diverses représentations, il doit être aussi unique et le même dans toutes les parties du temps auquel s'étend sa propre pensée ; or, c'est là précisément ce qu'on nomme l'identité personnelle. L'identité n'est autre chose que l'unité se maintenant dans la pluralité des instants de la durée et malgré cette pluralité. Le moi étant un pour lui-

---

[1] Roz. 288. Tiss. II, 66.

même et le temps n'étant que la forme sous laquelle il se perçoit, nier qu'il dût être identique pour lui-même et par rapport à son propre temps, ce serait, ou nier son unité, ou soutenir cette pensée contradictoire qu'un temps peut être tout entier dans un moi unique, sans que ce moi soit unique pour tout ce temps. Mais l'identité qui se démontre ainsi, cette identité de soi-même, dont le sujet peut avoir conscience dans toutes ses représentations, n'est pas l'unité réelle et objective des métaphysiciens; elle est toute subjective, toute relative au sujet qui se perçoit lui-même, elle n'a rien de commun avec celle qu'il pourrait offrir comme objet d'intuition pour un autre sujet. Si, au lieu de considérer le moi par rapport à son propre temps, on le comparait au temps de cet autre sujet, rien n'autorise à supposer qu'il dût aussi lui paraître identique, c'est-à-dire, produire sur lui l'effet d'un phénomène constant[1]. Quant à la question de savoir si le moi est ou non identique absolument, ce qui voudrait dire persistant dans un temps absolu, on ne peut même se la poser; elle n'a aucun sens, puisqu'il n'y a pas de temps absolu.

Quatrièmement, enfin, Kant met au rang des dog-

---

[1] Roz. 291, 789. Born 268. Tiss. II, 70, 560.

mes communs de la psychologie spiritualiste, l'opinion cartésienne qui tient la certitude de l'existence des objets sensibles pour inférieure et subordonnée à celle du sujet pensant [1]. Ici se présente une distinction, à laquelle on doit s'attendre d'après tout ce qui précède. Si l'on entend par objet une chose en soi, conçue comme on conçoit ordinairement la matière et les choses corporelles, le doute sur l'existence des objets extérieurs sera très-fondé et tout à fait invincible : s'agit-il de l'objet, dans le sens de la *Critique*, c'est-à-dire du phénomène dans l'espace, ramené aux concepts purs de l'entendement, non-seulement Kant admettra la certitude de tels objets comme aussi bien fondée que celle du sujet pensant [2], mais on conçoit

[1] Cette quatrième proposition complète l'analogie systématique qu'il cherche à établir entre la division de ces dogmes et les quatre titres des catégories, relation, quantité, qualité, modalité. Eu égard à la relation, l'âme est substance ; eu égard à la quantité, elle est simple ; sous le rapport de la qualité, elle est identique ; enfin, considère-t-on la modalité, le métaphysicien qui la confond avec l'abstraction moi donnée par la conscience, trouvera que la certitude de son existence est la première des certitudes.

[2] « Toute perception extérieure prouve donc immédiatement quelque chose de réel dans l'espace, ou plutôt elle est le réel même, et en ce sens le réalisme empirique est hors de doute, c'est-à-dire, que quelque chose de réel dans l'espace correspond à nos intuitions. Sans doute l'espace même, avec tous ses phénomènes comme représentations, n'existe qu'en moi ; mais, dans cet

très-bien qu'il ait pu quelque part, au sujet de l'idéalisme de Berkeley, en faire dépendre cette dernière. En effet, le moi n'étant connu, n'existant même que par le rapport qui l'unit à la pensée, et la pensée n'étant pas possible originairement sans une intuition correspondante, sans le phénomène extérieur, il est clair que le moi suppose le phénomène extérieur, l'intuition sensible, et l'espace, forme de cette intuition. Ainsi donc la certitude de l'existence de l'âme est la première des certitudes, en ce sens que toute connaissance, par conséquent toute certitude suppose celle du moi impliqué dans toute pensée, et que toute perception n'est qu'une détermination de l'aperception [1] ; mais il

espace pourtant, le réel ou la matière de tous les objets de l'intuition extérieure m'est donné véritablement et indépendamment de toute fiction. Il est impossible d'ailleurs que quelque chose d'*extérieur à nous* (dans le sens transcendental) soit donné *dans cet espace*, puisqu'il est lui-même en dehors de notre sensibilité. L'idéaliste le plus rigoureux ne peut donc exiger que l'on prouve que l'objet extérieur (dans le strict sens du mot) correspond à notre perception ; car, quand bien même il y aurait un tel objet, il ne pourrait être représenté et perçu comme extérieur à nous, puisque cela suppose l'espace, et que la réalité dans l'espace, qui n'est qu'une simple représentation, n'est autre chose que la perception même. Le réel des phénomènes extérieurs n'est donc véritablement que dans la perception, et il ne peut être d'aucune autre manière. » — Roz. 300. Tiss. II, 83.

[1] ....*Dass die Wahrnehmung eigentlich nur die Bestimmung der Apperception ist*. — Roz. 235. Tiss. II, 75.

faut ajouter que cette certitude n'est pas celle d'un être réel : c'est celle d'une abstraction vide en elle-même et qui n'a quelque valeur, quelque sens, qu'au sein du concret dans lequel elle se produit originairement, à savoir, dans la synthèse des représentations sensibles qui doivent toutes être rapportées au moi.

III. *Cosmologie et Antinomies.* — La cosmologie est la recherche de l'absolu dans les diverses séries dont les termes sont enchaînés par un rapport analogue à celui qui unit l'antécédent et le conséquent de la proposition hypothétique ou conditionnelle, à savoir, dans la série formée par le rapport de cause ; dans la série successive, que nous avons vue dépendre étroitement du rapport de cause ; dans la série des composés finis, dont chacun est déterminé à son tour par un composé plus vaste ; enfin, dans la série de ces mêmes composés, considérés comme dépendant chacun des parties de plus en plus petites qui les constituent, etc.

La cosmologie nous offre un spectacle remarquable, singulièrement propre à justifier les conclusions de la *Critique* sur le caractère des idées mises en jeu par cette partie de la métaphysique. Si on prend ces idées comme représentations de réalités objectives, on voit naître inévitablement une suite de questions, chacune susceptible de deux solutions contradictoires, et pourtant démontrées, de part et d'autre, avec une égale rigueur.

Premièrement. Se demande-t-on, comme on ne peut s'en empêcher dans les préjugés communs, si la suite des phénomènes qui constituent l'univers est infinie ou finie en durée et en étendue, on sera forcé de répondre qu'elle est finie, si l'on considère, d'une part, « que » l'infinité d'une série consiste précisément en ce qu'elle » ne peut être accomplie par une synthèse successive ; » de l'autre, qu'une telle synthèse pourrait seule nous permettre de nous représenter et surtout de mesurer une grandeur qui ne nous est point donnée dans des limites déterminées [1]. On trouvera, au contraire, que la totalité absolue des phénomènes est infinie, si l'on fait réflexion qu'un monde fini serait entouré d'un espace vide, et par conséquent en rapport avec un espace vide, c'est-à-dire, en rapport avec le néant (*ein Verhæltniss zu keinem Gegenstande*), et qu'un tel rapport ne peut se comprendre, n'est rien

---

[1] Kant donne sur ces mots, dans une note, l'explication que voici : « Nous pouvons percevoir un *quantum* indéterminé comme un tout, s'il est renfermé dans des bornes, sans qu'il soit nécessaire d'en construire la totalité en la mesurant, c'est-à-dire en construisant la synthèse successive de ses parties : car les bornes déterminent déjà la totalité, puisqu'elles font disparaître toute quantité ultérieure. » Roz., 354. Born, 29. Tiss. II, 134.

(*dein ergleichen Verhaeltniss..... ist Nichts*), et, pour ce qui est d'un temps vide, qu'aucune des parties d'un tel temps ne renferme en soi, «plutôt qu'une » autre, une raison distinctive de l'existence. »

Deuxièmement. Les substances composées, le sont-elles de parties simples? Il paraîtra difficile d'en douter, si l'on considère qu'on ne peut le nier sans supposer que, supprimer mentalement toute aggrégation, c'est tout supprimer, c'est-à-dire, puisque le fait de l'aggrégation n'est qu'une pure relation, sans admettre qu'il n'y a dans les choses rien qui puisse subsister indépendamment d'une pure relation, ce qui reviendrait à dire, contrairement à la supposition, qu'il n'y a pas de substance [1]. Mais, d'un autre côté, comment concevoir un être simple dans l'espace, lorsque tout réel qui occupe un espace comprend, par cela même, une diversité dont les éléments sont en dehors les uns des autres, ce qui est le caractère essentiel de la composition?

Troisièmement. Existe-t-il une cause libre du monde sensible, ou la causalité des lois de la nature est-elle la seule d'où dérivent tous les phénomènes de l'uni-

[1] C'est ainsi du moins que nous croyons pouvoir résumer le raisonnement que le traducteur latin rend en ces termes.

vers? Il semble difficile de ne pas admettre la première hypothèse, lorsque l'on considère que s'il n'y avait de causalité que celle des lois physiques, tout ce qui arrive, supposant un fait antérieur auquel il succède, celui-ci en supposant un autre et ainsi de suite à l'infini, la série des causes ne serait jamais complète, la totalité des conditions du fait jamais donnée, et que pourtant c'est une loi rigoureuse de la nature et de la raison que rien ne puisse arriver sans une cause suffisamment déterminée *à priori* (*ohne hinreichend à priori bestimmende Ursache*). Mais, d'un autre côté, admettre une cause libre, spontanée, c'est supposer un commencement absolu de la série des phénomènes et de la série des causes. Or, l'idée d'un commencement absolu répugne entièrement à la loi de causalité, qui exige que tout phénomène soit déterminé par un phénomène antérieur.

Quatrièmement. Y a-t-il ou non, soit dans le monde, soit hors du monde, un être nécessaire? L'affirmation d'un être nécessaire est la conséquence du principe qui nous oblige à remonter, de toute existence subordonnée et dépendante, à un être absolu, c'est-à-dire, indépendant de toute condition. Mais, d'un autre côté, comment concevoir un tel être? Sera-t-il dans le monde ou hors du monde? Il ne peut être dans le monde, car tout ce qui fait partie du monde est soumis à la loi de causalité, par conséquent contingent. Supposons-nous une cause nécessaire hors du monde, cette cause devant commencer à agir, sa causalité aurait lieu dans le temps et par conséquent ferait partie du monde, ce qui contredit la supposition [1]. Ces quatre oppositions constituent ce que Kant nomme les antinomies de la raison pure.

Ces antinomies sont insolubles et les difficultés qui leur donnent naissance sont insurmontables, tant qu'on se tient aux principes vulgaires du dogmatisme ; elles disparaissent d'elles-mêmes devant les principes de la *Critique*. On y suppose la réalité objective du temps et de l'espace ; on y suppose que les lois de notre entendement, notamment la loi de causalité, sont autre chose que des règles subjectives de notre imagination, qu'elles expriment les rapports des choses en elles-mêmes. Que ces suppositions ou seulement l'une d'elles soient écartées, on verra s'évanouir ces contradictions avec l'objet même auquel elles se rapportent. Qu'on admette, par exemple, la définition *critique* de l'espace et du temps, on trouvera que

---

[1] Voy. les sect. V, VI et VII du chap. II, liv. 2, de la *Dialectique transcendentale*.

l'espace et le temps ne sont ni finis ni infinis, mais seulement indéfinis; en ce sens qu'à quelque distance que nous en ayons reculé les limites, nous pouvons les reculer encore; nous le devons même, si, obéissant aux lois de l'idéal, qui est en nous comme une partie essentielle de notre constitution intellectuelle, nous refusons de nous arrêter, avant d'avoir élevé notre pensée jusqu'à la condition souveraine et dernière du phénomène qui nous est donné : la substance étendue ne sera ni divisible à l'infini, ni composée de parties simples; il sera vrai seulement de dire que, quel que loin qu'ait été poussée la division, elle peut être poussée plus loin encore; pareillement, en ce qui concerne la série des causes, ainsi que celle des moments successifs de la durée, que nous savons en dépendre entièrement, nous ne devons supposer l'absolu réalisé, ni dans une totalité infinie, ni dans un premier commencement; il faudra dire seulement qu'à quelque hauteur que nous puissions nous élever dans la recherche des causes, les lois de notre entendement nous obligent à supposer un terme supérieur. Du reste, ce terme supérieur et toute la série, tous les phénomènes et leurs divers modes d'enchaînement n'étant rien que de pures modifications de notre sensibilité ou un pur jeu de notre imagination.

toute recherche à leur égard ne peut porter raisonnablement que sur les lois de notre sensibilité et de notre imagination. Se demander ce que tout cela est en soi et hors de nous, c'est se poser une question qui n'a aucun sens, et qu'on ne peut chercher à résoudre sans venir heurter contre l'impossible et l'absurde et finir par ne plus s'entendre avec soi-même [1].

De ces contradictions résulte donc une nouvelle preuve du dogme fondamental de la philosophie critique, à savoir, l'idéalité transcendentale des phénomènes (*Idealitæt der Erscheinungen*). On peut réduire cette preuve au dilemme suivant : « Si le monde est
» un tout existant en soi, il est fini ou indéfini ; or,
» l'un et l'autre cas ont été démontrés faux ; il est donc
» faux que le monde soit un tout existant en soi.
» Les phénomènes en général ne sont donc rien en
» dehors de nos représentations ; c'est en cela que
» consiste ce que nous appelons leur idéalité trans-
» cendante [1]. »

III. *Théologie.* — La théologie roule tout entière sur l'idée de l'infini.

L'hypothèse qui lui est propre, est d'attribuer à cette

[1] Roz. 898. Born 354. Tiss. II, 204.
[1] Roz. 399. Born 355. Tiss. 206.

idée une réalité objective; en d'autres termes, de supposer qu'il existe effectivement un être infini ou souverainement parfait.

D'où viennent et cette hypothèse et l'idée à laquelle elle se rapporte? Nous l'avons déjà dit : elles ont leur origine dans ce procédé de la raison qu'on nomme syllogisme disjonctif. Le syllogisme disjonctif est, comme on sait, cette manière de raisonner dans laquelle, après avoir placé un sujet entre diverses alternatives, on établit par une sorte d'élimination la vérité de l'une de ces alternatives en démontrant la fausseté de toutes les autres; lorsqu'on dit, par exemple : telle quantité est égale à telle autre, ou plus petite ou plus grande ; or, elle ne peut être ni plus petite ni plus grande, donc elle est égale ; le monde est l'effet d'une cause intelligente, ou d'une cause aveugle, ou il existe par lui-même ; or, le monde ne peut pas exister par lui-même ; il ne peut être l'effet d'une cause aveugle, donc, etc. Kant définit de la manière suivante ce mode de raisonnement : prenant dans leur ensemble les alternatives énoncées dans la majeure, faisant de cet ensemble un seul tout, comme une sorte de sphère qui les enveloppe toutes, il se représente le syllogisme disjonctif comme une opération dont le propre serait de nous faire connaître un sujet en déterminant les limites de la place qu'il occupe dans une sphère plus vaste au sein de laquelle on le saurait contenu ; idée assez juste en elle-même et qui rappelle la comparaison que fait Bacon, de l'induction à une chasse. Le syllogisme disjonctif et l'induction qui n'en est peut-être qu'une application, semblent en effet pouvoir être assez bien figurés par l'exemple d'un homme cherchant successivement dans les diverses parties d'un espace déterminé un objet qu'il sait être contenu dans cet espace, tel qu'un chasseur qui battrait l'une après l'autre les différentes parties d'une plaine pour y découvrir le sanglier ou le cerf, qu'il se serait d'abord assuré ne pouvoir manquer de s'y trouver. D'après cela, ramener un fait par une suite de syllogismes à des principes de plus en plus élevés jusqu'à l'absolu, c'est le ramener à un tout de plus en plus vaste jusqu'au tout absolu, jusqu'au tout au-delà duquel on ne peut rien concevoir, jusqu'à l'absolu de la totalité ou de la grandeur. Or, qu'est-ce que l'absolu de la grandeur? La réponse à cette question dépend de l'idée qu'on se forme de la grandeur. L'idée de la grandeur a son origine dans l'idée de l'étendue ; elle n'exprime primitivement que le plus ou le moins d'étendue. Si nous en resserrons l'extension dans ces limites, l'absolu de la grandeur ne sera que l'absolu de l'étendue, ou l'immensité. Mais nous pouvons l'en affranchir par l'abstraction et la porter à un tel point de simplicité et de généralité qu'elle n'exprime plus, comme auraient dit les Cartésiens, que le plus ou le moins d'être des choses. Dans ce cas, l'absolue grandeur sera, s'il est permis d'employer ce langage, l'absolu de la quantité d'être, l'être possédant dans une entière plénitude tout ce qui fait qu'un être *est* plus ou moins, l'être des êtres, ou, suivant une expression des scholastiques reproduite par Kant, l'*ens realissimum;* en un mot, l'infini.

Telle est, suivant Kant, l'origine de la notion et de l'affirmation de l'infini. Elles proviennent de la double tendance qui porte l'esprit humain, d'une part, à continuer la série des syllogismes disjonctifs, en d'autres termes, le mouvement d'ascension du plus petit au plus grand qui le contient, jusqu'à l'absolu; de l'autre, à simplifier par l'abstraction le rapport du contenant au contenu, de telle sorte que ce rapport n'implique aucune notion d'étendue.

Cette origine est vicieuse. Elle l'est doublement, et par la valeur que, dans ces manières de raisonner, on attribue au principe sur lequel on se fonde, et par l'extension exagérée qu'on donne à ce principe. Le principe qui nous fait rapporter toute chose finie à un tout plus vaste, n'a quelque valeur que comme expression des lois sous lesquelles notre imagination doit concevoir les phénomènes dans l'espace. De là résulte premièrement, que l'espace étant purement subjectif, se réduisant à une pure forme de notre sensibilité, la nécessité de ce principe est toute subjective; secondement, que si l'on fait abstraction de l'espace et du rapport des choses à l'espace, cette nécessité subjective disparaît elle-même et le principe n'a plus absolument aucune valeur, aucun sens. Or, que fait la raison lorsque, s'élevant de proche en proche à l'aide de ce rapport jusqu'à l'absolu, elle s'arroge le droit d'affirmer l'existence objective d'un objet en qui se réalise, non-seulement le *maximum* de la grandeur en étendue, mais l'infinité absolue de l'être ? Elle suppose, d'une part, que ce rapport concerne les choses en elles-mêmes, et non pas seulement les pures représentations sur lesquelles s'exerce notre pensée; de l'autre, que ce rapport peut être abstrait de l'étendue ; en d'autres termes, elle attribue à un principe de l'entendement une valeur objective qu'il ne saurait avoir sous aucun rapport, en même temps qu'elle l'affranchit des conditions sans lesquelles il ne saurait avoir aucune valeur même subjective et relative, sans lesquelles il n'a véritablement aucun sens. Le raisonnement que nous suggère cette faculté est donc doublement sophistique, et les conclusions en sont doublement illégitimes.

Quelque séduisante que puisse être l'apparence de ce sophisme naturel, de tout temps, remarque Kant, de bons esprits en ont senti plus ou moins confusément le vice : de là leurs efforts pour établir sur des preuves plus solides l'existence du souverain être. Ces preuves peuvent être ramenées à trois principales : 1° l'argument ontologique ou *à priori*, dans lequel la raison, s'affranchissant entièrement de toute alliance avec l'expérience, essaie d'établir l'existence de l'infini par sa seule définition. C'est celui dans lequel Descartes soutient, après d'autres grands métaphysiciens, qu'il est mathématiquement évident que l'être souverainement parfait existe, ou que l'existence lui convient, puisque la non-existence serait une imperfection ; 2° l'argument cosmologique qui, au lieu de conclure, comme le précédent, de l'infinité à la nécessité de l'existence, conclut, au contraire, de la nécessité du premier être à son infinie perfection ; 3° l'argument des causes finales ou argument physico-théologique.

Au premier de ces arguments, Kant oppose un dilemme, qui, au fond, ne diffère en rien de celui que Gassendi avait déjà opposé à Descartes [1] : Ou vous

---

[1] *Objections contre les méditations.*

supposez que le sujet de vos raisonnements, l'infini, existe, ou vous ne le supposez pas. Dans le premier cas, l'argument est un cercle vicieux. Dans le second cas, toutes les propositions qu'on en affirme étant, remarque Gassendi, purement conditionnelles, on ne peut conclure l'existence que par une vaine tautologie se réduisant à dire que si l'infini existe, il existe; il est impossible, dit Kant, de déduire l'existence de l'infini, car on ne peut tirer de l'idée d'un sujet que ce que contient cette idée ; en d'autres termes, la proposition à démontrer est une proposition synthétique qu'il est impossible de justifier par l'analyse, comme prétend le faire l'argument.

Au sujet des deux autres preuves, tout l'artifice de la polémique de Kant consiste à les ramener à la première, c'est-à-dire, à la moins sûre, à la plus décriée, à la moins généralement goûtée des trois.

Dans la preuve cosmologique, après avoir établi, en s'appuyant sur le simple fait de l'existence en général, l'existence d'un être nécessaire, on cherche à établir l'infinité de cet être nécessaire, sur ce fondement qu'il n'y a qu'un être infini qui puisse exister par lui-même, ou, en d'autres termes, «que le concept » de l'être parfait est le seul par lequel un être né-

» cessaire puisse être pensé [1]. » Il est clair, dit Kant, qu'en raisonnant ainsi, on suppose « que le concept » d'un être de la plus parfaite réalité satisfait pleine- » ment au concept de la nécessité absolue dans l'exis- » tence, c'est-à-dire, que l'on peut conclure de ce » concept à cette nécessité ; proposition qu'affirmait » l'argument ontologique. » « On admet donc ce der- » nier argument dans l'argument cosmologique ; on » le lui donne pour fondement, et c'est justement ce » qu'on avait voulu éviter [2]. »

Les mêmes objections s'appliquent à l'argument physico-théologique. Au premier abord, on croirait que cet argument va trouver grâce auprès du sévère critique. Kant déclare qu'il mérite d'être toujours rappelé avec respect : C'est, ajoute-t-il, le plus clair et le mieux approprié à l'esprit de la plupart des hommes, le plus conforme, à tous égards, à notre nature intellectuelle et morale. Prétendre en détruire l'autorité, ce serait non-seulement vouloir nous ôter une consolation précieuse, mais tenter l'impossible ; et c'est bien vainement, suivant lui, que les arguties d'une spéculation subtile s'efforceraient de prévaloir contre, et de détruire l'irrésistible impression que produit sur

---

[1] Roz. 472. Born 420. Tiss. II, 305.
[2] *Ibid.* Voy. toute la sect. V. ch. III.

nos esprits le saisissant spectacle des merveilles que la nature étale à nos regards.

Malgré ce bel hommage rendu à la plus simple, la plus populaire, et peut-être non la moins sûre des démonstrations de l'existence d'un être suprême, Kant trouve que cette démonstration est loin de satisfaire aux conditions rigoureuses « d'une certitude apodictique et d'un assentiment qui n'aurait besoin d'aucune faveur ni d'aucun secours étranger. » D'abord, il y aurait beaucoup à dire sur le procédé de raisonnement qu'elle implique, sur la manière dont on y induit de la ressemblance des œuvres de la nature aux œuvres de l'art humain, la ressemblance des causes. Il est douteux qu'une telle induction pût résister à une critique un peu sévère. Mais enfin, admettons-la, où nous conduira-t-elle? De la grandeur de l'univers visible, des innombrables rapports de convenance et d'harmonie qui en unissent toutes les parties, de toutes les beautés qu'il offre à notre admiration, nous pouvons bien conclure l'existence d'un être *très*-puissant, *très*-bon, *très*-sage, ayant pu seul lui imprimer ces caractères ; mais nous n'aurons nullement le droit d'en inférer, comme il le faudrait pour satisfaire aux conditions du problème, celle d'un être *créateur*, *tout*-puissant, *tout* sage, *tout* bon, en un mot, *abso-*

*lument parfait*, tel qu'on se représente Dieu. A quel moyen a-t-on recours pour combler l'intervalle immense qui sépare ces deux notions, et étendre de l'une à l'autre les conclusions de l'argument qui nous occupe? Précisément à ces mêmes considérations abstraites qui constituent la preuve ontologique et la preuve cosmologique. « Après en être venu à admirer
» la grandeur de la sagesse, de la puissance, etc., de
» l'auteur du monde, ne pouvant aller plus loin, on
» abandonne tout à coup cet argument qui se fondait
» sur des preuves empiriques, et l'on passe à la con-
» tingence du monde, conclue, dès le début, de l'ordre
» et de la finalité qui s'y trouvent. De cette contingence
» on s'élève maintenant, au moyen de concepts pure-
» ment transcendentaux, jusqu'à l'existence d'un être
» absolument nécessaire, et du concept de l'absolue
» nécessité de la cause première on s'élève à un concept
» de cet être qui est complètement déterminé ou déter-
» minant, c'est-à-dire au concept d'une réalité qui em-
» brasse tout. La preuve physico-théologique se trouve
» donc avortée au milieu de son entreprise : dans son
» embarrras, elle saute tout à coup à la preuve cos-
» mologique ; et, comme celle-ci n'est que la preuve
» ontologique déguisée, la première n'atteint réelle-
» ment son but qu'au moyen de la raison pure, quoi-

» qu'elle ait commencé par repousser toute parenté
» avec elle, et qu'elle ait voulu tout fonder sur des
» preuves tirées de l'expérience [1]. »

Que faut-il conclure de tout cela ? Que l'argument des causes finales n'a aucune valeur? Nullement. Kant reconnaît, au contraire, qu'au point de vue subjectif, c'est-à-dire, eu égard aux lois de notre constitution intellectuelle et morale, il en a une très-grande. Parfaitement suffisante pour assurer notre tranquillité, la foi qui en résulte a d'ailleurs, d'un autre côté, une haute utilité pratique, notamment dans l'étude de la nature qu'elle vivifie puissamment en donnant un but à nos recherches et en nous offrant un moyen d'en coordonner les résultats. Mais ce n'est pas à dire pour cela qu'elle ait un objet réel hors de nous, qu'une sagesse souveraine soit effectivement le principe des rapports de convenance et d'harmonie qui frappent nos regards. L'idée de cette sagesse suprême doit être admise dans la science, sans aucun doute; mais il faut qu'elle le soit seulement au titre qu'elle mérite, simplement comme vérité subjective, comme pur idéal, comme guide, ou comme règle de l'expérience et non comme un dogme; de telle sorte que, lors-

---

[1] Roz. 289. Born 436. Tiss. II, 328.

qu'elle nous sert à expliquer un fait, « il nous soit » fort indifférent qu'on dise : Dieu l'a voulu ainsi dans sa sagesse, ou : la nature l'a ainsi ordonné (*Gott hat es weislich so gewollt, oder, die Natur hat es also weislich geordnet* [1] ). Non-seulement l'analyse critique qui a été faite des lois et des concepts de l'entendement nous défend de réaliser hors de nous cet idéal suprême ; mais, comme nous venons de le voir, les raisonnements qui pourraient nous y autoriser sont loin d'offrir, même au point de vue des notions vulgaires, une rigueur suffisante [2].

C'est ainsi que Kant croit justifier par les faits les conclusions théoriques de son système : ce qui résulte à ses yeux de l'exposition que nous venons d'analyser, ce n'est pas seulement la condamnation des métaphysiciens, c'est celle des spéculations métaphysiques en elles-mêmes ; ce sont les facultés mêmes qui donnent naissance à ces téméraires spéculations et les idées sur lesquelles elles se fondent, qui sont convaincues de vanité et d'impuissance par le néant des résultats auxquels ont abouti tant de beaux efforts consumés inutilement pour les élever au rang de science. Les

---

[1] Roz. 540. Born 482. Tiss. II, 399.
[2] Roz. 538. Born 481. Tiss. II, 396.

métaphysiciens sont au fond assez excusables d'avoir cédé à des causes d'illusion presque inévitables, résultant presque nécessairement de la nature de notre constitution intellectuelle; mais plus ils ont déployé de bonne volonté et de génie, plus on doit penser que l'objet de leurs tentatives est impossible en soi et que la nature des choses s'oppose absolument à ce que nous puissions jamais l'atteindre.

**RESUME ET CONCLUSION DE LA PREMIERE PARTIE.**

Voici donc, en définitive, le résultat auquel nous conduit cette analyse. Au souffle destructeur de la désolante critique qui en est l'objet, nous avons vu disparaître successivement les objets essentiels de toute pensée humaine, les plus humbles aussi bien que les plus élevés, l'objet des sens, l'objet de la conscience, l'objet propre de la raison pure, la matière, l'âme et Dieu. Et comment cela? Avant tout, ainsi que nous l'avions annoncé, par l'effet d'un système psychologique préconçu, par l'effet des idées particulières de l'auteur sur la nature, les éléments constitutifs, l'origine et la formation de la connaissance.

L'objet des sens est immédiatement anéanti, dans ce

système, par le seul fait de l'origine sensible attribuée à la notion de l'étendue; l'âme, le sujet pensant, par l'effet des hypothèses qui font du sens intime une sorte de sensibilité, de l'aperception une simple dépendance des opérations intellectuelles auxquelles l'activité intellectuelle soumet les représentations de la sensibilité, et de la notion du moi un simple élément de la notion sensible; l'être souverain, par l'effet des définitions qui nous ôtent le droit d'élever à la hauteur d'un tel être les notions de cause, de substance, d'être, etc., sous lesquelles nous devrions le concevoir; l'âme et Dieu, par l'effet des hypothèses qui concourent à réduire toute connaissance au seul domaine des choses sensibles ou données en intuition. Enfin, la matière, l'âme et Dieu, le monde des sens et le monde au-dessus des sens s'évanouissent du même coup, par l'effet d'une analyse qui, en réduisant les principes les plus fondamentaux de nos jugements et les notions les plus élémentaires de notre esprit, les notions d'être, de substance, de cause, etc., à de simples rapports des phénomènes donnés par la sensibilité, ne saurait permettre de leur attribuer une valeur objective supérieure à celle de ces phénomènes. En un mot, tout croule dans le monde fantastique créé par cet étrange système, parce que, d'une part, tout repose sur les notions d'espace et de temps, et que, d'un autre côté, ces notions ont pour unique fondement et pour unique origine, de pures affections de la sensibilité, absolument impropres par leur nature à représenter rien autre chose qu'elles-mêmes, à soutenir aucune notion dépassant en rien les limites du relatif ou plutôt du subjectif. Telle est, si nous ne nous trompons, la cause première des paradoxales négations qui constituent le scepticisme de la *Critique*. Si ce n'est pas là l'unique source des arguments opposés par l'auteur aux notions du sens commun, c'est de là, du moins, que tout provient originairement, c'est de là que partent tous les coups sérieux ; tout le reste est secondaire ou en dépend. Là même où Kant semble se rapprocher le plus de la commune manière de raisonner des sceptiques, dans sa discussion des résultats de l'investigation métaphysique, le système joue encore le rôle le plus important, le plus décisif. Outre qu'il y est souvent pris pour point de départ et pour mesure du vrai et du faux, il en est toujours l'âme et le but ; il en fait toute la gravité, il lui imprime le caractère d'exagération qui la distingue ; il peut seul en motiver les dernières conclusions. C'est uniquement parce que les incertitudes de sa métaphysique, ses contradictions, l'inconsistance de ses raisonnements, confirment ce système, en justifiant par l'expérience les jugements qu'il nous fait porter à *priori*, c'est parce qu'elles nous le font envisager comme la seule issue possible à des difficultés que nous ne saurions, sans lui, ni surmonter ni résoudre, que le fait de ces incertitudes et de ces contradictions acquiert dans la critique de Kant une si haute importance ; c'est par là que, au lieu de nous exciter à redoubler d'efforts pour y remédier et préparer à la science un meilleur avenir, il devient un prétexte pour condamner toutes nos espérances et tous les labeurs que peut inspirer le besoin de vérité que la nature a mis en nous.

# DEUXIÈME PARTIE

## DISCUSSION

### CHAPITRE PREMIER.

#### RÉDUCTION A L'ABSURDE OU DERNIERES CONSEQUENCES DES PRINCIPES DU SYSTÈME.

Nous venons de le reconnaître : toutes ces négations, tous ces doutes élevés par l'auteur de la *Critique* sur les plus simples et les plus fondamentales vérités du bon sens, tous ces tristes et inimaginables paradoxes auxquels on a la douleur de voir aboutir les efforts d'un grand et honnête esprit, se fondent presque uniquement sur un système. Ajoutons qu'ils sont la conséquence nécessaire des principes de ce système, qu'ils en sont déduits avec une rigueur admirable. Ce sont donc avant tout ces principes que nous devons chercher à apprécier ; et le moyen naturel qui s'offre à nous pour arriver à ce but, c'est de les vérifier par l'expérience. Tel sera, en effet, le principal objet de cette seconde partie de notre travail.

Les regards fixés sur les faits, nous chercherons si les hypothèses qui viennent de nous occuper en sont l'expression bien fidèle; si la connaissance est toujours, si elle peut jamais être ce tissu que l'on conçoit si ingénieusement formé par l'entendement, avec la représentation sensible pour matière, les concepts pour règle et l'imagination pour instrument, la conscience pour but et le temps pour loi, nous pourrions dire encore cette sorte de pyramide à laquelle on donne pour base la notion de l'étendue, et pour sommet se perdant dans le nuage des idées de la raison pure, l'unité du moi. Les affections de la sensibilité sont-elles bien la matière première de toute connaissance ? Le temps et l'espace sont-ils des représentations de la sensibilité ? Y a-t-il, peut-il y avoir aucune représentation appartenant en propre à la sensibilité ? L'origine que l'on attribue aux concepts de cause, de substance, d'unité, d'être, etc., est-elle bien la véritable ? Ces concepts n'ont-ils effectivement d'autre objet que de jouer dans la synthèse empirique le rôle par lequel on les définit? La conscience du moi occupe-t-elle vraiment, parmi les faits de la vie intellectuelle, le rang qu'on lui assigne? Est-elle vraiment bien subordonnée à tout, comme on le suppose, ou ne serait-elle pas plutôt la base et l'origine de tout, et ne serait-ce pas pour avoir méconnu le solide et inébranlable fondement qu'elle offre aux importantes notions dont on scrute la valeur, qu'on aurait vu les objets de ces notions s'abîmer dans le vide? Telles sont quelques-unes des questions sur lesquelles nous aurons à interroger ce sentiment de nous-mêmes, qui est, pour les vérités du monde intellectuel et moral, ce qu'est pour les vérités du monde physique le témoignage des yeux et des mains.

Toutefois, avant de soumettre le système de la *Critique* à cette épreuve capitale, nous croyons utile de nous attacher encore un instant à en bien mesurer les conséquences.

Quelles sont donc exactement ces conséquences? Quel est le résultat précis de la critique à laquelle nous venons de voir soumettre successivement toutes les parties de la connaissance humaine? Est-ce, non de la détruire absolument avec tous ses objets, mais seulement de l'amoindrir et de la renfermer dans des limites plus étroites qu'on ne le fait communément? On l'a cru : on a pensé qu'il s'agissait pour Kant uniquement de marquer les limites imposées par la nature à la connaissance humaine, et non de la réduire à néant; qu'il se proposait de la resteindre aux seuls rapports des choses, lui refusant seulement le pouvoir d'atteindre jusqu'à leur nature intime, impossible à connaître a l'aide de ces rapports et de supprimer par suite, non la science humaine en général, mais seulement la métaphysique, science de l'essence des choses, et les objets de cette science.

Si telle était l'unique conséquence des principes de la *Critique de la raison pure*, nous n'aurions pas pris la plume pour combattre ces principes, car c'est là, à peu de chose près, notre propre sentiment et ce qui nous semble le véritable milieu à prendre entre les exagérations de certain dogmatisme et celles du scepticisme. Nous admettons volontiers que l'essence absolue des choses nous échappe; nous accordons qu'inaccessibles en eux-mêmes, les objets de notre intelligence ne se manifestent guère à nous que par leurs rapports, et qu'il est très-difficile de se former, à l'aide de ces rapports, une idée exacte et précise des termes qui les soutiennent. Nous reconnaissons que les substances ne sont en général pour nous qu'à titre de causes, et que les causes, depuis l'humble force qui fait végéter le brin d'herbe ou tourbillonner la poussière à la surface du sol, jusqu'à celle qui préside à l'harmonie des mondes, ne se révèlent guère que par leurs effets. Nous n'éprouverions même aucune répugnance à admettre que le dernier anneau de la chaîne de ces effets ne saurait être qu'une simple modification de notre âme, et qu'ainsi, finalement, toutes choses ne nous sont connues que par leur rapport à nous et aux faits que la conscience découvre à chacun de nous dans son être propre.

Mais il y a ici d'importantes distinctions à faire : ce mot rapport est bien général, et il y a des rapports de bien des genres. Il y a des rapports plus instructifs, il en est d'autres qui le sont moins ; il y a, par suite, connaissance relative et connaissance relative : autre est la connaissance relative que j'acquiers d'un cachet par son empreinte sur la cire, d'un auteur par ses œuvres, autre est celle que j'ai des vertus intimes de l'opium ou de celles du quinquina par leurs effets sur le corps humain ; autre chose est la connaissance que j'ai de Henri IV par les historiens du règne de ce prince, autre est celle qui consisterait à savoir seulement qu'il fut l'aïeul de Louis XIV ; autre chose est la connaissance que j'ai de la quantité $= x$ d'une équation algébrique, avant la solution du problème exprimé par cette équation, autre est celle que j'en aurai après la découverte de cette solution, quoique avant la solution, la quantité désignée par $x$ soit parfaitement déterminée par ses relations aux quantités données, et que, d'un autre côté, cette solution ne soit encore elle-même le plus souvent ou toujours qu'une notion de rapport. Il faut donc distinguer entre relatif et relatif ; mais il faut surtout distinguer entre relatif et subjectif, c'est-à dire entre une connaissance bornée qui représente uniquement le rapport d'une cause insaisissable en soi, à son effet immédiatement perçu, et une idée qui ne représente rien, dont l'objet n'existe qu'autant qu'il est conçu, ce qui est le propre des objets que nous nommons chimériques. On voit d'après cela, combien ce serait peu de dire d'une doctrine, qu'elle réduit tout au relatif, ou même à de pures relations à nous, si l'on n'avait soin en même temps de définir la nature de ces relations, et de déclarer, tout au moins, s'il s'agit ou non de cette sorte de relation à laquelle on ne peut restreindre la connaissance sans lui ôter tout objet, sans la réduire au pur subjectif.

Ajoutons enfin, au risque de fatiguer la patience du lecteur, qu'il y a souvent lieu de distinguer entre les intentions primitives qui ont présidé à la naissance d'un système, et les conséquences auxquelles aboutit fatalement, dans la suite de ses développements, la pensée de l'auteur, et encore parfois, parmi ces conséquences, entre celles qu'on avoue et celles qu'on repousse ou qu'on néglige de tirer.

Ces distinctions établies, nous reconnaîtrons sans peine que les premières intentions de Kant, dans sa *Critique de la raison pure*, ont pu être simplement de limiter la connaissance humaine et nullement de la détruire ; qu'il a pu vouloir seulement en réduire l'objet au seul rapport des choses à nous, et non lui ôter tout objet; en un mot, tout ramener au relatif et nullement au subjectif. Il compare quelque part la réforme qu'il voudrait introduire dans la métaphysique, à celle que Copernic avait opérée dans les sciences astronomiques, « en cherchant, non dans les corps » célestes, mais dans le spectateur, l'explication des » mouvements observés [1]. » Nous croyons que cette comparaison exprime assez bien ses premiers desseins, et que, dans le principe, il ne voulait, pas plus que le célèbre astronome, supprimer l'objet des apparences sensibles, mais seulement, comme lui, attribuer au sujet, dans la détermination de cette apparence, une

---

[1] Roz. 673. Born 27. Tiss. I, 337.

part plus grande qu'on ne le fait communément. C'eût été là tout réduire, en effet, non au subjectif, mais au relatif, non aux seuls faits de notre esprit, mais au seul rapport des choses à ces faits. Mais voici ce qui arrive : d'abord, cette connaissance, dans les bornes de laquelle il renferme de prime-abord l'esprit humain, est tellement insignifiante et bornée, tellement indéterminée, qu'elle est presque comme si elle n'était pas. En second lieu, l'objet même de cette connaissance, déjà si restreinte et si pauvre, ne saurait tenir devant les principes de la *Critique*, qui, poussés jusqu'au bout, finiraient par nous forcer à nier la connaissance et la pensée, même comme simples faits en nous. En d'autres termes, pour en revenir à la comparaison du trop ingénieux novateur, il a beau vouloir seulement rectifier l'idée qu'on se forme communément des causes auxquelles est due l'apparence produite sur l'œil du spectateur et du rôle des deux termes qui concourent à déterminer cette apparence, l'inexorable logique le contraint bientôt de nier les termes eux-mêmes, le sujet percevant et l'objet perçu, le spectateur et l'astre, le sujet sentant et l'objet senti, et ne permet d'admettre qu'à la faveur d'une flagrante inconséquence, l'apparence elle-même, la sensation, le fait subjectif, poussant ainsi, par une invincible pente, du relatif au subjectif, du subjectif au néant universel.

Ainsi, par exemple, pour ce qui concerne la substance étendue, combien la notion sous laquelle nous nous la représentons tous naturellement, n'est-elle pas amoindrie, toute relative qu'elle puisse être, par le seul fait de l'origine sensible attribuée à l'idée de l'espace ? N'y voir, comme l'exige l'hypothèse de cette origine, qu'une cause indéterminée de sensation, définissable seulement par son effet, et dont nous ne saurions même dire qu'elle est ici ou là, qu'elle est hors de nous, ce n'est pas seulement nous refuser le pouvoir d'en pénétrer l'essence et nous borner au relatif, c'est restreindre démesurément le relatif lui-même, c'est nier le plus grand nombre et les plus importants des rapports sous lesquels nous concevons les êtres du dehors comme unis à nous ou entre eux, c'est supprimer tous les rapports, tous les attributs qui impliquent l'étendue ou l'espace, distance, figure, situation, grandeur, proportion, mouvement, action et réaction réciproque. Ce n'est donc pas seulement condamner les prétentions de la métaphysique, science des essences, c'est détruire les sciences les plus éloignées de ces prétentions, par exemple, la géométrie et la physique, qui n'ont pas d'autre objet que les rapports dont nous parlons ; ou plutôt, c'est rendre toutes les sciences impossibles, même celles qui ont pour objet les êtres moraux que nous ne saurions isoler du théâtre de leur existence physique; c'est renier le sens commun lui-même; ce serait, si de telles hypothèses pouvaient jamais être prises entièrement au sérieux, rendre la vie elle-même impossible, en réduisant à néant, avec l'espace qui les contient, tous les objets de notre activité, de nos besoins, de nos affections, de nos intérêts et de nos devoirs.

Mais ce n'est pas tout : quelque bornée que puisse être la notion du monde extérieur ainsi réduite, le système ne nous permet pas de nous y tenir. Dans ce système, nous l'avons vu, il n'y a absolument pas d'objet sensible, parce que l'objet sensible devrait être tout relatif à la notion que nous nous en formons, et un objet relatif à son idée est un objet chimérique; il n'y a absolument, il ne peut y avoir aucun objet, aucun être, aucune substance, aucune cause hors de nous, parce que les notions de substance, d'être, de cause, d'existence, sont purement subjectives, et parce qu'enfin, pût-il y avoir quelque être hors de nous, nous n'aurions, le principe de causalité étant réduit aux termes où il l'a été, aucun moyen de nous assurer de son existence [1]. Ainsi, il n'y a rien hors de nous; le

---

[1] La conscience n'atteint pas l'objet senti, elle se borne au seul phénomène interne qui nous le révèle, à la seule sensation. Pour

monde sensible n'est pas seulement peu connu de nous ou tout relatif à nous, mais il n'existe pas du tout comme objet, il n'est qu'une pure création de notre esprit; telle est, qu'on le veuille ou non, qu'on l'avoue ou non, la conséquence qui résulte du système de la *Critique*. Mais, de plus, nous l'avons vu, Kant avoue cette conséquence, et cela très-expressément, très-clairement, et il la soutient de propos délibéré [1].

Mais, va-t-on nous objecter, si la pensée de Kant est bien celle que nous lui attribuons, comment se fait-il qu'on le voie réfuter l'idéalisme et démontrer l'existence de la matière? La réponse est facile. On trouve dans la *Critique* deux démonstrations de l'existence de la matière : la première se réduit à dire « que le sujet pensant ne saurait hésiter à ad-

aller du phénomène interne à sa cause externe, il faut un principe, qui ne peut être que le principe de causalité. Dans sa réfutation de l'idéalisme, Kant semble nier cette proposition, mais il ne la nie qu'en apparence ; au fond il l'affirme, là même, très-expressément : lorsqu'il admet une connaissance, ou même une conscience immédiate des objets extérieurs, c'est qu'il entend par objet la représentation sensible elle-même. Mais s'agit-il, sous le nom d'objets, « de choses en soi, hors de nous, qui produiraient cette repré-» sentation, » il abonde dans le sens de l'argument idéaliste des Cartésiens, et déclare « ne pas voir comment il serait possible de » reconnaître l'existence de ces choses autrement qu'en concluant » de l'effet à la cause. » — Roz. 208. Tiss. II, 80.

[1] Voy. ci-dessus, 1re partie, ch. II, sect. 3.

» mettre l'existence de la matière et à la tenir pour
» aussi manifeste que l'existence de lui-même comme
» être pensant, car, puisqu'il a conscience de ses re-
» présentations, elles existent donc aussi bien que lui
» qui en a conscience. » Peut-on exprimer plus clairement que, par ces mots matière et objet, on n'entend pas désigner autre chose que certaines représentations de l'esprit [1] ? Dans son autre démonstration, Kant

---

[1] Cette première démonstration, bien loin d'infirmer notre interprétation de Kant, suffirait seule pour la justifier, et mettre hors de doute l'intention de son auteur, de réduire tout l'être des objets extérieurs à de pures représentations en nous. Après avoir distingué deux sortes d'idéalismes, auxquels répondent deux sortes de réalismes opposés, à savoir : l'idéalisme qu'il nomme transcendental, qui consiste à faire de l'espace une pure forme de la sensibilité, et l'idéalisme empirique ou idéalisme vulgaire, qui, commençant par concevoir l'espace comme une chose hors de nous, finit par nier l'existence de cette chose, il ajoute : « Nous nous
» sommes déjà déclaré, dès le principe, pour cet idéalisme transcen-
» dental. Avec notre doctrine [à ce sujet], on ne saurait hésiter
» à admettre l'existence de la matière, et à la tenir pour aussi ma-
» nifeste que l'existence de moi-même comme être pensant Puis-
» qu'en effet j'ai conscience de mes représentations, elles existent
» donc aussi bien que moi qui en ai conscience. Or, *les objets* (les
» *corps*) *sont de purs phénomènes, par conséquent de pures représen-*
» *tations*, qui seules leur donnent une réalité et sans lesquelles ils
» ne sont rien...
» L'idéaliste transcendental est donc un réaliste empirique, et
» reconnaît à la matière, comme phénomène, une réalité qu'il
» n'est nullement nécessaire de prouver, mais qui est immédiate-
» ment perçue. Le réalisme transcendental tombe nécessairement

s'efforce d'établir que l'étendue est la plus fondamentale de nos représentations, et que le sens intime

» dans l'embarras, et se voit forcé de céder à l'idéalisme empiri-
» que, *parce qu'il regarde les objets des sens extérieurs comme quel-*
» *que chose de distinct des sens eux-mêmes, et de purs phénomènes*
» *comme des êtres subsistant hors de nous.* . . . . . . . Mais, dans notre
» système, ces choses extérieures, la matière dans toutes ses formes
» et dans tous ses changements, ne sont que de purs phénomènes,
» c'est-à-dire, *de pures représentations en nous* ( d. i. Vorstellungen
» *in uns*) de la réalité, desquelles nous avons immédiatement con-
» science. »

Que peut-on désirer de plus clair? Plus bas, toujours à l'occasion de la démonstration de la réalité des objets extérieurs, nous trouvons ces mots : « Toute perception extérieure prouve donc im-
» médiatement quelque chose de réel dans l'espace ou *plutôt elle est*
» *le réel elle-même.* » . . . . . . . . . . . . . . . . . . . . S'il y en avait de semblables (des objets hors de nous, dans le sens strict du mot ),
« ils ne pourraient être représentés ni perçus hors de nous, parce
» que cela supposerait l'espace. . . . . . . . . . . . . . . . . . . . . . .
» *Le réel des phénomènes extérieurs existe donc seulement dans la*
» *perception, et ne peut exister d'aucune autre manière.* » (Roz. 297. Tiss. II, 78.) — Tout cela dit à propos de la démonstration de l'existence des objets! Ces paroles montrent-elles assez clairement combien l'auteur est loin d'accorder en fait ce qu'il semble accorder en parole, et que, lorsqu'il parle d'objets extérieurs, il ne fait vraiment qu'imiter la manière de parler des savants aux théories desquels il compare ailleurs son système, et user de ces mots *objets extérieurs*, comme les astronomes se servent des mots lever et coucher du soleil.

L'autre démonstration est ainsi conçue : « J'ai conscience de
» mon existence comme déterminée dans le temps; toute déter-
» mination de temps présuppose quelque chose de permanent dans
» la perception. Mais ce permanent ne peut être quelque chose

élevé au-dessus d'elle par l'idéalisme la suppose nécessairement. Que résulte-t-il de là contre les vraies

» en moi, puisque mon existence ne peut être déterminée dans
» le temps que par le permanent. La perception de ce perma-
» nent n'est donc possible que par le moyen d'une chose hors
» de moi, et non par la simple représentation d'une chose hors
» de moi. La détermination de mon existence dans le temps
» n'est donc possible que par l'existence des choses réelles que
» je perçois hors de moi. » — Roz. 773. Born 182. Tiss. I, 447.
Quelle est cette *chose* hors de moi, ainsi opposée à la simple
« *représentation* d'une chose hors de moi ? » Faut-il voir dans cette
dernière démonstration une contradiction formelle avec ce qui précède ? Faut-il supposer que Kant abandonne ici tous ses principes,
comme on l'accuse de l'avoir fait souvent dans sa deuxième édition, à laquelle appartient exclusivement le passage que nous venons de citer ? Nullement : le mot de l'énigme est dans la distinction faite ailleurs ( précisément à la suite de la première des deux
démonstrations que nous venons de donner, R. 298. T. II, 80 ) de
la double signification de ces mots *chose hors de nous*, désignant
dans le langage de Kant, tantôt une chose qui existe en soi, ainsi
qu'on l'entend vulgairement, tantôt simplement le phénomène
extérieur, le phénomène représenté dans l'espace, qu'il faut distinguer à la fois de ce qui est représenté seulement dans le temps
( R. 298. T. X, 280) et du simple jeu de l'imagination qui ne contient rien de réel, aucune sensation, rien qui soit donné ( reçu
passivement par le sujet). Si l'on n'admettait pas cette explication,
il faudrait supposer que Kant est allé ici jusqu'à renier sa théorie
des formes de la sensibilité, puisque dans cette théorie, le temps
n'étant qu'en nous, il est impossible d'admettre une chose permanente hors de nous. Cette supposition est d'autant plus inadmissible,
que Kant, au moment de donner sa preuve, rappelle les principes
de cette théorie et déclare que « l'idéalisme dogmatique est iné-
» vitable, si l'on considère l'espace comme propriété des choses

prétentions de l'idéalisme, après la définition qui a été donnée de l'espace et de l'étendue? En quoi cette démonstration empêche-t-elle qu'on donne droit à ces prétentions, dans ce qu'elles ont de plus choquant et de plus contraire au sens commun?

Si la connaissance sensible est elle-même sans valeur, sans objet, dans un système qui semble conçu dans le dessein exprès d'y tout ramener, que sera-ce des notions que nous croyons avoir de l'âme et de Dieu? Elles succombent évidemment aux mêmes coups et en outre à d'autres plus irrésistibles encore, s'il est possible. Non-seulement elles n'ont aucune valeur objective, mais elles sont impossibles; elles n'existent qu'à l'état de tendance; elles tentent d'être, si j'ose ainsi dire, plutôt qu'elles ne sont effectivement : dans l'une, dans la notion de Dieu, l'esprit s'efforce vainement d'atteindre un idéal qui ne saurait être réalisé même dans la pensée; dans l'autre, dans la notion du moi, il s'efforce aussi vainement d'élever au rang d'être et de substance indépendante une vaine abstraction, et de constituer hors de la synthèse sensible, ce qui n'est qu'une pure forme de cette syn-

» en elles-mêmes......; que le fondement de cet idéalisme a été » renversé dans l'esthétique transcendentale. »

thèse. Dans l'une et l'autre, on essaie de connaître à l'aide des concepts seuls, affranchis de toute intuition, de toute représentation sensible ; et les concepts, Kant le répète constamment, sont entièrement vains, ne sont rien sans intuition ; la connaissance n'est rien, par sa définition même, qu'un composé dont la représentation sensible est la matière essentielle. Non-seulement donc ces notions n'ont pas d'objet dans le sens propre et vulgaire du mot, mais, de plus, elles ne sauraient avoir un objet même dans le sens relatif dans lequel la *Critique* admet des objets, puisqu'un objet n'est, dans ce sens, qu'un ensemble de représentations sensibles réunies sous certains concepts. Ainsi donc, pas plus et bien moins que la matière, l'âme et Dieu ne sauraient être affirmés comme objets indépendants de notre pensée.

La matière, l'âme et Dieu disparus, que nous reste-t-il ? Que peut-il nous rester ? La chose en soi, cet absolu mystérieux, indéterminé, cet *ignotum* $= x$, si souvent opposé par Kant au relatif, et qu'il semblerait parfois vouloir lui donner pour fondement, comme paraît l'indiquer le mot phénomène qui, signifiant manifestation, impliquerait assez naturellement une chose manifestée ? Mais sur quel principe justifier l'affirmation de cette chose ? Comment la concevoir ?

Sous quelle notion plus élémentaire, plus fondamentale que celles dont le système démontre la subjectivité, et assez solide pour survivre à leur ruine ?

Nous voilà donc réduits au seul phénomène. Mais ce phénomène, qu'est-il lui-même ? Que peut-il être ? Où peut-il être ? Par sa définition même, il devrait être un rapport. Où sont les termes de ce rapport ? Un rapport de la chose extérieure au sujet suppose et la chose et le sujet : le système nous refuse l'un et l'autre. Laissons cette définition ; considérons le phénomène en lui-même simplement comme un fait, la sensation, l'idée sensible. Comment concevoir ce fait, sous quel symbole nous le représenter, par quel terme l'exprimer, les notions mêmes d'être, de réalité, d'existence ayant été reléguées au rang de ces notions sans valeur que nous appliquons aux choses, uniquement sous l'empire d'une nécessité toute subjective ? Encore une fois, qu'est-ce donc que le phénomène ? Inintelligible néant suspendu entre deux néants, rapport sans terme, sensation sans sujet sentant ni objet senti, fait sans réalité, mode sans substance, effet sans cause, ou plutôt ni effet, ni cause, ni mode, ni substance, ni intérieur, ni extérieur, ni être, ni néant, rien qu'on puisse exprimer, rien qu'on puisse penser ; comment l'admettre, comment l'affirmer, comment le poser ou le juger de quelque façon que ce puisse être? Ainsi, qu'on y consente ou non, tout absolument, jusqu'aux faits immédiats de nos propres pensées, jusqu'à nos propres représentations, jusqu'au fait sur lequel on édifie tout le système, et auquel on voudrait tout réduire, tout devient objet de doute ou de négation.

Volontaires ou non, ces conséquences dépassent le pyrrhonisme le plus outré[1]; disons-le, quelque répugnance que nous éprouvions à faire un tel rapprochement : pour leur trouver un terme de comparaison, c'est jusqu'aux sophistes combattus par Socrate et dont les Pyrrhoniens eux-mêmes repoussaient le négativisme exagéré, que nous devons remonter.

Loin de nous, assurément, la pensée de méconnaître la distance qui sépare d'un Gorgias ou d'un Protagoras, le sage que tant de traits d'honorable ressemblance ont fait justement comparer à leur immortel adversaire. Mais, enfin, il ne s'agit pas ici de l'homme, mais de sa doctrine, et non de cette partie de sa doctrine

---

[1] Cela ne doit pas surprendre : le pyrrhonisme, se fondant surtout sur un sentiment exagéré du défaut d'évidence de la vérité et de notre impuissance à la trouver, doit naturellement céder en présence des faits où cette évidence est le plus difficile à nier. Mais quel terme assigner d'avance aux conséquences absurdes qui pourront résulter d'un faux principe?

qu'on a justement qualifiée de sublime inconséquence[1]
et qui, en effet, exprime bien plus les nobles sentiments

[1] Si toutefois il y a vraiment inconséquence, ce dont nous nous permettrons de douter jusqu'à plus ample examen. Nous doutons que Kant ait entendu attribuer à la pensée humaine, dans sa *Critique de la raison pratique,* la valeur objective qu'il lui refuse dans la *Critique de la raison pure.* La vérité admise dans la *Critique de la raison pratique* pourrait bien être, elle aussi, une vérité toute subjective; relative, non pas comme la vérité spéculative au principe de nos sensations, mais aux lois de notre constitution morale: la loi à laquelle on y soumet la volonté pourrait bien n'être pas autre chose au fond qu'un mouvement du cœur, une pure affection de la sensibilité, déguisée ici sous l'appareil de ces formules scholastiques auxquelles ces affections répugnent à l'ordinaire si vivement; et l'autorité absolue accordée à cette loi, pas autre chose que la prédominance irrésistible qu'exercent toujours certains sentiments sur une âme telle que Kant. Mais laissons ce point : admettons chez l'auteur de *la raison pratique,* la sublime inconséquence dont parle en si beaux termes M. Cousin. Il ne faudrait pas s'étonner outre mesure d'une telle inconséquence ! Les exemples d'une foi vive et ardente sur les choses où la conscience et le cœur sont intéressés, se maintenant dans un esprit élevé, à côté du scepticisme spéculatif le plus outré, sont loin d'être chose rare dans l'histoire de la pensée humaine. Je dis plus : les sentiments sur lesquels se fonde cette sorte de foi, bien loin d'exclure le scepticisme, en sont souvent la première cause. Pour ne rien dire de Pascal, afin de ne pas soulever ici une controverse intempestive, qu'on songe à l'alliance si fréquente du mysticisme avec le scepticisme, et aux attaques pyrrhoniennes si souvent dirigées contre la raison par certains défenseurs de l'orthodoxie religieuse. Comme ces derniers, comme les mystiques, Kant a aussi dans sa doctrine critique un intérêt autre que l'intérêt immédiat de la vérité, «elle est, suivant lui, le seul moyen de

de sa belle âme, que les idées de son esprit ; il s'agit de la *Critique de la raison pure*, du système qu'elle contient, et des conséquences auxquelles devait aboutir ce système, quelles que pussent être d'ailleurs les intentions de l'auteur. Ce sont uniquement ces conséquences

» couper les racines mêmes du matérialisme, du fatalisme, de » l'athéisme, de la superstition, dont le danger s'étend à tous, et » enfin celles de l'idéalisme et du scepticisme (scepticisme vulgaire » ou pyrrhonisme), qui pénètrent plus difficilement dans le public, » mais sont peut-être plus dangereux pour les écoles. » (*Dialectique transcendantale*, liv. 1, c. III, sect. 7.) L'idée de Dieu, même la plus pure et la plus élevée, admise comme idée d'un être réel, lui semble offrir des dangers : celui, par exemple, de détourner la science du véritable objet de ses recherches, de favoriser la paresse d'esprit (*Ibid.*), et de pervertir la raison en la portant à se reposer sur des explications hypothétiques des fins de la nature, au lieu de chercher à déterminer ces fins par l'observation et la comparaison des faits (*Ibid*). Pénétré du sentiment de ces dangers offerts par les doctrines métaphysiques les plus opposées, Kant ne pourrait-il pas avoir cherché à les prévenir, en s'efforçant de ruiner les principes de toute métaphysique, et par suite, bon gré mal gré, la raison tout entière qui n'est rien sans ces principes ? N'aurait-il pas pu avoir la pensée de faire, dans l'intérêt de ses convictions pratiques, ce que les mystiques et les théologiens dont nous parlions ont fait pour les objets de leur culte, ce qu'on accuse Pascal d'avoir fait pour la foi de ses pères ? N'aurait-il pu, comme eux, méconnaître les dangers d'une manière de combattre qui, portant ses attaques sur les fondements généraux de toute affirmation, ne peut renverser l'idée que l'on redoute qu'en entraînant dans sa ruine l'idée rivale qu'on voudrait mettre à l'abri de ses atteintes ?

que nous comparons au nihilisme des sophistes, dont sut si bien triompher le spirituel bon sens du maître de Platon. Sans doute, elles s'en distinguent, comme les pensées malheureuses d'un esprit sérieux fourvoyé ne peuvent ne pas se distinguer des subtiles arguties de charlatans sans foi, exploitant au profit de leur ambition ou de leur vanité, des difficultés qu'ils s'inquiètent peu d'approfondir. Ainsi Kant ne soutiendra pas comme Protagoras, que tout est également vrai et faux; vrai pour celui qui l'affirme, faux pour celui qui le nie; avec Gorgias, que rien n'existe et qu'alors même que quelque chose existerait, nous ne saurions le connaître; il admettra entre l'erreur et la vérité, entre l'être et le néant, une distinction fondée sur les lois constantes et universelles de la pensée humaine; il cherchera dans la nature de cette même pensée une définition nouvelle de la vérité et de la connaissance.

Malgré tout cela, l'analogie que nous signalons n'en subsiste pas moins. Nos représentations ont beau être soumises à des lois nécessaires et invariables, ces lois n'ayant aucun rapport à la vraie nature des choses, étant toutes subjectives, la vérité qui en résultera sera aussi toute subjective, toute relative, toute fondée en nous. Or, c'est là le principal fond de la pensée qu'exprimait Protagoras, lorsqu'il soutenait que l'homme est la mesure de toutes choses : et c'est bien cette proposition que l'on cherche à démontrer, quand on réduit, d'une part, le temps et l'espace à de pures formes de la sensibilité, et, de l'autre, toutes les notions fondamentales de l'entendement à de pures relations à ces formes. Et, pour les deux propositions de Gorgias, n'abonde-t-on pas dans le sens de la première, lorsqu'on fait de la qualité même d'être, une pure relation à notre sensibilité et aux conditions subjectives de notre appréhension ? Ne doit-on pas y aboutir forcément, par cela seul qu'on réduit tout au relatif, évidemment impossible sans l'absolu ? Pour la seconde, n'est-elle pas tout le but du système ?

De telles conséquences paraîtront sans doute à bien des esprits suffire pour faire juger de la doctrine qui les contient, d'autant plus qu'en détruisant les conditions de toute affirmation, de toute réalité, cette doctrine détruit par cela même ses propres bases et jusqu'à l'objet du débat qu'elle soulève. Nous ne demandons pas qu'on aille jusque-là, nous accordons qu'une telle manière de juger pourrait paraître à bon droit quelque peu illogique, dans un débat aussi fondamental que celui qui nous occupe. Aussi bien, serait-on peut-être en droit de nous objecter d'un autre côté, que le dernier terme des efforts de la raison pourrait bien être de contraindre cette faculté à reconnaître le néant de ses propres principes et à s'évanouir dans la contradiction de ses pensées. Chacun avouera qu'une doctrine qui nie toute vérité, ne saurait être la vérité ; mais on pourrait craindre que les raisonnements et les faits sur lesquels se fonde cette doctrine ne dussent avoir précisément pour effet, en opposant évidence à évidence, de nous mettre dans l'impossibilité d'ajouter foi à aucune évidence, de croire à aucune vérité. Ainsi, quelque opposées que puissent être à la nature et au bon sens ces désolantes pensées, nous ne demandons pas qu'on les repousse sans examen : nous voudrions seulement qu'on ne s'y abandonnât pas sans motif suffisant. Voyons donc si les faits nous contraignent à les accepter.

Mise en leur présence, soumise à cette épreuve décisive de tous les systèmes, la doctrine exposée dans la *Critique de la raison pure* offrira sans doute, aux yeux de tout esprit impartial, une part de vérité large et souvent précieuse par sa nouveauté et sa profondeur. Mais j'ose dire que si on l'apprécie avec la rigueur qu'exige l'importance souveraine des questions qui y sont agitées et l'extrême gravité des conséquences auxquelles elle aboutit, on trouvera qu'elle est erronée et en désaccord avec la conscience dans toutes ses parties essentielles, et qu'il n'est presque pas un seul des faits auxquels elle touche, qu'elle ne défigure ou ne dénature plus ou moins gravement. C'est ce que nous allons chercher à montrer, en examinant successivement les notions qu'on s'y forme : 1º de la nature de la connaissance en général et des lois de sa formation ; 2º de la connaissance sensible, et particulièrement de la notion de l'étendue et de son origine ; 3º de la connaissance du sujet pensant et des idées qui en dépendent ; 4º des faits de la raison pure, faculté de l'absolu et du nécessaire.

## CHAPITRE II.

### FAUSSES IDEES DE KANT SUR LA CONNAISSANCE EN GENERAL.

I. *Faux rapport entre la connaissance et la sensation.* — Si nous en croyons Kant, toute connaissance vraiment digne de ce nom se réduirait à la synthèse des représentations de la sensibilité ramenées à l'unité par l'entendement, à l'aide des notions *à priori* d'être, de réalité, de substance, de cause, etc.

A part l'injustifiable prétention qu'elle implique de

tout réduire à la seule connaissance sensible, cette définition présente plusieurs erreurs capitales auxquelles se lient étroitement les plus graves conséquences du système.

La première est celle qu'exprime cette seule alliance de mots, *représentations de la sensibilité*. Il n'y a pas de représentations de la sensibilité. Nulle représentation, nulle idée ne saurait appartenir en propre au principe par lequel nous sentons. L'affection sensible n'est jamais l'idée, alors même qu'elle lui donne naissance et se rapporte au même objet; et le rapport qui l'unit à l'objet senti se distingue toujours profondément du rapport de la connaissance à l'objet connu. En nous exprimant ainsi, nous n'entendons pas soulever une question de nomenclature ou de classification. Peu importe en soi, pour la question qui nous occupe, qu'on donne aux mots sensibilité, sensation, sentiment, telle signification ou telle autre; qu'on en borne l'extension aux seuls faits qui, tels que le plaisir et la douleur, sont universellement attribués au principe par lequel nous sentons, ou qu'on l'étende de telle sorte qu'une partie ou même la totalité des modes de l'intelligence soit rapportée à ce même principe et rangée dans la même classe que les affections sensibles proprement dites. L'essentiel est qu'on n'aille pas, à la faveur d'une dénomination commune, confondre des faits de nature différente, en méconnaître les caractères opposés et attribuer à l'un ce qui ne convient qu'à l'autre. Or, c'est là, ce nous semble, la faute que n'a pas su éviter Kant, et dans laquelle sont tombés en général les sceptiques qui ont cherché, dans les principes du sensualisme, un point d'appui pour leurs attaques contre la connaissance humaine.

Nous l'avons déjà reconnu [1] : telle est la nature du rapport qui unit les affections propres de la sensibilité, à ce qu'on nomme plus ou moins exactement leurs objets, qu'on peut dire, avec vérité, qu'elles constituent ces objets et les font être, que ces objets ne peuvent être définis que par elles, comme la puissance par l'acte. De-là vient que ces affections peuvent varier et varient en effet fréquemment en présence des mêmes choses, que les goûts changent avec les climats, avec l'âge, avec les habitudes, avec les tempéraments, avec la santé.

Tout autres sont les caractères de la notion et des actes de l'esprit qui en dépendent. D'abord, elle est, ainsi que ces actes, invariable et uniforme. Les jugements mêmes que nous portons sur les choses sensibles

---

[1] Voy. ci-dessus 1re partie, ch. I.

ne font pas exception à cette règle. S'ils varient avec les impressions que font sur nous ces choses, c'est que leur objet varie aussi; c'est qu'ils n'ont plus le même objet : les jugements que porte un malade sur la saveur d'un mets, n'ont pas le même objet que ceux qu'il portait avant sa maladie : il s'agissait hier du rapport d'une chose aux sensations d'un homme bien portant, il s'agit aujourd'hui du rapport de cette même chose aux sensations d'un homme malade, rapport qui a pu parfaitement changer avec l'un des termes, l'autre terme ne subissant aucune altération. Or, il est tout simple que, pensant à des objets différents, j'aie dans mon esprit des idées différentes. Mais, tant que je pense au même objet, peu importe d'ailleurs qu'il soit accidentel, fugitif et relatif comme le phénomène sensible, ou nécessaire et éternel, si l'idée que je me forme est réellement bien l'idée de cet objet, si je le connais véritablement, je le conçois toujours de la même manière et je sais très-bien que partout et toujours, toute intelligence qui le connaîtra devra le concevoir comme moi.

Ce caractère des faits de l'intelligence tient à un autre plus intime et plus essentiel, par où ces faits se distinguent plus profondément des affections de la sensibilité, à savoir le rapport qui les unit à l'objet connu, rapport qui est tout l'opposé de celui qui unit ces affections à l'objet senti.

L'idée est toujours déterminée par la nature et par les caractères de l'objet ; elle le suit, elle le représente, non comme on dit par un abus de langage, que le signe représente la chose signifiée ; l'effet, la cause, etc.; mais plutôt à la manière dont la copie représente le modèle ; l'image réfléchie par le miroir, les objets qui s'y reflètent ; ou l'œuvre d'art, la pensée de l'artiste : elle s'y conforme entièrement, ou elle n'est pas l'idée de cet objet. De là, dans les jugements de la raison, la vérité qu'ils expriment étant une et immuable, ces caractères d'universalité, de constance et d'uniformité dont nous parlons ; de là, les merveilleux effets de cette lumière de l'évidence, qui, comme le dit l'éloquent Fénelon, unit par des liens si puissants, malgré la diversité de leurs mœurs, de leurs goûts, de leurs préjugés, de leurs habitudes, les hommes des contrées les plus diverses et les plus éloignées, en les enchaînant tous aux vérités connues, comme à un commun centre immobile.

Si l'idée est relative à l'objet, si elle doit le suivre, être définie par lui, il est clair que l'objet ne peut être relatif à l'idée, la suivre, être défini par elle. Nous ne pouvons définir une idée, nous ne pouvons la distinguer d'une autre idée, qu'en disant quel est l'objet qu'elle représente, la chose que nous concevons quand elle occupe notre pensée. Cela étant, comment imaginer qu'elle puisse servir à définir cette chose, comme il le faudrait pour que cette chose lui fût relative ? Quel cercle plus manifestement vicieux ? Si l'on nous demande quelle idée nous avons de telle chose, par exemple : quelle est notre idée de l'étendue, notre idée de l'âme, répondrons-nous en disant que nous comprenons sous ces mots une propriété, inhérente aux choses, de faire naître en nous l'idée de l'étendue, l'idée de l'âme ? Une idée peut être chimérique, elle peut être fausse ; je pourrai dire alors qu'elle n'a pas d'objet réel ou qu'elle représente inexactement l'objet auquel je la rapporte ; jamais, en aucun cas, je ne pourrai dire qu'elle le constitue, que l'objet est une pure relation à l'idée, qu'il est la puissance dont elle est l'acte, qu'il doit être défini par elle comme les qualités sensibles du corps sont définies par les sensations qui nous les révèlent.

D'ailleurs, dans quel cas un objet doit-il être considéré comme relatif à un fait de notre âme ? Lorsque ce fait est un effet dont l'objet est la cause, la donnée d'où nous concluons cet objet à l'aide de l'idée générale et indéterminée de cause, comme nous concluons de la sensation de chaleur que nous éprouvons auprès du feu, de l'impression agréable d'une rose sur notre odorat, l'existence de ce que nous nommons la chaleur du feu et l'odeur de la rose. Cela seul suffirait pour démontrer que l'objet ne peut pas être relatif à l'idée sous laquelle nous le concevons : car l'acte de l'esprit qui conclut ne saurait se confondre avec le fait qui sert de base à la conclusion. Ne faudrait-il pas, en effet, pour cela, que cet acte fût avant lui-même, qu'il fût avant d'être ? Un grand nombre de nos idées ne sont que des idées de rapport, il n'en est peut-être pas une seule qui n'implique quelque relation : qu'on cherche parmi les innombrables relations que nos idées peuvent embrasser, et qu'on nous dise s'il en est une seule qui ait pour terme l'acte même par lequel nous la concevons, qui se définisse par cet acte, comme les qualités sensibles des corps, par la sensation. Ces qualités mêmes, quoiqu'elles ne soient que des rapports à nous, ne sont pas des rapports au jugement que nous en portons ; elles sont des rapports aux impressions agréables ou douloureuses qui nous les révèlent : quant au jugement, il les suppose, il les constate, il ne les constitue pas [1].

[1] Assurément il y a dans les choses que nous connaissons une propriété toute relative à notre esprit, à savoir la propriété qu'elles

Maintenant, que se propose-t-on, lorsqu'on rapporte une notion de l'esprit à la sensibilité, soit qu'on

ont d'être connues. Cette vérité est incontestable, aussi incontestable qu'insignifiante. Que prouve-t-elle ? En conclure, comme on l'a fait assez souvent, par exemple, dans l'école d'Aristote, que les choses connues n'ont d'existence actuelle que par la connaissance dont elles sont l'objet, et que, par suite, la pensée est la seule véritable réalité, c'est jouer sur les mots. Autant vaudrait dire que, l'amabilité d'une personne n'étant qu'une virtualité qui devient acte seulement par l'amour qu'on lui porte, cette personne, ou tout au moins les qualités qui la rendent digne d'amour, n'ont de réalité que par cet amour. Encore une fois nous le reconnaissons : la propriété d'être connu ou conçu n'est en elle-même qu'une pure relation à l'être qui connaît, comme l'amabilité une relation à un amour actuel ou possible. Mais la question n'est pas là : elle est de savoir si les objets de nos pensées peuvent subsister indépendamment de cette relation, comme les qualités de la personne digne d'être aimée ne subsisteraient pas moins alors même qu'elles ne recevraient pas l'hommage qui leur est dû, comme le calorique, les particules odoriférantes, les ondes sonores, et tous les agents physiques analogues, subsistent en eux-mêmes, indépendamment de leur effet sur nos sens. Or, bien loin que cette relation puisse être tout, y tout réduire, c'est la rendre impossible ; c'est rendre impossible la connaissance elle-même aussi bien que l'ojet connu : Une pensée sans objet, ou sans autre objet qu'elle-même, comme la νόησις νοήσεως νόησις d'Aristote, est une chose contradictoire. C'est avec raison que les philosophes d'Alexandrie refusèrent de donner le premier rang dans l'existence absolue à cette vaine abstraction, et lui préférèrent le τὸ ὄν, τὸ ἀγαθὸν de Platon. Ce n'était pas là donner la priorité à la puissance sur l'acte, c'était simplement nier, et avec raison, suivant nous, que tout acte et tout être puissent se réduire à la seule pensée.

en fasse une sensation particulière ou une forme commune à toutes nos sensations? Entend-on lui conserver le caractère objectif essentiel à toute notion, et tous les caractères qui en résultent, ainsi qu'à l'objet connu son caractère d'indépendance absolu, à l'égard de la connaissance? peu importe alors l'hypothèse, peu importe ce mot sensation, qu'on se plaît à tort ou à raison d'appliquer ainsi ; ce n'est plus qu'un mot dont on ne peut rien conclure. Nie-t-on ces caractères, entend-on assimiler le rapport de l'objet connu à la connaissance, au rapport qu'ont avec nos sensations les qualités des corps que nous nommons chaleur, froid, odeur, saveur, etc.; et c'est ce que fait le nihilisme sensualiste, et c'est ce que fait Kant, et c'est par là qu'il justifie ses dernières conclusions sur l'espace et le temps? Alors, nous devons le reconnaître, il en est de tous les objets de notre entendement ; il en est du vrai et du faux, de l'être et du néant, du juste et de l'injuste, comme du doux et de l'amer, du chaud et du froid, qui ne sont tels que pour celui qui les trouve tels ; alors il n'y a plus d'objet, puisqu'un objet qui n'existe que relativement à l'acte de l'esprit qui le conçoit, est précisément ce que nous appelons un objet imaginaire. Mais alors aussi il n'y a plus d'idée ; il n'y a plus rien ni en nous ni hors de nous, si l'hypothèse s'étend à toutes nos idées : le nihilisme est rigoureusement démontré, mais il l'est par un principe non-seulement contraire aux faits, mais absurde, contradictoire, inintelligible, par un non sens, le non sens d'une idée représentant un rapport à elle-même, définie par elle-même, le non sens d'un objet déterminé, spécifié par ce qui ne peut être spécifié et déterminé que par lui, le non sens d'un acte de l'esprit se servant à lui-même d'intermédiaire pour atteindre son propre objet, et prenant pour base de ses conclusions le fait même de tirer ou d'avoir tiré cette conclusion.

On aboutit inévitablement à ce non sens, lorsque, rapportant, d'une part, l'idée à la sensibilité, on suppose, de l'autre, que l'affection sensible est toujours, comme dans les cas que nous avons pris pour exemples, le moyen terme qui sert à connaître et à définir l'objet senti. Il faut donc choisir entre ces deux alternatives : ou nier que l'idée puisse jamais se confondre avec la sensation, ou admettre une sorte de sensations toutes différentes de celles auxquelles tout le monde s'accorde à appliquer ce nom : tandis que celles-ci, purement affectives, n'auront rien de commun avec la faculté de connaître en général, que d'en être l'objet, comme tous les autres faits que nous trouvons en nous, et avec la perception extérieure en particulier, que de servir de base à la raison pour conclure l'objet perçu ; celles-là, pures connaissances, pures perceptions, n'auront rien de commun avec nos affections, que d'être, comme elles, passives et provoquées par la présence des objets sensibles : telle serait, par exemple, si on lui donnait le nom de sensation, la perception extérieure immédiate, admise par Thomas Reid et ses plus fidèles disciples.

Pour nous, nous choisirions le premier de ces deux partis. Nous pensons, et il ressortira, nous l'espérons, des analyses qui doivent faire l'objet du chapitre suivant, nous pensons tout à la fois que l'objet sensible est tout relatif à la sensation, et que la sensation, ou plus généralement la première impression reçue de l'objet par l'intermédiaire de nos organes, n'est jamais la connaissance de cet objet. Mais, quoi qu'il en soit à cet égard, ce qui nous paraît hors de doute, c'est qu'il faut choisir, c'est que de deux choses l'une : ou la sensation est elle-même la connaissance de la chose sentie, et alors, saisissant cette chose sans intermédiaire, elle la connaît telle qu'elle est en elle-même, indépendamment de tout rapport à nous ; ou la sensation n'est jamais qu'un moyen terme à l'aide duquel nous concluons l'existence de cette chose, et alors la connaissance se distinguant parfaitement de la sensation, l'objet peut parfaitement être relatif à la sensation sans l'être pour cela à l'idée elle-meme, sans être subjectif ou purement imaginaire. Ni dans l'un ni dans l'autre cas, les monstrueux paradoxes du scepticisme sensualiste ne sont justifiés ; ils ne peuvent l'être que par la monstrueuse alliance de ces deux hypothèses contradictoires.

II. *Fausse idée du jugement et des lois de la formation de la connaissance.*—Voici encore un autre point où Kant nous paraît s'être laissé très-malheureusement égarer par les préjugés qu'il trouvait répandus partout autour de lui. Nous voulons parler de ses concessions à l'hypothèse, si longtemps admise dans toutes les écoles, dans laquelle, supposant isolé dès l'origine ce que la nature ne nous permet que difficilement de séparer ultérieurement dans nos analyses, on se représente la pure idée, s'introduisant ou se produisant d'abord seule dans l'esprit, sans l'affirmation, sans le jugement, sans aucune pensée d'existence réelle ; et tous nos jugements formés par l'analyse et la comparaison des idées.

Cette hypothèse suffirait presque à elle seule pour rendre invincibles tous les doutes du pyrrhonisme. Une idée précédant tout jugement est une idée dont nous n'avons jamais perçu l'objet, car la perception enveloppe toujours le jugement et nous donne à la fois l'idée de la chose perçue et la certitude de l'existence de cette chose. Or, sur quel fondement affirmer l'existence d'une chose que nous ne percevons pas, la réalité objective d'une notion dont nous ne percevons pas l'objet? Dirons-nous que l'idée doit avoir une cause et reproduire la ressemblance de cette cause, comme l'empreinte reçue par la cire reproduit celle du cachet, comme l'image réfléchie par le miroir reproduit les traits du visage? Il serait vraiment triste que de pareils raisonnements fussent notre seul refuge contre des doutes d'une telle gravité. Les sceptiques de tous les temps l'ont objecté avec fondement : comment s'assurer de la ressemblance, comment s'assurer même de l'existence du modèle[1] ; nous pourrions aussi ajouter, comment s'assurer de l'existence de la copie elle-même, de l'existence de l'idée[2]?

---

[1] Je ne puis raisonnablement, je ne puis de bonne foi et sans mentir en quelque sorte à moi-même, élever le même doute sur les objets que je perçois : ce serait dire que je ne perçois pas ce que je perçois, que je ne sais pas ce que je sais. La perception porte en elle-même la certitude de l'existence de l'objet perçu : et c'est en cela qu'elle diffère essentiellement de la pure conception.

[2] Quand nous affirmons l'existence d'une idée dans notre esprit, est-ce encore en appliquant l'idée du fait affirmé, c'est-à-dire ici l'idée de l'idée? Si l'on répond non, on admet donc quelque exception à la théorie; elle n'embrasse pas tous nos jugements. Dans le

Mais soyons moins rigoureux : accordons l'idée. Quel parti pourrons-nous en tirer? Je puis, en réfléchissant sur une pure idée, en l'analysant, comme on fait en géométrie celles du cercle et du triangle, découvrir les conséquences qu'elle renferme, et, par suite, les propriétés qu'aurait nécessairement, par sa définition même, dans le cas où il viendrait à exister, l'objet qu'elle représente ; mais, pour les propriétés contingentes, qui ne résultent pas de cette définition, et pour l'existence elle-même, qui n'y est jamais comprise, à moins qu'il ne s'agisse de l'être souverain ; en un mot, pour toutes les vérités de fait, les corps et leurs propriétés, l'âme, ses modifications et ses attributs, je ne saurais évidemment les découvrir par cette voie.

La synthèse sera ici aussi impuissante que l'analyse. La nécessité que prétend démontrer Kant d'ajouter à toutes nos autres représentations les concepts *à priori* d'être, de substance, de mode, de cause, d'effet, d'unité, etc., pourrait peut-être bien nous apprendre que, si les choses existent, l'une est mode, l'autre

cas contraire, la question de la ressemblance et de l'existence du modèle subsiste toujours ; et de plus il faudra pour connaître cette seconde idée, une nouvelle idée, puis une autre encore pour constater celle-ci, et toujours ainsi à l'infini, sans que nous puissions jamais parvenir à donner à notre jugement une première assiette.

substance, celle-ci cause, celle-là effet ; elle nous ferait connaître certaines conditions de la possibilité des choses, mais jamais ce qui est véritablement. Réduire tout jugement, comme le fit Kant, à n'exprimer que la liaison nécessaire de nos représentations au moyen de ces concepts, c'est méconnaître entièrement la question; c'est supprimer toute différence, même subjective, entre le domaine de la réalité et celui de l'imagination, puisqu'on avoue que la nécessité de cette liaison s'applique absolument à toutes nos représentations, aussi bien à celles dont chacun reconnaît le caractère chimérique, qu'à celles que nous regardons comme l'expression fidèle de la réalité.

Heureusement, l'hypothèse qui crée la difficulté est entièrement fausse : elle l'est d'abord par cela seul qu'elle la crée et qu'elle rendrait impossible toute connaissance de la réalité, toute connaissance de faits. Il est certain que nous pouvons avoir cette connaissance, puisque nous connaissons notre propre existence, nos propres pensées, nos propres doutes. Comment pouvons-nous connaître ainsi ce qui est en nous? Nous n'avons pour cela qu'un moyen, c'est de constater le fait par l'observation; en d'autres termes, de le percevoir ou par la conscience ou par les sens. Nous pouvons bien appliquer à un objet, telles ou telles idées abstraites, conçues d'abord par notre esprit indépendamment de cette application ; par exemple, à un corps les idées de couleur, de forme, de dureté, de mollesse; à notre âme les idées de joie, de tristesse, de volonté, de pensée; mais alors, si, comme dans ces exemples, ces qualités, ces manières d'être sont contingentes, de deux choses l'une : ou je perçois le fait, — je perçois qu'il y a là un corps dur ou mou, blanc ou noir, etc., que mon âme éprouve actuellement telle émotion, conçoit telle résolution, se livre à telle opération mentale ; — ou je ne le perçois pas. Si je ne le perçois pas, mon affirmation ne peut se justifier ; elle est sans valeur. Si je le perçois, il y a un jugement antérieur à l'application de l'idée, à savoir, la perception elle-même ; car percevoir, c'est-à-dire, voir, toucher, avoir conscience, c'est juger, c'est affirmer, c'est acquérir la certitude que l'objet est tel qu'on le perçoit, tel qu'on le voit ou qu'on le touche. Que dirons-nous maintenant de la perception? Sera-t-elle aussi le résultat de l'application d'une autre idée? Il faudrait alors une nouvelle perception pour motiver cette application, et toujours ainsi, sans fin. Si l'on veut s'arrêter et donner à la pensée un point de départ fixe, il faut supposer un premier acte de l'esprit saisissant la réalité elle-même sans l'intermédiaire de l'idée, un premier jugement, une première connaissance se produisant sans aucune autre condition que l'aptitude naturelle de notre intelligence et la présence de l'objet connu. C'est bien, en effet, ce que nous sentons se passer en nous. Percevoir, disons-nous, voir, toucher, entendre, avoir conscience, c'est juger, acquérir la certitude de l'existence de l'objet perçu. Or, je sens fort bien que cette certitude se produit en moi avec la représentation elle-même, sans aucun intervalle de temps, sans l'intermédiaire de la moindre opération de l'esprit servant à passer de l'une à l'autre ; je sens que l'idée naît de la perception, bien loin de lui servir de fondement ; que c'est par la conscience de ma volonté, de mes souffrances, de mes joies, que j'ai acquis les idées de volonté, de joie, de douleur ; par la vue de certains objets blancs, par le toucher de corps durs, que j'ai acquis les idées de blancheur et de dureté, etc.

Reconnaissons-le donc, si nous ne voulons pas nous mettre en opposition avec les faits les plus manifestes, aussi bien qu'avec les plus simples lois du bon sens. L'esprit humain ne débute pas par la pure idée, par la pure appréhension, mais par le jugement et par l'affirmation, par la plus importante des affirmations, celle sans laquelle toutes les autres, fussent-elles possibles, seraient sans valeur et sans objet ; celle qui, seule, pareille au Verbe éternel, peuple pour nous les déserts du vide et fait que les objets existent pour nous, comme la parole souveraine les fait être en eux-mêmes. L'esprit humain ne naît pas à la vie seulement pour recevoir, sans savoir de quelle source ni comment, de pures images, à l'aide desquelles il s'efforcerait vainement de connaître les objets représentés par ces images ; il n'est ni une table rase destinée à recevoir des empreintes par lesquelles nous aurions à juger des choses, dont il faudrait supposer, avec plus ou moins de fondement, que ces empreintes reproduisent les traits et les contours ; ni une table gravée d'avance, une fois pour toutes, par la main du Créateur, ou une force créatrice tirant elle-même de son propre fonds des images dont nous n'aurions vu nulle part le modèle : c'est un œil s'ouvrant sur les choses elles-mêmes, c'est une intelligence qui saisit directement la réalité en elle-même, et qui ne peut même se former des représentations sans objet, que parce qu'elle les tire de celles qu'elle s'est formées sur le modèle des objets offerts d'abord à ses regards.

Dès l'origine, penser, pour lui c'est connaître, et connaître c'est savoir, juger, croire, affirmer que les objets qu'il conçoit sont tels qu'il se les représente. Voilà, sans doute, pourquoi dans toutes les langues, les termes qui expriment l'existence entrent comme élément nécessaire dans l'expression de toute pensée, de tout jugement; pourquoi nous ne pouvons exprimer un attribut, le rapporter à un sujet, quelque chimérique qu'il puisse être, autrement qu'en disant que ce sujet *est* cet attribut; par conséquent, en attribuant à ce sujet une existence hypothétique ou virtuelle.

Voici peut-être ce qui a fait illusion à Kant et à tous ceux qui ont pu méconnaître, ainsi que lui, une vérité aussi palpable. Quand nous percevons par la conscience ou par les sens, si l'objet perçu offre à notre observation quelque qualité ou manière d'être, répondant à une idée générale déjà formée par notre esprit à l'occasion d'autres objets semblables, nous ne pouvons nous empêcher de nous rappeler cette notion et de l'appliquer à ce nouvel objet. En voyant pour la première fois de la neige, il est presque impossible de ne pas nous rappeler l'idée abstraite de la blancheur précédemment tirée par nous de tels et tels autres objets blancs; en voyant un arbre, de ne pas penser à l'espèce et au genre auquel cet arbre appartient, de ne pas nous rappeler les idées générales d'arbre, de végétal, etc.

Ces rapprochements sont aussi utiles qu'inévitables.

C'est par là que nous classons les objets de nos connaissances, que nous les coordonnons, que nous les ramenons à l'unité. Kant a très-bien compris ce fait; son erreur est d'y avoir tout réduit. Bien loin que l'opération qui le préoccupe exclusivement soit toute la connaissance, elle suppose la connaissance constituée tout entière ; car nous ne pouvons appliquer avec vérité un concept à un objet, qu'autant que nous avons constaté par l'expérience, dans cet objet, tout ce qui est compris dans la compréhension du concept.

Une autre erreur générale du système, également très-grave dans ses conséquences, c'est d'avoir supposé la connaissance formée originairement par un acte de synthèse, c'est-à-dire par un mouvement de la pluralité à l'unité, et par suite subordonné, en même temps que l'unité à la pluralité, la substance au phénomène, l'absolu interne à la relation externe, la conscience à la notion sensible. La pluralité impliquant l'unité, le phénomène la substance, le relatif l'absolu, la perception externe la conscience, cette fausse subordination suffirait seule pour tout réduire à l'impossible et pour expliquer la peine qu'on éprouve, dans ce système, à entendre, non-seulement l'unité, la substance, l'absolu soit interne soit externe, objets propres de ses attaques, mais encore la diversité phénoménale elle-même, finalement réduite par lui, ici, à un rapport sans termes, à une représentation-sensation sans objet senti ou représenté et sans sujet sentant, à un phénomène sans base ; là, à un composé, à un *continuum* sans éléments distincts et sans lien entre ses parties [1].

C'est avec aussi peu de fondement qu'on imagine de faire dépendre toute connaissance de concepts généraux donnés *à priori*. Cette hypothèse suffirait encore à elle seule pour rendre impossible toute connaissance, aussi bien générale qu'individuelle. Mais laissons pour le moment ces deux points, que nous aurons plus tard l'occasion d'éclaircir mieux que nous ne pourrions le faire ici. Il est temps de passer à des considérations moins générales, et de comparer le système aux diverses parties de la connaissance. Commençons par la connaissance sensible, celle avec laquelle ses prétentions devraient le mieux s'accorder, puisqu'il a pour but d'y tout réduire.

[1] Voy. 2ᵉ antinomie.

# CHAPITRE III.

### DE LA CONNAISSANCE SENSIBLE,

*Où l'on essaie de réfuter la théorie de l'esthétique transcendentale sur la notion de l'étendue, en montrant la véritable origine de cette notion.*

Comment s'opère la perception extérieure? Est-elle toute fondée sur la sensibilité? Atteint-elle l'objet directement, ou bien par l'intermédiaire d'un fait interne plus immédiatement connu, et, dans ce cas, quel est ce fait? Est-ce la sensation ou quelque autre mode de notre existence interne? De la solution donnée à ces questions, dépendra le jugement que l'on portera sur la portée et la valeur objective des notions dérivant de cette source, et particulièrement de la notion de l'étendue.

Si l'on fait tout reposer sur la seule sensibilité, la notion commune de la matière ou des corps est entièrement condamnée, l'étendue tout à fait réduite à néant; il n'y a plus d'objet extérieur, dans le sens propre de ce mot, plus d'extériorité véritable. D'abord, nous savons ce qui arrive dès que l'on confond absolument la notion avec la sensation elle-même. Supposons qu'on n'aille pas jusque-là ; supposons qu'au lieu de réduire absolument la connaissance sensible à de pures affections de la sensibilité, on veuille qu'elle soit toujours, comme elle l'est, en effet, dans certains cas, une conclusion tirée de la conscience de ces affections à leur cause extérieure. Du seul fait de la présence en nous de telles affections, quelle autre conclusion tirer que celle d'une cause tout à fait inconnue, soit en elle-même, soit dans ses rapports aux autres choses, et tellement indéterminée, que rien n'empêche de la confondre, comme le faisait Malebranche, avec la volonté même du Créateur, ou, comme Leibnitz, avec les lois constantes de notre constitution, décrétées, une fois pour toutes, par la sagesse éternelle? Il y a loin, certes, de cette idée abstraite si vague et si vide, à l'idée que le sens commun se forme de l'univers matériel, qui est pour nous tous un système d'êtres nous entourant, nous touchant, nous impressionnant de mille manières par leur présence, subissant notre action comme nous la leur, et liés d'ailleurs entre eux par ces mille rapports de position, de distance, d'action et de réaction, sur lesquels roulent la physique et les mathématiques. De là, chez les philosophes qui ont cherché dans la seule sensation l'origine de la connaissance sensible, l'impossibilité de justifier cette idée et d'élever l'existence des corps à la hauteur d'un dogme philosophique ; de là, dans l'histoire de la philosophie moderne, l'idéalisme, et tous ces doutes qui choquent à bon droit le bon sens du chef de la philosophie écossaise, mais que ce philosophe n'évite lui-même que par une sorte de *deus ex machina,* en rompant tout lien entre la perception extérieure et le fait qui lui donne naissance, et en faisant de la foi à l'existence des objets le résultat d'une loi de notre constitution, tout à fait arbitraire, et dont on ne saurait trouver la raison ailleurs que dans la volonté toute-puissante du Créateur. Admet-on, au contraire, une perception directe, une sorte d'intuition, ou, comme n'a pas craint de le dire un auteur récent, une conscience immédiate de la substance étendue ; dans ce cas, non-seulement la réalité de l'étendue est maintenue, mais on la considère comme absolue et l'on attribue à l'esprit la faculté de percevoir les choses en elles-mêmes, et non pas seulement le phénomène ; on se place à l'extrême opposé du scepticisme. Seulement il est à craindre qu'on ne le serve, d'un autre côté, sans le vouloir, en créant au dogmatisme des difficultés insurmontables, et en provoquant et justifiant, comme il arrive toujours, par l'effet des erreurs qui exagèrent la vérité, l'exagération qui la nie.

La vérité n'est, en effet, suivant nous, ni dans l'une ni dans l'autre de ces opinions extrêmes : la notion humaine de l'étendue n'est ni relative à la pure sensibilité, ni absolue : elle a son origine dans un mode de notre être, analogue à la sensation par certains côtés ; par exemple, par la manière dont nous le subissons et par son rapport à nos organes ; ressemblant même par sa constante inhérence au sujet et par son étroite liaison avec toutes les idées sensibles, à ce que l'auteur de la *Critique* nomme une *forme* de la sensibilité. Mais ce mode n'est ni une sensation, ni une affection quelconque de la sensibilité ; ou, pour ne pas disputer sur les mots, si on veut l'appeler sensation, il faut au moins reconnaître que c'est une sensation différant essentiellement des autres faits communément compris sous cette dénomination, et pouvant nous donner, des objets extérieurs, une connaissance tout autre que celle dont nous avons signalé le caractère vague, indéterminé et exclusivement relatif à nous.

Essayons de bien comprendre ce mode.

La connaissance de l'étendue ne s'introduit pas

isolément dans notre esprit. L'étendue s'offre à nous, dans le principe, comme un attribut de la matière : et loin qu'elle constitue à elle seule la matière, comme le voulait le Cartésianisme, elle n'en est pas même l'attribut le plus fondamental. Le fonds de l'idée de la matière, si j'ose m'exprimer ainsi, est l'idée d'une force de résistance, à nous, d'abord, et à la pression que nous exerçons sur elle, par l'intermédiaire de nos organes tactiles ; puis à toute force semblable à la nôtre, et capable d'exercer une pression analogue à celle que nous pourrions exercer nous-mêmes. L'étendue n'est qu'un caractère de cette force, l'espèce d'expansion ou de diffusion, manifestée par l'ordre et la multiplicité des points auxquels aboutit son action ou dans un même instant. L'origine de la notion de l'étendue ne saurait donc être différente de celle de cette force, qui constitue la matière ; or, celle-ci se révèle à nous, comme toute force, par son effet, lequel ne peut être, comme il n'est en réalité, ainsi qu'il est aisé de le vérifier, qu'un acte de résistance à nous, à la force active que nous déployons par nos organes. La force extérieure est conçue tout à la fois par relation et analogie avec cette force interne qui vient se heurter contre elle : par relation, comme condition de la résistance éprouvée ; par analogie, puisque l'action et la réaction de l'une étant exactement semblables à l'action et à la réaction de l'autre, il est tout naturel que nous jugions du principe de celle-ci par celle-là. Il doit nécessairement en être de tous les modes de cette force et particulièrement de l'étendue, comme de cette force elle-même. A l'étendue, comme à chacun des autres modes de la force externe, devra donc répondre quelque mode de notre activité motrice, servant de fondement à la notion que nous nous en formons. Mais quel est ce mode ; quel peut-il être dans une substance spirituelle et inétendue ? Voilà la difficulté qui arrête et qui fait que beaucoup de bons esprits, résistant à l'évidence des faits, refusent de voir, non-seulement dans la notion de l'étendue, mais dans celle même de la solidité, une conclusion de l'effet à la cause, et veulent, avec la philosophie écossaise, que la perception extérieure soit un fait absolument primitif et inexplicable, sans aucun rapport aux lois générales et nécessaires de notre raison. Il me semble pourtant qu'avec un peu d'attention aux faits, cette difficulté est facile à lever. Il est vrai que la force interne, — le principe qui déploie son énergie dans l'effort musculaire, — n'est pas étendue. Mais ce n'est pas à dire pour cela que ce principe ne puisse offrir rien d'analogue à l'étendue. Simple et immatérielle dans le principe intime de son énergie, la force motrice dont nous disposons, est loin d'offrir, dans le déploiement de cette énergie, le même caractère de simplicité et d'unité. Elle ne se déploie pas suivant une ligne mathématique rigoureuse, aboutissant à un point mathématique absolu. Loin de là, elle rayonne en tous sens ; elle se développe, en quelque sorte, sphériquement, autour du centre immobile de son énergie substantielle, s'appliquant simultanément à plusieurs points, à tout un ensemble de points contigus, à une surface, et non à l'abstraction mathématique du point[1]. Soit donné le sentiment d'une telle force, arrêtée, comprimée par la force extérieure qui l'entoure, est-il possible de n'en pas conclure l'existence de cette dernière, de ne pas conclure, de la résistance que nous

---

[1] Il n'est pas besoin de dire que nous n'entendons nullement déterminer ici la nature de cette force. Est-elle inhérente à la nature de l'âme, avec la simplicité de laquelle elle devrait alors se concilier, comme la multiplicité des phénomènes de la vie intellectuelle et morale se concilie avec l'unité et l'identité personnelles, ou dépend-elle de l'union arbitraire de l'âme avec le corps ? Le corps en est-il la condition ou seulement la limite ? Nous laissons ces questions et toutes les questions du même genre, comme étrangères à notre but, persuadé d'ailleurs que l'étude des facultés de l'entendement a bien assez des difficultés qui lui sont propres, sans y ajouter celles de la métaphysique, dont elle ne dépend nullement et qui, au contraire, en dépend étroitement.

éprouvons, l'existence d'un obstacle qui nous résiste, et de concevoir cet obstacle autrement que comme une force opposée, analogue à la force contre laquelle elle réagit, s'exerçant et réagissant, elle aussi, non sur un point mathématique, mais simultanément sur tous les points de la surface à laquelle se termine la force interne? N'est-ce pas là l'idée que nous nous formons naturellement de la matière, et nous représentons-nous sous cette idée rien autre chose qu'une force ou un ensemble de forces pouvant produire, dans son rapport à notre activité motrice ou à toute autre activité analogue, le phénomène de résistance multiple et simultanée que nous venons de décrire?

Combien la notion d'extériorité donnée par la conscience de ce phénomène, ne l'emporte-t-elle pas sur celle que pourrait nous donner la pure sensation? D'abord, de la pure sensation, il est impossible de tirer aucune autre conclusion que celle d'une cause absolument indéterminée et inconnue, soit en elle-même, soit dans son rapport à l'universalité des choses. Si nous ne savions d'ailleurs qu'il y a des objets hors de nous, rien n'empêcherait de confondre cette cause avec la cause même de notre existence, et de considérer le fait comme une conséquence nécessaire des lois de notre constitution, comme un effet du développement spontané des puissances innées de notre être ; car on ne voit pas pourquoi il ne pourrait pas résulter, de ces lois et de la nature de ces facultés, que nous dussions éprouver dans tel moment donné, sans aucune provocation extérieure, telle affection déterminée. Jamais donc nous ne pourrions tirer de la sensation, la notion d'êtres finis, limités par nous comme nous par eux, subissant notre action comme nous la leur, tels que le sens commun conçoit ce que nous nommons corps ou matière. Or, c'est précisément cette notion que nous donne immédiatement le phénomène de la réaction des forces *moi* et *non moi*.

En second lieu, la relation de l'objet senti à la sensation, est, par sa définition même, bornée aux seuls êtres doués d'une sensibilité analogue à la nôtre. Il n'en est pas ainsi de la relation qui unit l'objet résistant à la force motrice dont nous trouvons le modèle en nous ; elle est beaucoup moins exclusivement relative à nous, beaucoup plus éloignée de la subjectivité : quoique donnée primitivement à l'occasion d'un mode de notre être, l'idée qui la représente peut naturellement s'étendre beaucoup plus loin, aussi loin que l'idée générale de force. Une telle relation pourra donc servir à unir non-seulement à nous, mais entre elles, toutes les choses conçues sous cette notion générale de force. Eu égard à cette relation qui constitue la propriété par laquelle elles se manifestent au sens du tact, ces choses pourront se déterminer et se mesurer réciproquement ; de là, dans ces choses non-seulement hors de nous, mais aussi indépendamment de nous, d'innombrables rapports de contiguité, de grandeur, et par suite, de distance, de position relative ; d'où la possibilité des mille relations d'action et de réaction dont ces rapports géométriques sont la condition ; de là aussi la figure, déterminée par le mode de limitation de la diffusion des forces. Que faut-il de plus pour constituer dans sa plénitude la notion commune de l'extériorité, et pour assurer aux sciences physiques et mathématiques et à la philosophie naturelle, une base réelle? N'est-ce pas là tout cet ensemble et tout cet ordre des co-existants dont parle Leibnitz sans préjudice de la quantité extensive que Clarke accusait ce philosophe de méconnaître? Qu'est-ce donc qui pourrait nous empêcher de conclure que le fondement de la notion de l'étendue doit être cherché, comme, du reste, celui de toutes nos idées premières, dans la conscience de notre être propre ; sinon, d'oser aller jusqu'à dire, au sujet des forces dont nous portons le type en nous, comparées à l'étendue finie, ce que Malebranche et Fénelon disaient de l'essence divine comparée à l'étendue illimitée, qu'elles en contiennent tout le réel, tout le positif; qu'elles sont l'absolu dont l'étendue est le phénomène?

Il est vrai qu'au-dessus de la notion d'étendue limitée, contingente, multiple, qui évidemment est la seule que puisse nous donner immédiatement le fait que nous invoquons, s'élève dans notre esprit la notion de l'espace immense, éternel, nécessaire, unique. La différence est grande, nous l'avouons, entre ces deux notions; toutefois nous ne pensons pas qu'il y ait entre les deux un abîme aussi infranchissable qu'on pourrait être, au premier abord, porté à le supposer. Qu'est-ce, en effet, que l'espace? Qu'est-ce, en général, que l'infini dans chacun des genres où nous le considérons, dans l'être et dans chacun des attributs essentiels et primitifs de l'être : étendue, puissance, durée, intelligence, bonté? C'est ce genre même, c'est l'être même et chacun des attributs qui le constituent, considéré en soi et dans son essence universelle, pris absolument et abstraction faite de tout ce qui n'est pas lui, et, par conséquent, indépendamment des divers objets auxquels il s'applique et qui le réalisent imparfaitement; c'est l'essence, ou, comme s'exprime Leibnitz, l'absolu de l'être, de l'étendue, de la durée, de la puissance, du bien, etc., ou, plus simplement, l'être, l'étendue, la durée, etc. C'est l'objet de l'idée pure de l'être, et de chacune des qualités primordiales de l'être, l'objet de l'*idée*, dans le sens platonicien du mot. Que peut-il y avoir, en effet, de meilleur que le bien même ou ce qui réaliserait toute notre idée du bien, de plus étendu que ce qui serait l'étendue même et réaliserait toute notre idée de l'étendue, et de plus durable que la durée elle-même? Chaque idée, chaque essence prise en soi, représente évidemment toute la sphère du possible dans un genre déterminé; or, pour s'assurer que cette sphère est infinie, que la possibilité de l'étendue, de l'être, de la durée, de la puissance est inépuisable en soi; pour trouver l'infini dans chaque notion idéale, et, si j'ose ainsi dire, dans chaque ordre de quantité, ne suffit-il pas de considérer, comme le remarque Leibnitz, que toutes les parties étant parfaitement semblables, et chacune liée par un même rapport à celles auxquelles elle s'ajoute, la même raison subsiste toujours d'en ajouter une nouvelle [1]? Cela étant, il nous semble qu'il ne faut rien de plus, pour concevoir chaque infini, que

---

[1] « Prenons une ligne droite et prolongeons-la, en sorte qu'elle soit double de la première. Or, il est clair que la seconde, étant parfaitement semblable à la première, peut être doublée de même pour avoir la troisième, qui est encore semblable aux précédentes; et la même raison ayant toujours lieu, il n'est jamais possible qu'on soit arrêté : ainsi, la ligne peut être prolongée à l'infini,

de concevoir le fini auquel il correspond [1]. Il y est, en effet, nécessairement contenu, comme l'abstrait est toujours contenu dans le concret, le général dans l'individuel ; car, comment concevoir un objet particulier sans avoir l'idée des attributs qu'il réalise, une chose étendue, une chose bonne, sans concevoir (je ne dis pas, comme Platon, sans avoir préalablement conçu) l'étendue, le bien ? L'idée de l'infini serait donc nécessairement donnée à notre esprit du même coup que celle du fini, et nécessairement impliquée dans celle-ci ; il resterait seulement à l'en dégager en écartant de l'idée individuelle ou particulière, par l'abstraction, tout ce qui n'est pas la pure essence de chaque attribut, tout ce qui se mêle à l'idée de cette pure essence, pour former tel ou tel objet plus complexe et plus déterminé. L'abstraction n'aurait pas ici pour unique effet d'amoindrir la notion en la simpli-

de sorte que la considération de l'infini vient de celle de la similitude ou de la même raison, et son origine est la même avec celle des vérités universelles et nécessaires. » Leibnitz ; *Nouveaux essais*, l. II, chap. XVII.

[1] « J'accorde que nous avons l'idée d'un infini en perfection, car, pour cela, on n'a besoin que de concevoir l'absolu, mettant les limitations à part. Et nous avons la perception de cet absolu, parce que nous y participons, en tant que nous avons quelque participation de la perfection. » Leibnitz ; *Examen des principes du Père Malebranche.*

fiant; elle l'amplifierait, au contraire, à l'infini, car elle aurait pour résultat d'écarter, entre autres choses, la limite qui est une négation; elle produirait donc un effet contraire à la négation; elle ajouterait tout ce que celle-ci retranche, tout ce qui dépasse la limite de l'objet particulier; elle ajouterait non-seulement à l'extension, mais encore à la compréhension de l'idée; puisque l'objet particulier, toujours imparfait et limité, ne représente pas plus toute la compréhension de l'idée, toute la plénitude de l'être ou de tel attribut de l'être, qu'il n'en contient toute l'extension. L'abstraction ainsi appliquée ne nous donnerait pas seulement l'indéfini : il faudrait, pour cela, qu'elle ne fît que reculer la limite; et elle la supprime. Elle ne donnerait pas seulement une multitude innombrable; car la notion d'une multitude innombrable n'est nullement adéquate à l'idée pure, à la notion de l'essence, de l'être ou d'un attribut de l'être pris en soi.

Tel est donc, en résumé, le milieu que nous croirions devoir être pris, au sujet de la notion de l'étendue et de l'espace, entre les exagérations du nihilisme sensualiste qui voudrait réduire l'objet de cette notion à une pure relation aux affections de la sensibilité, et celles du dogmatisme qui en fait un attribut absolu des choses, saisi par une sorte de perception ou de conscience immédiate de l'objet externe. Ce serait de donner pour fondement à cette notion, au lieu d'une pure sensation ou d'une forme de la sensibilité, la résistance opposée simultanément, sur plusieurs points de sa direction, à la force d'impulsion multiple et diffuse qu'il nous est donné de faire rayonner tout autour du centre de notre activité motrice, et le rapport nécessaire de cette résistance à un objet résistant.

C'est parce qu'on substitue à ce rapport fécond, conçu par la raison à l'occasion de notre propre activité, le rapport stérile et indéterminé de la sensation à l'objet senti ; c'est parce qu'on place dans les pures affections de la sensibilité tout le fondement de la perception extérieure, qu'on se trouve conduit à amoindrir la notion de la matière, au point de rendre impossibles toutes les sciences auxquelles cette notion sert de fondement. C'est parce qu'on va jusqu'à confondre absolument cette notion avec la sensation, qu'on en réduit entièrement l'objet à néant. C'est ainsi que le scepticisme ou le nihilisme s'enfonce de plus en plus dans ses abîmes, à mesure qu'il s'éloigne plus des faits et de la vérité.

L'hypothèse du dogmatisme absolu est plus conforme au sens commun, mais elle ne heurte pas moins les faits, et elle crée des difficultés insurmontables. Si la notion de l'étendue était immédiate et absolue, tout ce qu'elle comprend : figure, grandeur, distance, etc., et, par conséquent, la ligne, le point, la limite, devraient aussi être absolus. Or, que l'on essaie de concevoir une limite absolue, des lignes absolues, des points absolus, au sein d'un continu divisible à l'infini, tel que l'espace ; que l'on essaie de résoudre les objections de Sextus Empiricus contre tous ces objets de la géométrie, autrement qu'en les supposant relatifs ; que l'on essaie aussi, autrement que dans cette même hypothèse, de se rendre compte des principes du calcul infinitésimal, autrement qu'en considérant l'infinie petitesse comme purement relative à nos sens.

Voici ce qui peut tromper à ce sujet : les impressions qui nous révèlent l'étendue ne sont pas affectives comme les autres impressions de nos sens, et comme elles n'ont d'intérêt pour nous que parce qu'elles nous servent à percevoir les objets, nous avons rarement l'occasion de les distinguer de la perception. D'ailleurs, elles ne sont pas absolument sans analogie avec les représentations de l'esprit ; comme celles-ci, elles dépendent étroitement de l'objet ; elles en reproduisent en quelque sorte les traits ; elles offrent une sorte d'expansion ou de diffusion correspondant point pour point à celle de l'étendue extérieure ; de sorte qu'on s'explique, à la rigueur, que quelques philosophes aient été portés à les considérer comme une forme même de l'objet, s'en détachant pour pénétrer, par le canal des sens, jusqu'au siége du principe intelligent, et y devenir l'idée elle-même.

Ces faits peuvent aider à expliquer les préjugés du dogmatisme absolu, mais ils ne les justifient pas. Ces grossières analogies des impressions du tact et de la vue avec nos idées, ne font pas qu'elles soient ces idées elles-mêmes, et que, pour se modeler sur la forme superficielle des objets extérieurs, elles doivent être confondues avec l'acte par lequel l'esprit conçoit et pose, comme subsistant réellement hors de nous, la substance et la force qui se manifestent sous cette forme. D'ailleurs, quoique ces impressions dépendent moins de nous et de notre constitution propre que les affections sensibles proprement dites, elles en dépendent cependant dans une certaine mesure ; elles servent aussi, comme nous venons de le voir, à définir l'objet, au contraire de l'idée, qui doit toujours le suivre et s'y conformer ; et, quoique nous les voyions moins sujettes à varier que ces affections, elles sont pourtant variables par leur nature, comme tout ce qui est relatif. Chacun comprend aisément, en effet, et c'est là une conséquence nécessaire de la nature de l'étendue, qu'avec une autre organisation, nous devrions percevoir les objets sous des apparences toutes différentes de celles qu'ils nous offrent, et que, si notre tact était plus délié, les organes par lesquels il s'exerce, plus mobiles ou plus divisés, il devrait nous arriver à leur sujet — comme il arrive, quand nous voyons par l'intermédiaire du microscope, — de percevoir sensiblement étendu ce qui nous paraît le dernier terme de la petitesse, formé de lignes brisées ce qui nous paraît courbe, plein d'aspérités et d'inégalités ce qui nous paraît uni, etc.

# CHAPITRE IV.

### DE LA CONNAISSANCE SPIRITUELLE OU DE LA CONSCIENCE.

*(Sens intime, aperception transcendentale et synthèse transcendentale de Kant.)*

—

Passons maintenant, du fait dans lequel Kant place le fondement de toute la connaissance humaine à celui où il aurait dû, suivant nous, le placer; nous voulons parler de la conscience.

La conscience est le sentiment immédiat, l'immédiate perception ou aperception de notre être et de ses modes. Je dis de notre être et de ses modes, car la conscience atteint les deux également et du même coup. Nous n'allons ni du mode à la substance, en concluant de l'un à l'autre à l'aide du rapport nécessaire qui les unit, ni de la substance ou du moi au mode; nous les percevons simultanément, avec leur rapport, par un acte de l'esprit, indivisible comme ils le sont eux-mêmes. Pour que nous dussions aller du mode au moi, il faudrait que le mode pût nous être donné seul, séparé du moi. Or, cela est impossible, car le mode n'est que le moi sous tel état déterminé : ma pensée, c'est moi pensant; ma volonté, moi voulant ; ma sensation, moi sentant. Séparés du sujet, ces faits sont des abstractions inintelligibles, impossibles, comme la figure sans l'étendue, ou une des trois dimensions de l'étendue sans les deux autres. En les percevant, c'est vraiment, je le sens fort bien, moi-même que je perçois. Si nous n'avions ce sentiment, comment nous reconnaîtrions-nous cause de certains actes ? Comment avoir conscience du déploiement de la force sans avoir conscience de la force ? Comment savoir que j'accomplis librement un acte, si je n'avais conscience de moi le produisant ? Comment distinguer, par la différence de leur rapport au moi, les modes actifs et les modes passifs de notre être, si nous n'avions conscience de ce rapport ?

D'ailleurs, si la conscience n'atteignait pas l'âme, si elle ne nous donnait pas la substance en même temps que le mode, le sujet invariable des faits de la vie intellectuelle et morale en même temps que les faits, ni la raison, ni aucune autre faculté ne saurait suppléer à son insuffisance. A l'aide des principes de la raison, des principes de causalité et de substance, qu'il faudrait dans ce cas supposer innés, nous pourrions peut être savoir que les sentiments, les pensées, les volontés, les efforts perçus par la conscience, se rapportent à un être, à une substance ou à une cause; mais non que cet être est nous, que cette cause est nous, que cet effort est produit par nous; nous aurions la substance universelle de Spinosa, mais non la substance individuelle.

Nous n'allons pas plus de la conscience du moi aux modes; ou, comme l'ont supposé de profonds mais trop systématiques penseurs, de la conscience de l'énergie active et incessante du moi, à celle des modes passifs et adventices qui provoquent l'exercice de cette énergie, que des modes à la substance. Les modes passifs de notre être se révèlent à nous absolument de la même manière que les modes actifs, et les uns et les autres nous sont donnés avec le sujet qui n'est qu'avec eux et en eux, comme ils ne sont qu'en lui. Je sais que j'aime, que je souffre, que je crois ou que je doute, absolument comme je sais que je veux et que j'existe. Je perçois en moi le désir d'arriver à la vérité qui m'est inconnue, ou l'irrésistible conviction que produit l'évidence, comme je perçois les efforts par lesquels je cherche à la découvrir, ou l'existence de mon être manifesté par ces efforts; et il m'est impossible de saisir la moindre différence entre la manière dont je saisis ces derniers faits et celle dont je saisis les premiers.

Le véritable objet de la conscience, c'est donc le moi avec tous ses modes et le rapport nécessaire qui les rend inséparables du moi, rapport donné ici avec ses deux termes, et non, comme dans la perception sensible, conçu *à priori*, à l'occasion de l'un des deux ; c'est, pour chaque acte d'aperception, le tout indissoluble, moi pensant, moi sentant, moi voulant, et non l'abstraction insaisissable et impossible à laquelle se réduirait l'une quelconque des deux parties de ce tout, séparée de l'autre.

On ne peut pas accuser Kant d'avoir méconnu la réalité ou l'importance de la conscience; nous avons vu, au contraire, et c'est là une des meilleures parties de sa doctrine, qu'il en faisait une condition essentielle de toute connaissance. Mais ici encore, que d'erreurs et d'erreurs subversives se mêlent à la vérité, l'altèrent et la défigurent !

D'abord, pourquoi réduire l'objet de la conscience, l'âme ou le moi au seul *substratum* du *je pense*, même quand on ne prendrait pas ce mot penser dans le sens étroit qui lui est donné dans la critique, et qu'on l'étendrait à tous les faits de la vie intellectuelle ? Ces faits ne sont pas tout en nous; et notre être n'est pas tout dans ces faits. Il est tout aussi bien et se manifeste tout aussi évidemment, ce nous semble, sous mille autres modes, dans la douleur, dans la joie, dans l'amour, dans la haine, dans l'effort volontaire par lequel le définit Maine de Biran; dans le doute, d'où Descartes fait jaillir la certitude de son existence; dans ces sentiments de l'honnête et du juste, qui arracheront ailleurs le noble cœur de Kant à ces doutes enfantés ici par les préjugés et les sophismes de son esprit. Qu'on ne nous objecte pas que ces faits n'appartiennent au moi que parce qu'il les soumet à l'activité de son esprit, parce qu'il y applique son attention pour les coordonner ou pour les connaître. Nous sentons très-bien qu'il n'en est pas ainsi : je sens très-bien que si ma douleur est en moi, c'est parce que je l'éprouve réellement, parce que c'est réellement moi qui souffre en elle, et non pas seulement parce que je la connais ou que j'y pense; aussi bien que l'effort de ma volonté m'appartient, parce que c'est moi qui le produis. Si Kant eût bien vu cette vérité, s'il eût embrassé dans toute la plénitude des modes qui en constituent la vie, l'être connu par la conscience, il est permis de penser qu'il n'eût pas songé à lui refuser les titres de cause, de substance et même d'être, pour le réduire, sous le nom de véhicule des catégories, à je ne sais quelle

15

forme vide et inerte, à je ne sais quelle unité abstraite et nominale de la pensée.

Deux facultés concourent, d'après le système, à nous faire connaître notre être propre ; d'une part, l'aperception transcendentale, conscience nécessaire et *à priori* du moi; de l'autre, le sens intime, conscience empirique du moi dans ses divers états; celle-ci nous apprenant du moi seulement qu'il existe, celle-là nous le faisant connaître uniquement comme phénomène, tel qu'il apparaît et non tel qu'il est.

A l'énoncé de ces propositions, une première réflexion se présente à l'esprit : l'aperception nous donne uniquement le moi en soi dans l'unité de la substance; le sens intime est, nous l'avons vu, la conscience relative du principe spontané de la pensée se manifestant à lui-même par le contre-coup de son action sur la sensibilité du sujet, se mirant, si j'ose ainsi dire, dans l'espèce de sensation interne à laquelle il donne naissance. Il ne peut donc nous donner que l'activité intellectuelle du moi et la sensation interne qui la manifeste. Mais alors, comment donc connaissons-nous tout ce qui, en nous, n'est, ni cette activité, ni cette sensation, ni le moi en soi, à savoir, nos plaisirs, nos douleurs, nos résolutions, nos jugements, nos idées, nos doutes, la représentation sensible elle-même ?

Osera-t-on se mettre en opposition avec l'évidence, au point de soutenir que nous ne connaissons ces faits que par la conscience de l'activité qui s'exerce à leur occasion, par la conscience de l'acte d'attention dont ils sont l'objet, ou plutôt, car il y a ici cet intermédiaire de plus, par la conscience de la sensation interne que produirait cet acte? Comment percevrions-nous cette sensation, ou bien l'acte lui-même? Ne faudrait-il pas, pour cela, dans l'hypothèse, une nouvelle sensation résultant d'un nouveau déploiement d'activité, une autre encore pour percevoir celle-ci, et toujours ainsi à l'infini? C'est en vain, en effet, que, pour tout réduire au relatif, on voudrait se soustraire à la nécessité d'admettre une perception immédiate, et tout assimiler à la perception sensible, qui est, en effet, toujours médiate, indirecte et relative : la perception médiate suppose la perception immédiate, comme le relatif suppose l'absolu, comme tout rapport suppose des termes, comme tout syllogisme suppose une idée moyenne, et le premier syllogisme une vérité connue sans l'aide d'aucune idée moyenne. Remarquons enfin que la sensibilité intime, d'où l'on fait naître la conscience empirique du moi, n'est autre chose que l'imagination. Or, assurément, l'imagination n'est pas la conscience ; l'acte de notre esprit, par lequel nous

nous représentons les objets réels ou possibles hors de nous, n'est pas le sentiment des faits que nous percevons réellement en nous [1].

Mais, pour la conscience même du moi, l'aperception transcendentale et le sens intime de Kant sont loin de la représenter exactement. D'abord, pourquoi deux facultés pour un objet unique, pour deux aspects abstraits d'un seul et unique objet ? Quels sont ces deux *moi* que l'on essaie de distinguer ? Nous l'avons dit : le moi et ses divers états, l'âme et ses modes, forment un tout indissoluble ; les deux parties de ce tout nous sont données l'une en même temps que

[1] Kant l'aurait-il admis implicitement, et plutôt sous-entendue qu'omise la conscience des modes du moi? S'il en était ainsi, il n'eût pas posé en principe, comme il le fait dès ses premières lignes, que toute perception s'opère par la sensation : il eût fait de la sensation, non la matière, mais le premier objet de la connaissance ; il n'eût pas réduit à de pures représentations sans objet les notions de réalité, d'existence et de durée, si évidemment comprises dans la conscience des moindres faits que nous trouvons en nous ; il n'en eût pas fait des formes *à priori*, soit de l'entendement, soit de la sensibilité ; il n'eût pas fait de la synthèse opérée avec leur aide, la condition préalable de toute connaissance. La conscience immédiate des modes de notre être répugne à tout son système ; il faut donc admettre de deux choses l'une : ou qu'il a complètement oublié cette partie capitale de la connaissance, ou qu'il s'en est formé des idées très-peu exactes et très-peu nettes, assez peu exactes peut-être pour la confondre, en effet, avec son prétendu sens intime, avec l'imagination.

l'autre, l'une comme l'autre, l'une avec l'autre, et, pour ainsi dire, l'une dans l'autre ; et l'on voudrait séparer la conscience du moi identique et un, non-seulement de celle des modes, dont on ne s'inquiète pas, mais de la conscience du rapport du moi aux modes !

L'abus d'analyse commis ici par Kant est loin d'être sans conséquence dans sa doctrine ; il aurait pu suffire seul pour le conduire aux paradoxales assertions que nous venons d'énoncer, savoir : « que nous ne connaissons rien de notre être, sinon qu'il existe ; que nous le connaissons, non tel qu'il est, mais tel qu'il apparaît. » En effet, le moi n'existant, et par conséquent ne pouvant être perçu que dans le développement des puissances qui le constituent, il est clair qu'une faculté destinée, comme l'aperception transcendentale, à saisir le moi hors de ces développements, ne pourrait avoir pour objet qu'une abstraction vide et vaine, sinon une chose impossible ; et il ne l'est pas moins d'un autre côté, qu'une faculté qui aurait pour objet unique les développements de la vie du moi, ou, pour rester dans les limites du système, les effets de son activité sur le sens interne, et non le sujet même de cette activité, ne pourrait nous donner de ce sujet tout au plus qu'une notion relative à ces effets.

Mais ces conséquences du principe posé ne sont pas moins ouvertement démenties par les faits que le principe lui-même. Il n'est pas exact de dire que nous ne connaissons le moi par la conscience que comme un pur phénomène, tel seulement qu'il apparaît, sans pouvoir rien dire le concernant en lui-même, sinon qu'il existe : un objet connu comme phénomène, et dont nous ne pouvons rien dire, à le considérer en lui-même, sinon qu'il existe, est celui que nous ne percevons pas directement lui-même, mais qui nous est donné par son rapport nécessaire et indéterminé, soit comme cause, soit comme substance, à un fait plus immédiatement connu. Tels sont les objets sensibles : il n'y a pas seulement lieu de douter si ces objets sont en eux-mêmes et indépendamment de tout rapport à nos impressions, tels qu'ils nous apparaissent, tels qu'ils s'offrent à nos sens ; il est certain qu'ils ne le sont pas, puisqu'ils ne sont, par leur définition même, que des rapports à ces impressions. Il est certain que la perception extérieure n'atteint pas les choses en elles-mêmes ; il n'est pas seulement douteux qu'elle puisse les atteindre. Tout autre est la conscience, et tout autre le caractère des faits que cette faculté nous révèle. Ces faits ne sont pas conclus ; ils sont la base de toutes les conclusions par lesquelles nous atteignons les autres faits. Il faut, venons-nous de dire, qu'il y ait quelque perception immédiate, sans quoi toute perception, toute connaissance, serait impossible comme tout rapport sans les termes qu'il unit. Or, où sera cette perception immédiate, si elle n'est pas dans la conscience? La conscience n'est-elle pas impliquée en tout, n'est-elle pas dans notre intelligence la condition de tout, sinon, comme nous le croyons, le principe de tout?

Si la conscience est immédiate, les notions qu'elle nous donne sont absolues. Il ne peut pas plus être question, par exemple, d'une notion relative de nos volontés, de nos plaisirs, de nos douleurs, de nos jugements, que d'une notion absolue des couleurs, des sons, des saveurs, des odeurs. Si la conscience est immédiate, si tous les objets qu'elle embrasse sont absolus, indépendants de toutes les facultés à l'aide desquelles nous les percevons, la conscience donnant le moi, le moi nous est connu, non comme un phénomène, non tel qu'il paraît, mais tel qu'il est en lui-même. Le moi ne serait pour lui-même qu'un pur phénomène; nous le connaîtrions tel seulement qu'il apparaît et non tel qu'il est, si l'idée que nous en avons était, ainsi que l'ont supposé certains philosophes, une conclusion du mode à la substance, ou bien, comme celle des qualités sensibles des corps, une conclusion de l'effet à la cause, ainsi qu'il arriverait si, comme l'imagine Kant dans sa théorie du temps, nous ne le percevions que par l'intermédiaire des affections qu'il produirait sur son sens interne. Mais, nous l'avons vu, le moi est perçu immédiatement par la conscience, comme les modes eux-mêmes. Il est vrai que nous ne le percevons jamais séparé de ses modes ; mais il ne nous est pas donné par ses modes, il faut seulement dire, ce qui est tout différent, qu'il ne nous est donné qu'avec eux.

Le moi étant perçu directement et en lui-même, de là résulte d'abord que les attributs sous lesquels il se présente à nous, ne peuvent jamais être considérés comme exclusivement relatifs à la manière dont nous le percevons, qu'ils lui appartiennent réellement, et non pas seulement en tant que nous le percevons, et eu égard aux apparences sous lesquelles il s'offre à nos regards. Il en résulte, en second lieu, que nous pouvons connaître en lui des attributs absolus ne se réduisant pas à de purs rapports à un terme extérieur, tels, par exemple, que la simplicité et aussi l'identité, qui est un rapport du moi à lui-même. Enfin, ces attributs, même relatifs, pourront être d'une tout autre nature et tout autrement déterminés que ceux sous lesquels nous concevons les choses perçues indirectement, comme les choses sensibles : telle est, par exemple, la puissance d'effort, dont nous pourrons ainsi connaître le caractère libre et spontané. Sans doute, cette puissance ne peut, comme toute puissance, se manifester que dans ses actes. Mais ce sont deux choses bien différentes, de ne pouvoir connaître une cause que dans ses effets, ou de ne pouvoir la connaître que par ses effets. Dans ce dernier cas, ne la percevant pas elle-même, nous n'en avons qu'une connaissance très-indéterminée, nous ne connaissons vraiment que l'effet ; dans l'autre cas, percevant la cause, nous la connaissons aussi bien que l'effet, nous pouvons connaître les caractères qui la concernent en elle-même ; et c'est ainsi, en effet, que nous connaissons le caractère libre et spontané de l'énergie que nous déployons dans les actes de notre volonté.

Une autre idée très-malheureuse de Kant est celle des conditions auxquelles il soumet la conscience du moi, en faisant dépendre cette faculté de la synthèse à laquelle l'entendement doit soumettre les représentations de la sensibilité, et, par suite, de ces représentations elles-mêmes et des concepts intellectuels purs à l'aide desquels nous les coordonnons.

Bien loin que la conscience puisse dépendre en rien des notions dues à nos sens, elle leur sert au contraire de base, puisque ces notions ne représentent, comme nous l'avons vu, que des objets conçus par notre raison comme conditions externes de certaines modifications de nos âmes. Bien loin que la conscience du moi puisse dépendre des catégories ; si l'on admet la définition que nous avons donnée de la conscience, il faut avouer que les catégories ont en elle leur origine et qu'elles ne sont que la conscience du moi généralisée et étendue à l'infini, par le concours de l'abstraction et de la raison.

Arrêtons-nous un peu à examiner, car c'est là la clef de voûte du système, cette synthèse, sans laquelle, nous dit-on, les représentations ne sauraient être ramenées à la conscience du moi.

Comment faut-il la concevoir ? La représentation sensible dont elle doit coordonner les éléments la précède-t-elle ; ou faut-il admettre que ces éléments naissent comme elle successivement, et qu'elle les ajoute à mesure qu'ils se produisent ou qu'elle les produit ? Nous croyons que cette dernière manière de concevoir l'hypothèse est celle de Kant. Il affirme, en effet, à plusieurs reprises, que notre « appréhension
» de la diversité du phénomène est toujours successive,
» que la diversité renfermée dans toute intuition ne
» saurait être représentée comme telle, qu'autant que

» l'esprit divise le temps en une série d'impressions
» successives, » et que l'impression comprise dans un
instant n'est jamais autre chose qu'unité absolue.
D'ailleurs, nous le voyons constamment faire dépendre la notion de l'espace de celle du temps. Mais, du reste, peu nous importe, les deux hypothèses ne sont pas plus faciles à soutenir l'une que l'autre.

Il est impossible que la représentation sensible précède la conscience du moi. En général, rien dans la connaissance ne saurait précéder le sentiment de l'existence personnelle. Je suppose que de sourdes sensations, de sourdes réactions provoquées par ces sensations, se produisent en nous avant ce sentiment; ces impressions, ces réactions n'auront rien de commun avec ce que nous nommons connaissance, représentation, idée; elles seront tout à fait étrangères à l'intelligence. En effet, les phénomènes de sensibilité, aussi bien que les opérations de l'activité, ne peuvent appartenir à cette faculté qu'en devenant son objet, c'est-à-dire par la conscience que nous en avons. Or, nous l'avons dit, la sensation c'est le moi sentant; l'action, le moi agissant : percevoir la sensation ou l'action, ou tout autre fait en nous, c'est percevoir le moi lui-même. Alors même que nos sensations, au lieu d'être le premier objet de la notion sensible, serviraient par leur réunion à la constituer, nous ne pourrions les réunir, les coordonner et d'abord les parcourir, comme dit Kant, sans les saisir préalablement par la conscience comme faits en nous, sans saisir en même temps le moi lui-même, puisqu'une représentation, une conception n'est que le moi concevant. Le moi serait donc encore ici à la base et non pas seulement au terme de la synthèse, et cela, non pas seulement dans l'acte d'attention ou de réflexion servant à opérer cette synthèse, mais dans l'objet même de cet acte.

Mais, enfin, supposons cette représentation sensible, ainsi donnée indépendamment de la conscience du moi, et aussi indépendamment des concepts ; supposons-la donnée d'un côté et les concepts de l'autre, quoiqu'il soit bien étrange d'entendre parler de représentations quelconques séparées de toute notion de réalité, d'existence, etc., sans compter une notion de l'étendue séparée de toute notion de temps, et par conséquent de simultanéité [1]. Comment lui appliquer ces concepts? Remarquons bien qu'elle ne les contient pas, et qu'on ne peut, par conséquent, pas

---

[1] N'oublions pas que, dans ce système, le temps lui-même se produit comme la synthèse intellectuelle elle-même, et par l'action de la même cause qui donne naissance à celle-ci.

les en déduire; remarquons bien aussi qu'on ne peut en justifier l'application par l'expérience; car, dans l'un de ces cas, le jugement serait analytique; dans l'autre cas, il serait *à posteriori;* or, il est à la fois, ce sont-là les termes mêmes du problème posé par la *Critique*, synthétique et *à priori*. Dans ce cas, le concept ne peut être véritablement uni à la représentation du phénomène, comme le conçoit très-bien Kant, qu'autant qu'il sert de règle pour la former; comme, par exemple, le concept du rapport de cause sert, suivant lui, de règle pour former la représentation de l'ordre de succession, le concept de réaction, celui de la simultanéité. Mais ce n'est pas ce qui arrive dans l'hypothèse que nous examinons, puisque, en imaginant la représentation du phénomène formée avant la synthèse, on la suppose, par cela même, formée indépendamment de l'application des concepts, et aussi, puisque le temps est un produit de la synthèse, indépendamment du temps, qui seul, on le sait, nécessite cette application. Si donc, la représentation est supposée constituée avant la synthèse intellectuelle, cette synthèse est impossible, et, par suite aussi, l'unité de la conscience et le rapport des représentations à cette unité, s'il est vrai que ce rapport ne puisse s'opérer que par la synthèse intellectuelle; et tout se réduit, comme dans le système de Hume, aux seules impressions des sens.

Admet-on la seconde alternative ? Suppose-t-on, comme l'impliquent les paroles que nous venons de citer, la représentation sensible formée successivement au fur et à mesure que la synthèse en ajoute les éléments ? Toutes ces difficultés disparaisssent : la représentation sensible n'étant pas antérieure à la synthèse, ne l'est pas non plus au moi; elle n'est pas non plus antérieure, au moins chronologiquement, aux concepts intellectuels purs; et comme elle se produit d'après la règle offerte par les concepts, son accord avec les concepts s'explique aisément. Mais, alors, la représentation produite par la spontanéité du sujet, ne peut pas être dite donnée : tout au moins l'ordre de ses parties, cet ordre qui, suivant Kant, constitue l'étendue, n'est pas donné; il n'appartient pas au sens extérieur, il perd tout caractère d'objectivité; mais alors disparaît toute différence entre l'imagination et la perception extérieure, si cette différence se réduit, comme le veut Kant, à celle qui distingue les représentations données ou reçues passivement, de celles que nous produisons spontanément; car l'activité du sujet les produit toutes comme l'araignée la toile; alors le non moi, que dis-je ? la notion même du non moi, la notion de l'étendue nous échappe et devient impossible. En effet, l'étendue impliquant nécessairement la coexistence et la pluralité des parties dans lesquelles elle doit toujours pouvoir être divisée, comment concevoir la notion qui la représente formée successivement, sans aucune représentation simultanée de ces parties ; comment l'addition successive opérée par l'imagination pourrait-elle avoir quelque autre effet que de l'amplifier? Comment former une étendue réelle avec des zéros d'étendue? Ainsi, tout à l'heure, partant de la représentation sensible donnée indépendamment du moi, nous ne pouvions la rattacher au moi ; voilà que maintenant, partant du moi, nous voyons s'évanouir cette représentation elle-même. Tout à l'heure nous étions réduits, avec Hume, aux seules impressions passives des sens ; nous voici maintenant au contraire emprisonnés, avec Fichte, dans la conscience de la pure activité du moi indivisible, condamnés à ne pouvoir jamais faire un pas au-delà. Du reste, cette seconde hypothèse est aussi contraire aux faits que la première : il n'est nullement vrai que les éléments divers de la représentation empirique ne puissent nous être donnés que successivement et que, comme le dit Kant, « toute impression comprise dans » un instant ne soit jamais autre chose qu'unité ab-

» solue. » Il me semble, en effet, que je puis fort bien percevoir, avec une parfaite simultanéité, dans une surface solide, tous les points solides sur lesquels j'applique, dans un même instant, les différentes parties de ma main, ou embrasser d'un seul coup d'œil toutes les parties d'un objet visible, tel, par exemple, qu'une rose.

Du reste, de quelque manière qu'on l'entende, l'esprit ne procède pas originairement par synthèse, en allant des parties au tout, de la pluralité à l'unité du tout, nommée par Kant unité synthétique. Rien ne précède dans l'ordre de nos idées l'unité concrète et substantielle du moi perçu par la conscience, tout à la fois comme sujet unique des divers modes de la vie intellectuelle et morale, et, si l'on nous permet d'emprunter ce terme à Leibnitz, comme centre métaphysique de la force qui, dans l'effort volontaire, rayonne à travers nos organes. C'est par le développement de cette force centrale, c'est par les divisions de plus en plus marquées, de plus en plus multipliées, qui s'établissent en elle, par suite de ses relations avec les objets des sens, que se forme la notion de la pluralité sensible, la notion de l'étendue ou du phénomène. Nous ne pouvons, nous dit-on, concevoir une ligne sans la tirer, un cercle sans le décrire. Le fait est inexact : Kant prend ici pour une loi essentielle de l'esprit humain, un procédé des géomètres, excellent et très-ingénieux, mais qui n'est nullement nécessaire et nullement primitif. Le fait fût-il vrai, la conséquence qu'on en tire ne serait nullement justifiée ; ce mouvement de notre imagination, par lequel nous décrivons une ligne droite ou courbe, est un acte d'analyse aussi bien que de synthèse : synthèse, par l'addition que nous faisons d'un nouvel élément de la courbe aux éléments déjà réunis ; mais analyse, eu égard au continu dans lequel notre imagination le décrit, et d'où nous avons dû tirer l'élément générateur, le point ; nous oserions dire aussi, eu égard à ce *substratum* dans le sein duquel nous est donné d'abord ce continu, à la force dont l'expansion est le premier fondement de la notion d'étendue.

La conscience de cette force une et multiple étant le premier fondement de toute connaissance, il résulte que ceux qui la négligent, ou qui la mutilent, ou qui ne la mettent pas à sa place, détruisent l'édifice par sa base. Les deux notions essentielles qu'elle contient : unité et pluralité, activité et passivité, moi et non moi, énergie intime et phénomène sensible, ne pouvant dériver l'une de l'autre, de là vient que chacune des deux, prise exclusivement, conduit à l'un des abîmes entre lesquels nous avons vu chanceler la pensée de Kant; comme d'un autre côté ces deux notions sont inséparables, de là vient qu'un esprit rigoureux qui ne s'appuie pas dès le début sur l'une et l'autre, finit par tout détruire et par ne pouvoir admettre ni unité, ni pluralité [1], ni esprit, ni matière, ni mode, ni sub-

[1] Du reste, nous ne trouvons dans Kant aucun argument plus propre à nous persuader de la vérité de ses théories à ce sujet, que l'exposition même qu'il en donne. Il est clair que si on lui accorde que l'unité de la conscience dépend de la synthèse opérée par l'entendement, il faudra bien faire de cette synthèse la condition de toute connaissance; comme aussi, si l'on admet la nécessité de la synthèse comme un fait, en accordant en même temps que ce fait ne peut s'expliquer que par l'impossibilité d'arriver à l'unité de conscience, sans son intermédiaire, il faudra bien admettre cette dernière impossibilité. Mais le difficile est de démontrer l'un des deux points indépendamment de l'autre. Les meilleurs arguments de Kant, pour prouver directement que l'unité de conscience dépend de la synthèse des phénomènes, supposent le phénomène donné d'abord sans l'unité de conscience; par exemple, quand il allègue que la conscience empirique des représentations est en soi diverse et sans rapport à l'identité du sujet, ou bien que l'unité analytique ne peut se produire qu'après l'unité synthétique, en ce sens que pour concevoir le même moi identique commun à diverses représentations, il faut d'abord l'avoir perçu comme partie d'un tout, d'un fait concret dans lequel il nous ait été donné avec cette représentation. Nous accordons, et c'est même à nos yeux une vérité identique, que des représentations s'offrant d'abord isolément, indépendamment du sujet, ne peuvent donner aucun rapport au sujet; mais nous contestons précisément que l'esprit puisse débuter ainsi par de pures représentations sensibles, isolées de toute conscience du sujet. Nous avouons aussi sans

stance, ni activité, ni passivité, et par tout réduire à néant.

Est-ce à dire pour cela qu'il faille regarder comme entièrement chimérique et sans valeur toute cette fine et ingénieuse description qu'on nous donne du rôle de la synthèse, dans la formation de la connaissance humaine ? Nous n'allons pas jusque-là : nous reconnaissons que sur ce point, comme sur beaucoup d'autres, l'erreur de Kant n'est qu'une vérité exagérée, mal appliquée. Son tort est, ce nous semble, ici, comme dans toute sa théorie du jugement, d'avoir étendu aux actes primitifs de l'esprit, ce qui n'est vrai que de ses développements ultérieurs. Nous reconnaissons que la synthèse est, ainsi que l'analyse, un procédé essentiel de toute intelligence un peu avancée, et qu'à un certain point du développement intellectuel, elle est pour quelque chose dans la formation de toutes nos idées composées. Seulement nous croyons devoir ajouter qu'elle ne saurait être regardée, pas plus du reste que l'analyse, comme le premier acte de l'esprit ;

difficulté, que l'unité abstraite de la conscience doit être précédée de l'unité concrète offerte par le tout que forme le sujet avec ses modifications ; seulement nous ajoutons que ce tout n'est pas formé par la synthèse des purs phénomènes, et même que la notion du phénomène ne vient qu'après ce tout et n'en est qu'une abstraction.

que ce premier acte doit être nécessairement, et qu'il est, en effet, la perception immédiate et instantanée d'un tout avec son unité et ses parties ; que si l'analyse suppose un tout à décomposer, la synthèse suppose des éléments à réunir, lesquels, ne pouvant être absolument simples, forment chacun un tout et sont d'ailleurs le plus souvent le résultat de la décomposition préalable d'un tout plus vaste. Il est possible, nous ne le nions pas, que l'idée d'un arbre, par exemple, se forme par l'addition du tronc, des branches, des racines, et la branche elle-même par celle des feuilles, des fleurs et des rameaux ; il est possible même que les habitudes d'esprit du savant le portent invinciblement à composer toutes ces parties avec leurs fibres, et ces fibres elles-mêmes avec des parties plus élémentaires. Nous disons seulement d'abord que, tout au moins, l'idée de la fibre ou de la cellule élémentaire est donnée indépendamment de toute synthèse, quoiqu'elle ne soit assurément pas exempte de toute composition ; puis, qu'il est fort douteux qu'il en soit ici de l'enfant, dont les yeux s'ouvrent pour la première fois à la lumière, comme du savant dont nous parlons.

# CHAPITRE V.

### SUITE DU PRÉCÉDENT.

#### DE LA CONSCIENCE CONSIDERÉE COMME SOURCE DES IDEES UNIVERSELLES.

I. *Des idées comprises par Kant sous les noms de catégories et de concepts intellectuels purs.* — C'est une grande question parmi les métaphysiciens qui refusent de rapporter toutes nos idées aux sens, de savoir d'où viennent ces notions universelles de substance, de cause, d'être, qui semblent répugner plus particulièrement à une origine sensible. Dérivent-elles, comme le pense Leibnitz, de la conscience du sujet dont elles exprimeraient les attributs essentiels, permanents ? Ou sont-elles un produit de la raison qui, les portant en elle-même comme son propre fonds, les mettrait au jour indépendamment de toute perception de leur objet, par la nécessité de leur rapporter les phénomènes dont elles expriment les conditions ? Pour nous, nous n'hésiterions pas à prendre le premier de ces deux partis. Le moi, en effet, étant un être, étant un, étant une substance, une cause, étant identique et permanent, son existence s'écoulant dans le temps, pour acquérir les idées d'être, d'unité, de substance, de cause, de durée, qu'avons-nous besoin de plus que de percevoir notre être immédiatement, comme nous venons de constater que nous le percevons en effet.

Telle n'est pas la manière de penser de Kant[1]. Pour lui, ces notions sont au contraire *à priori*. A part les idées étroites qu'il se forme de l'aperception du moi, à part toutes les exigences et tous les entraînements de son système, deux influences opposées semblent avoir concouru ici à déterminer ses sentiments et, suivant nous, à le jeter hors des voies de la vérité ; à savoir, d'une part, celle du sensualisme, dont on connaît assez les prétentions ; de l'autre, celle de l'idéalisme fondant tout sur les notions nécessaires et universelles. Kant n'admet évidemment aucune de ces deux doctrines : il comprend, au contraire, et montre très-bien le vice de l'une et de l'autre. Mais qu'arrive-t-il? Qu'au lieu de se placer entre les deux, sur le ferme terrain de la philosophie de Leibnitz, sur le

---

[1] Voyez ch. précédent.

terrain de la conscience, dont elles méconnaissent également le rôle important, il essaie de les concilier et de les compléter l'une par l'autre, en les adoptant simultanément dans leurs prétentions les plus opposées à cette philosophie ; affirmant avec l'une qu'il n'y a de connaissance possible que celle des objets qui affectent notre sensibilité, accordant à l'autre que des concepts universels *à priori* sont la condition nécessaire de toute connaissance, et réduisant tout finalement à la synthèse des sensations opérée à l'aide des concepts. De là vient qu'on le voit se raidir avec une obstination si singulière contre l'évidence des faits qui semblent frapper le plus vivement ses regards; de là, ses efforts inouïs pour réduire à rien ce fait de l'aperception du moi, dont il sent pourtant si bien l'importance, et que son esprit, naturellement pénétrant et profond, lui fait retrouver, comme malgré lui, au bout de toutes ses recherches.

Les prétentions de l'idéalisme et celles du sensualisme ont, les unes et les autres, dans les faits leur prétexte et leur raison d'être ; mais rien ne saurait les justifier. Pourquoi veut-on qu'il y ait des concepts *à priori ?* Pour deux raisons : premièrement, parce qu'il y a des vérités *à priori* et qu'on se figure que des vérités *à priori* supposent des concepts *à priori;*

deuxièmement, parce qu'on part de ce principe que la connaissance, même expérimentale, ne peut se former qu'à l'aide de concepts généraux, ce qui implique, en effet, comme l'a surabondamment démontré Kant, la nécessité de concepts antérieurs à l'expérience.

Ce n'est pas nous qui contesterons aux doctrines idéalistes, et cela, au moment où nous invoquons le nom de Leibnitz, la réalité et l'importance de ces principes nécessaires, éternels et universels, dont on ne saurait trop louer les défenseurs de ces doctrines d'avoir su maintenir les droits ; nous reconnaîtrons aussi sans hésiter, que ces principes ne sauraient en aucune manière dériver de l'expérience, soit interne, soit externe. Mais il faut distinguer entre ces principes et les conceptions qu'ils impliquent ; entre le principe : tout ce qui arrive est produit par une cause, et la simple notion de cause; entre le principe de substance, et le concept de substance ; entre le rapport nécessaire et universel de la partie au tout, et les simples notions de tout et de partie. Kant a raison de soutenir qu'il y a en nous des principes *à priori*, des jugements *à priori;* son tort est de conclure de là qu'il doit y avoir des représentations ( soit concepts, soit intuitions, peu importe) *à priori*. La connaissance d'une vérité nécessaire est toujours *à priori*, en ce sens qu'elle doit offrir une certitude indépendante de tous les faits particuliers qui pourraient la vérifier, mais elle peut parfaitement, malgré cela, reposer sur des idées acquises *à posteriori*. L'origine expérimentale d'une idée ne saurait, en effet, nous empêcher de reconnaître que cette idée contient telle autre idée. Or, voir qu'une idée en contient une autre; par exemple, que le sujet d'une proposition en implique l'attribut, c'est connaître *à priori*, et connaître ce qui doit être nécessairement, partout, et à jamais. Je ne vois donc pas ce qui pourrait nous empêcher de connaître des vérités nécessaires et éternelles, à l'aide d'idées purement empiriques : que j'aie acquis ma première idée du triangle, en voyant quelque triangle particulier, ou en construisant cette figure d'après les définitions des géomètres, qu'est-ce que cela pourra changer aux propriétés nécessaires de cette figure, ou à la certitude des démonstrations qui établissent ces propriétés ? La question des vérités nécessaires et universelles, *à priori*, n'est donc nullement engagée dans celle des concepts *à priori*[1].

Non-seulement nous n'avons nulle intention de contester à la philosophie idéaliste l'autorité et le carac-

---

[1] Voy. chap. suivant, sect. II.

tère supérieur des vérités nécessaires et universelles; mais même, comme on l'a vu, nous ne repoussons pas, d'une manière absolue, les prétentions de cette philosophie au sujet des idées générales. Nous croyons seulement, qu'ici encore, il faut distinguer entre la connaissance primitive et la connaissance perfectionnée, élevée à l'état de science par la réflexion. Comme le conçoit Platon, l'universel, l'essence pure, l'idéal, est l'objet propre de la science, le véritable intelligible. Nous ne comprenons les objets individuels, nous ne les connaissons scientifiquement, que lorsque nous les avons ramenés au type idéal, à l'idée générale, dont chacun d'eux n'est qu'une expression relative et bornée. Il est même vrai de dire que, pour les objets sensibles, la pensée de ce type nous sert, comme le remarque Kant, à coordonner les phénomènes sous lesquels nous nous les représentons, et par suite à en concevoir l'unité, et que nous ne comprenons véritablement ces objets, qu'en les décrivant d'après la règle fournie par le concept ou l'idée. Cela étant, comme les concepts universels d'être, d'unité, de substance, de cause, etc., sont le fondement de tous les autres, comme c'est par ces concepts supérieurs que tout se classe et se définit; de là vient la nécessité de leur rapporter toutes nos représentations, et l'impossibilité de bien comprendre un objet proposé à notre pensée, sans reconnaître d'abord s'il est mode ou substance, un ou plusieurs, cause ou effet, etc., en un mot, sans l'idée préalable d'objet, constituée par ces concepts. Ainsi se produit, par l'action de l'entendement, source des notions générales, et par l'application de ces notions aux objets des sens, comme le veut Kant, tout à la fois la véritable intelligence de ces objets, l'unité *synthétique* ou de compréhension qui réunit les éléments compris en chacun d'eux, l'unité *analytique* ou d'extension qui en embrasse la multitude et fait de l'ensemble de nos connaissances un seul tout. Mais, ce qui échappe à la pénétration de ce profond observateur, c'est que c'est là une œuvre de perfectionnement ultérieur, non la formation première de la connaissance. Cette œuvre suppose la notion individuelle constituée; elle n'y introduit aucun élément nouveau, elle ne fait que constater, mettre au jour ceux qui déjà y étaient renfermés, les rendre plus distincts et en même temps les élever de l'individuel à l'universel, à l'idée pure. Nous ne pouvons affirmer d'un objet, que ce que nous y trouvons. Toute application des concepts de l'entendement aux choses connues par l'expérience, repose donc sur la perception de ces choses et n'en est que le développement, bien loin qu'elle soit nécessaire pour la constituer.

Restent les préjugés de la tradition sensualiste et toutes ces assertions que Kant, cédant à l'influence de cette tradition, pose comme autant d'axiomes : « Il n'y a de connaissance véritable que celle des objets donnés en intuition, » c'est-à-dire dans son langage, tombant sous les sens; « il n'y a d'objets réels que les objets donnés en intuition; nous ne pouvons concevoir la substance, que comme la permanence de l'objet donné en intuition, comme la permanence du phénomène. » Or, l'âme n'est pas donnée en intuition, l'âme n'est pas un phénomène sensible : donc l'âme n'est pas un objet; donc l'aperception de l'âme ne mérite pas le nom de connaissance; donc l'âme n'est pas une substance. A ces beaux arguments si souvent opposés au spiritualisme, nous répondrons tout simplement, au risque de nous faire accuser d'opposer préjugé à préjugé, mais avec la confiance que cette accusation ne sortira jamais de la bouche de quiconque connaîtra la vraie méthode philosophique et saura l'appliquer : La preuve que toutes ces définitions et de la connaissance, et de l'objet, et de l'idée, ne sont pas véritables, c'est que nous connaissons l'âme, qu'elle est par conséquent un objet, si nous entendons par objet toute chose connue; c'est qu'elle est une substance, et que pourtant l'âme n'est pas donnée en intuition, ne tombe pas sous les sens. Non-seulement l'âme nous est connue, mais elle est le premier objet de notre connaissance, et le mieux connu, le seul immédiatement connu, celui par lequel nous connaissons tous les autres. Non-seulement l'âme est une substance, un être, mais c'est par elle que nous connaissons tous les autres êtres : par son identité leur permanence, par son unité leur unité, et aussi par son activité leur force ; car toute idée de cause ou de force n'est que celle de notre propre force, plus ou moins modifiée par quelque abstraction ou addition; la notion de la matière, l'idée de cette force, moins l'intelligence qui la guide et la sensibilité qui la meut ; l'idée de la cause suprême, cette même idée élevée à l'infini, etc.

L'âme n'est donc pas seulement le véhicule, comme sujet connaissant des notions de substance et de cause; elle en est le type comme objet connu[1]. Il n'y a donc

[1] Autant nous croyons devoir attacher d'importance aux grandes erreurs qui semblent résulter presque inévitablement de la nature de notre esprit borné, et du défaut d'aptitude de nos facultés à saisir à la fois tous les aspects de la vérité, autant nous en attachons peu aux vaines arguties par lesquelles on cherche à justifier après coup les conséquences de ces erreurs. Tel nous paraît être

aucune raison, dès qu'on accorde à la conscience le pouvoir de s'étendre jusqu'à l'être, jusqu'au moi, pour refuser de lui attribuer ces notions. Osons dire plus : nous ne voyons pas quelle idée première on pourrait

le caractère de l'assertion émise par Kant (voy. ci-dess. I^re Partie, chap. V), que nous ne saurions connaître le moi, comme objet, sans faire un cercle vicieux. Ce n'est là, ce nous semble, qu'un pur sophisme indigne d'un tel esprit. Il y a cercle vicieux, lorsque l'on essaie de tirer une notion en totalité ou en partie d'elle-même. Cela étant, nous admettons que si l'idée du moi entrait comme élément dans toute connaissance, nous ne pourrions connaître notre propre moi sans faire un cercle vicieux, mais cela n'est pas. Encore ici on joue sur une équivoque. Ce n'est pas comme objet, mais seulement comme sujet, que le moi individuel est la condition de toute connaissance : la représentation ou notion du moi individuel ne fait pas partie de la connaissance de la chose saisie par notre esprit ; elle fait partie seulement de la connaissance de cette connaissance qui, étant un mode, une manière d'être du moi, ne peut être perçue, ainsi que tous les autres modes, que comme inhérente à l'être où nous la percevons. Ceci est vrai de la connaissance du moi par lui-même, aussi bien que de toute autre connaissance. Elle suppose le moi qui doit l'effectuer, dont elle est l'acte ou la manière d'être, mais non la représentation préalable du moi ; elle suppose le moi comme sujet, mais non comme objet préalablement connu. Pourquoi le moi comme sujet, ne pourrait-il pas avoir pour objet lui-même? Le nier sans raison, c'est décider d'avance sans raison cela même qui est en question. Le nier sur ce fondement que le moi ne se distingue pas de la représentation du moi, ce serait alléguer un non sens ; car, dès qu'il y a représentation, il y a toujours une chose représentée réelle ou possible, sur laquelle doit se régler la représentation, bien loin de pouvoir lui servir de règle ou la constituer.

affirmer ne pas provenir de cette source, et quel autre soin la conscience pourrait laisser aux facultés d'un autre ordre, à celle, par exemple, qu'on nomme raison dans le sens métaphysique du mot, que d'élever ces idées à l'absolu, à l'infini, par la négation de toute limite, et, par là, nous mettre à même, comme nous essaierons bientôt de le comprendre, de connaître les vérités nécessaires et universelles.

II. *Du temps.* — Il n'en est pas de la notion du temps ou de la durée, dont il plaît à Kant de faire une forme du sens intime, autrement que des idées qu'il comprend sous le nom de catégories. Il ne faut pas chercher l'origine de cette notion ailleurs que dans la conscience de notre être, puisque nous nous sentons durer en même temps qu'exister et penser. Nous avons donc le droit, d'après ce qui précède, de dire qu'elle est absolue et à plus forte raison objective ; que la durée n'appartient pas seulement au moi en tant qu'il se connaît, mais en tant qu'il est ; et que, si l'on peut dire qu'elle est une forme de la conscience, c'est seulement en ce sens qu'elle est une forme de l'objet de cette faculté, le mode constant sous lequel nous percevons tous les faits qu'elle embrasse et l'être unique et invariable auquel nous rapportons ces faits.

La conscience seule des modes de notre âme suffirait, indépendamment de la conscience de l'âme elle-même, pour nous autoriser à tirer cette conclusion, puisque la notion du temps s'applique aussi aux modes, pour en déterminer l'ordre et en mesurer la série. Toutefois, les étranges hypothèses émises par Kant sur ce point, ont une telle importance, elles jouent dans l'ensemble de son système un rôle si considérable, qu'il faut qu'on nous permette d'y arrêter encore un instant notre attention.

Ici, comme au sujet de l'étendue et de l'espace, il y a deux choses à considérer : la valeur subjective à laquelle on réduit la notion et l'origine sensible qu'on lui attribue. Ici, comme pour l'espace, la subjectivité est démontrée par l'origine sensible de l'idée ; mais il importe d'abord de remarquer qu'elle n'en dérive pas aussi facilement, en ce sens que, pour ruiner l'idée du temps, il ne suffit pas d'alléguer vaguement que cette idée a son origine dans la sensation : il faut, en outre, entendre cette origine d'une certaine manière, et de la manière, suivant nous, la plus opposée au sens commun et aux faits.

La durée ne pût-elle jamais être perçue immédiatement, que dans une série de sensations soit internes soit externes, peu importe ; il n'en résulterait pas qu'elle dût être exclusivement relative à cette série ou constituée par elle. La série des impressions qui marquent la suite des positions successives du soleil au-dessus de l'horizon, ou celle des positions successives de l'aiguille sur le cadran, ne fait point cette suite, ni la durée du mouvement; elle nous sert seulement à les connaître. Il en serait de même si, à la place de la conscience immédiate de ces impressions venues du dehors, on mettait celle de je ne sais quelle sensation intime produite par le sujet sur lui-même à leur occasion : il y aurait un intermédiaire de plus pour arriver à la connaissance de l'ordre extérieur; mais rien ne serait changé à la nature de cet ordre. En général, l'origine d'une idée, si l'on entend par là le fait concret dans lequel cette idée nous est primitivement donnée, les combinaisons dont elle fait ac identellement partie dès son apparition, ne saurait rien changer ni à sa nature, ni à la nature de la chose qu'elle représente. S'il arrive parfois qu'on dénature une idée en lui attribuant une fausse origine, c'est que le fait dont on prétend la dériver ne la contenant pas, on ne peut l'en dériver qu'en la supposant autre qu'elle n'est. C'est ainsi qu'on dénature nécessairement et qu'on détruit la notion de l'étendue en lui donnant pour fondement la sensation, parce que la sensation n'a rien d'analogue à l'étendue, parce que l'étendue suppose un *substratum* que la sensibilité ne saurait fournir; en même temps que l'étendue ne présente, d'un autre côté, aucun des traits particuliers aux affections sensibles proprement dites. Il n'en est pas ainsi de la notion du temps. La notion du temps ayant beaucoup plus d'extension que celle de l'espace ; le genre d'ordre et de mesure qu'elle représente s'appliquant à tout, aussi bien à nos sensations et à notre être sentant, en tant que sentant, qu'à tout autre mode, on pourrait la supposer donnée primitivement dans une série de sensations, sans laisser de la maintenir dans toute son intégrité.

Que faudrait-il donc pour justifier au sujet de la durée, par le seul fait de son origine sensible, les conclusions du scepticisme ou du nihilisme? On justifierait ces conclusions, on anéantirait complètement la valeur objective de la notion du temps, si, par exemple, on niait le caractère d'universalité qui la distingue, en supposant la durée tellement liée, tellement relative à la sensibilité, qu'on ne pût l'en séparer sans la détruire, pas plus qu'on ne peut en séparer, soit le plaisir ou la douleur, soit les qualités des corps que ces affections servent à définir ; ou bien, — comme il arrive à ceux qui confondent les actes de l'esprit avec les affections sensibles, l'idée avec la sensation,— si on la supposait relative à l'idée même qui la représente et à la perception dont elle est l'objet.

Mais ces hypothèses sont impossibles. La durée n'est ni une sensation, ni une relation, quelle qu'on puisse l'imaginer, à nos sensations ou à nos idées, à l'être sentant ou pensant; il est même fort douteux qu'elle ait, en aucune manière, son origine dans la sensation. Conçu en lui-même, le temps est pour nous un attribut universel que nous savons pouvoir très-bien s'appliquer aux choses, indépendamment de tout rapport à nous. Le temps est un ordre et une sorte de dimension, un ordre des faits embrassant tous les faits, par cela seul qu'ils sont des faits; une dimension de l'être s'appliquant à tous les êtres, par cela seul qu'ils sont des êtres ; ordre et dimension auxquels toute idée de sensation ou de relation à une sensation et à un être sentant, nous semble absolument étrangère. Si la notion qui le représente a son origine dans une affection de la sensibilité, il est certain du moins qu'en elle-même elle ne conserve aucune trace d'une telle origine. Le temps peut être conçu en nous ou dans les choses du dehors. En nous, nous le percevons comme tout ce dont nous avons conscience, comme les faits dont il contient l'ordre et la mesure, comme notre être même, auquel s'applique aussi cette mesure. Le même acte de ma conscience qui me révèle mes pensées, mes sentiments, mes volontés, me fait connaître immédiatement l'ordre dans lequel ces pensées se succèdent, le plus ou moins de durée de chacune d'elles ; par suite, la durée de mon être, et indirectement la durée des choses qui, au dehors, correspondent aux impressions que je reçois, et l'ordre des manifestations de ces choses. Que j'entende frapper une horloge, résonner à mon oreille la suite des notes d'une mélodie, ou que j'émette moi-même des sons destinés à exprimer ma pensée, la suite des sons reçus passivement dans un cas, la suite des actes de ma volonté qui les produit dans l'autre, présentent à ma conscience des rapports d'ordre, et en même temps des rapports de grandeur, d'où dépendent souvent les caractères les plus importants de ces faits et qui n'ont pourtant d'autre fondement que la durée ; par exemple, pour le son, la mesure et le rhythme ; pour la volonté, la constance ou l'instabilité. D'où me vient cette étonnante faculté de concentrer ainsi dans un seul instant une série indéfinie d'instants, de percevoir ce qui n'est plus ? Je l'ignore, et je ne le saurais pas mieux quand on m'aurait appris qu'il faut, pour avoir cette perception du passé, ajouter les uns aux autres les événements qui la remplissent; car il resterait toujours à comprendre comment je puis conserver le souvenir des actes successifs de cette addition. La difficulté ne serait donc que reculée. Mais, qu'on l'explique ou non, le fait est incontestable. Il ne l'est pas moins que cet ordre et cette espèce de dimension, que je comprends sous le nom de temps, appartiennent aux faits dans lesquels ma conscience les découvre, absolument, indépendamment de ma perception; en un mot, véritablement, aussi bien que tout autre attribut; aussi bien, par exemple, que l'acuité, la gravité, la douceur ou la rudesse au son, l'énergie ou la mollesse à la volonté; que si cet ordre et cette dimension sont dans notre être, ce n'est pas seulement comme sujet connaissant, mais avant tout et essentiellement comme objet connu, et que si le temps qui les contient est une forme de la conscience, c'est uniquement parce qu'il est une forme de l'objet de la conscience.

Pour ce qui est des choses du dehors, il est bien vrai que nous ne pouvons en percevoir, ni même en concevoir la durée et la succession, qu'à l'aide d'un certain retour sur nous-mêmes, qu'à l'aide de la conscience; mais c'est pour une cause toute différente de celle qui fait que nous ne pouvons nous représenter les qualités des choses relatives à nos sensations, sans penser à la sensation, qui est l'acte dont les propriétés de ces choses sont la puissance. C'est tout simplement parce que la première origine de la notion de la durée est dans la conscience de notre propre durée, parce que nous ne connaissons la durée dans les choses autres que nous, que par analogie avec la nôtre, et que nous ne pouvons la mesurer que par celle-ci et par son accord avec elle. Mais, tout en nous fondant sur cette analogie et sur cet accord, nous concevons que les choses durent, de leur côté, indépendamment de nous, comme nous durons nous-mêmes indépendamment des choses. Ni ce rapport d'analogie, ni ce rapport de la chose mesurée à la mesure, ne peuvent être assimilés au rapport du virtuel à l'actuel, qu'ont avec nos sensations les qualités sensibles des corps. Si les choses durent comme nous et nous comme elles, ni notre durée n'est constituée par la leur, ni la leur par la nôtre.

## CHAPITRE VI.

### DE LA RAISON ET DES PRINCIPES DES VERITES NÉCESSAIRES.

—

1. *Critique des idées de Kant sur ce sujet. Fausseté de la solution donnée au problème de l'origine et de la valeur des jugements synthétiques à priori.* — Nous voici maintenant arrivé à l'objet capital du système, à la question de l'origine et de la valeur des principes de notre entendement, sous l'autorité desquels nous étendons si fort au-delà du fait où elles prennent naissance, jusqu'à l'infini, jusqu'à l'absolu, ces notions de cause, de substance, d'être, etc., que nous venons de voir émaner de la conscience de notre être.

Fixons notre attention, comme nous l'avons fait dans notre analyse, sur le plus important de ces principes, celui que Leibnitz regardait, non peut-être sans fondement, comme constituant à lui seul la raison humaine tout entière, le principe de causalité ou de la raison suffisante. Trois choses sont à considérer dans les idées que s'en forme Kant : la définition qu'il en donne et par laquelle il le réduit à n'exprimer qu'une simple relation de phénomène à phénomène, l'origine qu'il lui attribue, et enfin le jugement qu'il en porte, par suite de cette origine.

Voyons d'abord la définition. Cette définition n'est pas propre à Kant : elle est celle de tout le sensualisme. C'est par là que cette doctrine combat avec le plus de force les notions supérieures sur lesquelles s'appuie la métaphysique et particulièrement l'idée de la cause souveraine. C'est par là aussi qu'elle ruine entièrement l'édifice de la connaissance humaine et qu'elle aboutit fatalement à tout nier ; c'est par là, enfin, qu'elle est en opposition ouverte avec les faits les plus impossibles à contester.

D'abord, ces notions métaphysiques sont elles-mêmes des faits. Quelque jugement qu'il faille porter sur leur valeur objective, il est clair que, si, comme faits, elles occupent une place dans l'esprit humain, elles doivent aussi en occuper une dans tout système qui a la prétention de représenter l'esprit humain. C'est un fait, par exemple, que nulle cause relative et dépendante, telle que serait nécessairement toute cause, s'il fallait adopter la définition qui nous occupe, ne saurait satisfaire aux exigences de notre esprit, ni remplir l'idée que nous nous formons tous naturellement des conditions nécessaires de l'existence ; et que nous nous sentons invinciblement portés à donner pour fondement à ce qui est, une cause absolue ne dépendant que de soi. C'est un fait aussi, que nous ne pouvons nous empêcher de nous représenter en elle-même cette cause des causes, que sous les caractères les plus opposés au phénomène et à toute série, à tout ensemble de phénomènes, cette série pût-elle être illimitée. C'est un fait que nous ne pouvons nous empêcher de concevoir au-delà de toute pluralité, soit finie, soit infinie ou indéfinie, l'unité substantielle qui en est la base ; au-delà de tout contingent le nécessaire, de toute manifestation la chose manifestée ; au-delà du temps et de l'espace, et de tout ce qui les remplit, l'être supérieur qui les fait être l'un et l'autre, et en qui ils subsistent bien plus qu'il ne subsiste en eux. C'est encore un fait que, pour peu que nous réfléchissions sur la nature de cet être, nous sommes invinciblement portés à le concevoir, non-seulement comme subsistant en soi et par soi, mais encore comme possédant la plénitude de l'être, comme infini. Mais enfin, quand nous nous en tiendrions à la seule notion de l'être par soi, cause absolue, indépendante, sans décider si cette cause indépendante peut se réduire ou non à la totalité, soit finie, soit infinie, des phénomènes qui constituent l'univers, la présence de cette idée dans notre esprit serait encore une difficulté assez embarrassante pour quiconque prétend réduire la loi de causalité aux termes auxquels le système de la *Critique* exige qu'elle soit réduite.

Kant essaie de résoudre cette difficulté. Il fait plus, il va au-devant de celles qu'on pourrait tirer, contre lui, des notions d'infini et de substance absolue : bien supérieur, en effet, encore sur ce point aux autres philosophes de l'école de la sensation, il a le bon esprit de ne nier aucun des grands faits que nous venons de rappeler. Non-seulement il ne les nie pas, mais il les analyse avec une rare profondeur; il les décrit avec ampleur, et, sentant bien l'impossibilité de les dériver de la loi de causalité, réduite aux termes où il la réduit, il crée, pour en rendre compte par d'autres principes, tout un système, le plus ingénieux, le plus savamment compliqué qu'on puisse imaginer. Malheureusement, il manque à ce système une chose essentielle que le génie ne saurait communiquer à ce qui ne l'a pas naturellement : la vérité et aussi, par suite, la clarté. Comment comprendre, par exemple, ou comment admettre le prétendu rapport, que dans ce système on cherche à établir entre les diverses notions dans lesquelles on morcelle la notion de l'absolu ; à savoir, la substance absolue, la cause absolue, la grandeur absolue et les trois formes essentielles du raisonnement catégorique, hypothétique, disjonctif? Je vois bien que dans tout raisonnement l'esprit tend à une sorte d'absolu ; mais cette sorte d'absolu, tout logique, tout subjectif, me semble n'avoir rien de commun avec les trois notions métaphysiques auxquelles on l'assimile. Il me semble que l'absolu auquel tend le raisonnement catégorique est tout simplement une proposition catégorique d'une certitude et d'une évidence absolue, telle que $A = A$; ce qui est, est; *je pense, donc je suis*, et nullement la substance absolue; que l'absolu dont la notion est impliquée dans le syllogisme conditionnel, est simplement une relation conditionnelle, une loi d'une certitude absolue et nullement la notion de cause absolue ; que l'absolu du syllogisme disjonctif est une proposition disjonctive évidente par elle-même, telle que serait, par exemple, l'alternative entre le oui et le non, et nullement l'infini. En un mot, il me semble qu'il n'y a aucune proportion entre l'absolu logique auquel le raisonnement tend à ramener tous nos jugements, et l'absolu réel, l'absolu de l'être, l'absolu auquel nous rapportons toutes les existences et que notre raison nous oblige à leur donner pour fondement. Sans doute, l'idée de l'absolu, j'entends de l'absolu de l'être, ne cesse de dominer notre esprit lorsque nous raisonnons ; on peut dire qu'elle est au fond de tout raisonnement; mais c'est uniquement parce qu'elle est au fond de tout jugement, au fond de toute pensée humaine. La notion de substance absolue est au fond du raisonnement catégorique, tout simplement parce que le raisonnement catégorique se compose de propositions impliquant toutes la notion de substance, et que la notion de substance ne peut manquer de réveiller dans notre esprit la notion de substance absolue ; de même, la notion de cause absolue dans le syllogisme conditionnel, parce que le syllogisme conditionnel contient, par sa définition même, l'idée de cause ; de même, enfin, la notion de l'infini dans le syllogisme disjonctif, parce que le syllogisme disjonctif repose sur l'idée de totalité, et que l'idée de totalité réveille inévitablement l'idée de l'être qui embrasse et enveloppe tout, en même temps qu'il domine tout, l'idée de l'infini.

Que penser aussi de la prétention impliquée dans toute cette théorie des *idées*, de réduire l'absolu à un pur idéal, à un simple moyen de comprendre les objets ou d'en opérer la plus haute synthèse, et de satisfaire ainsi à ce qu'on nomme le besoin *esthétique* et *économique* d'unité ? Émettre une telle prétention, c'est méconnaître entièrement la question. Quand je recours à l'idéal pour comprendre le réel ou en coordonner les éléments; quand je recours à l'idée du cercle pour définir l'objet sensible qui en représente plus ou moins grossièrement le type, à l'idée pure de l'honnête pour distinguer l'homme de bien de celui qui ne l'est pas, ou à l'idée « de l'eau pure, de l'air » pur, de la terre pure, pour faire, comme s'exprime » Kant, la part de chacune de ces causes physiques » dans le phénomène auquel elles concourent, » je n'affirme pas pour cela l'existence d'un être parfaitement conforme à ces idées, l'existence du sage parfait, du cercle parfait, de l'eau parfaitement pure, etc., etc. Il n'en est pas ainsi lorsque je recours à l'idée d'une existence absolue pour expliquer les existences contingentes; la vérité est, au contraire, que ma raison me contraint de poser cette existence souveraine comme condition de l'existence des choses, et qu'elle m'y contraint par l'autorité des principes les plus évidents, en me montrant clairement que si tout ce qui est, est par quelque chose, il faut bien qu'il y ait un être par soi, sans quoi il y aurait quelque chose hors de tout.

Pour ce qui est de l'unité, l'esprit y tend, en tendant à l'absolu, mais d'une manière accidentelle. Il rencontre l'unité dans l'absolu, puisque l'absolu est un et principe unique des choses ; mais il cherche autre chose que l'unité : ce qu'il cherche, c'est la dernière raison, le dernier fondement de l'existence des choses.

C'est surtout l'infini que Kant réduit à un pur idéal. L'affirmation de l'infini n'a pourtant pas une autre origine que celle de la cause ou raison d'être absolue, de l'être par soi. L'esprit humain n'affirme l'infini que parce qu'il affirme l'absolu, parce qu'il reconnaît que l'absolu est infini, par cela même qu'il est absolu ; parce qu'il sent que rien de fini ne saurait se suffire à lui-même, être par soi. Le principe de causalité n'est peut-être autre chose au fond que l'expression de ce sentiment uni au principe plus général de la raison suffisante. Si, en effet, tout doit avoir une raison d'être, exister par quelque chose, il est clair que si, d'un autre côté, le fini n'existe pas par lui-même, tout ce qui est fini doit avoir sa raison d'être hors de soi, dépendre d'une cause. Il est vrai que l'infini sert à concevoir le fini, comme l'idéal sert en général à concevoir le réel. L'infini est l'idéal suprême de l'être et de tout ce qui contient ou constitue l'être ; il est l'essence pure, ce que chose est en elle-même, l'infinité de l'être est l'être, l'infinité du bien le bien, l'infinité de la puissance la puissance, la force ou l'activité même, l'infinité de la durée et de l'étendue, ou, comme s'exprime Leibnitz, l'absolu de la durée et de l'étendue, et il est bien vrai que nous ne pouvons concevoir parfaitement aucune chose particulière sans remonter à l'essence dont elle est l'expression plus ou moins imparfaite. Mais ce n'est pas à dire pour cela que la notion de l'infini n'ait pas d'autre rôle dans notre esprit que de nous servir à concevoir le fini. L'infini est aussi le principe, la dernière raison du fini, puisqu'il peut seul exister par lui-même.

Mais laissons ce point pour le moment [1] : laissons la métaphysique, laissons ce terrain qu'on nous conteste ; suivons le sensualisme sur le sien propre, sur le terrain des idées sensibles. Il est aisé de montrer que, là même, ses prétentions ne sauraient tenir devant les faits bien compris, et qu'il ne peut renverser la métaphysique, en réduisant le principe de causalité à un rapport de phénomène à phénomène, sans renverser du même coup toute la connaissance sensible, aussi bien celle des objets perçus immédiatement par nos sens, que celle des faits que nous induisons de la présence de ces objets, sans rendre l'expérience elle-même impossible.

---

[1] Voy. ci-dessous, chap. VII, sect. II.

Les objets de nos sens, on le sait, sont des causes se manifestant à nous uniquement par leurs effets ; à savoir, nos sensations ou la résistance opposée à notre activité, et connues, par conséquent, à l'aide du principe *à priori* de causalité. Or, assurément, ces objets ne sont pas de purs phénomènes, ils ne sont pas du moins, car c'est là ce que Kant entend par phénomènes, de pures sensations de notre âme ; mais notre raison les conçoit comme la cause objective, extérieure, des faits intérieurs qui nous en révèlent la présence. Kant a beau vouloir les réduire à une synthèse de sensations, il revient malgré lui aux idées communes, lorsqu'il oppose au phénomène cette mystérieuse chose en soi, qu'il défie l'intelligence humaine de pouvoir jamais atteindre. Qu'est-ce, en effet, que cette chose en soi, sinon la matière conçue non-seulement comme distincte des apparences sous lesquelles elle s'offre à nos regards, mais comme pouvant être déterminée en soi indépendamment de ces apparences ?

Les inductions que nous inférons tous, naturellement, de la comparaison des objets de nos sens, supposent, aussi bien que la perception, une notion de cause supérieure au phénomène. Quoiqu'on lui donne souvent le nom de cause physique, le phénomène qui précède constamment un autre phénomène et sert à le prévoir, n'est pas littéralement la vraie cause, il en est seulement le symbole, et comme le signe de présence. Ce ne sont pas les apparences sensibles du quinquina, sa couleur, son poids, sa friabilité, son odeur, qui guérissent la fièvre, ni les qualités visibles et tangibles de l'opium qui produisent le sommeil ; mais bien les vertus secrètes que la raison, s'appuyant sur l'expérience, nous fait supposer liées à ces apparences et à ces qualités. Ce n'est pas le mouvement de la bille que nous disons en pousser une autre, ou son contact avec elle, qui produit le mouvement de celle-ci ; mais la force vive, invisible, manifestée par le mouvement visible, et que nous exprimons par le mot impulsion.

Pour réduire le rapport de cause à un rapport de phénomène à phénomène, il faut le réduire à un simple rapport de succession constante, à la loi, et c'est ce que fait Kant, lorsqu'il soutient que la cause n'est que le phénomène auquel un autre phénomène succède suivant une règle. Mais c'est là détruire toute loi, toute règle, tout ordre, toute constance dans la nature, et rendre toute prévision impossible. Où peuvent, en effet, résider l'ordre et la constance, en dehors des faits qui n'existent plus et de ceux qui n'existent pas encore, sinon dans les causes, qui l'ont déjà réalisé et doivent le réaliser de nouveau ; et comment se représenter la loi qui unit deux phénomènes, de telle sorte que nous puissions prévoir l'un à l'aide de l'autre, autrement que comme une disposition intime de leur commune cause à agir, dans telles circonstances données, comme elle a déjà agi dans des circonstances analogues? Dans une mélodie, chaque son a sa place déterminée, et, suivant une loi rigoureuse, succède à tel autre sur l'instrument musical. Mais, que deviendrait cette loi, si l'on supprimait la volonté du musicien d'exécuter la mélodie? Si l'on supprime la rame ou la force du courant qui entraîne un bateau, que deviendra la loi qui veut que telle position de ce bateau sur le lit du fleuve succède à telle autre? Les lois qui président aux mouvements des astres et au retour périodique des saisons, ne seraient pas plus faciles à concevoir sans les forces d'attraction et de répulsion dont elles expriment le mode de développement; ni les lois qui règlent les rapports réciproques des différents parties des êtres organisés, par exemple, de la forme des dents et de la longueur des intestins dans certaines classes d'animaux, sans l'idée du dessein qui a présidé à leur formation; ni celles d'où dépendent les phénomènes de l'électricité et du calorique, si l'on supprimait les agents que les physiciens désignent par ces mots. Sans doute, nous ne connaissons pas ces agents, nous ne connaissons pas les causes des phénomènes naturels, comme nous pouvons connaître le dessein conçu par un artiste d'exécuter tel air; mais la connaissance relative que nous pouvons inférer de leurs effets connus, suffit pour nous conduire à l'idée de l'ordre et des rapports constants auxquels elles servent de fondement, et, par suite, pour rendre possibles et pour justifier nos jugements sur l'avenir. J'ignore sans doute ce qu'est en elle-même la cause qui produit la sensation de chaleur; mais, remarquant que cette sensation se produit en moi à l'occasion des mêmes objets d'où naît la force d'expansion de la vapeur, je conclus de là, tout naturellement, qu'il est dans la nature de cette cause de produire à la fois l'un et l'autre de ces deux phénomènes; et cela me suffit pour que j'aie le droit de m'attendre à les voir liés dans l'avenir comme ils l'ont été dans le passé.

C'est, en général, par des raisonnements de cette sorte, que nous nous sentons autorisés à étendre *à priori*, comme c'est le propre de l'induction, les résultats de nos observations infiniment au-delà des sujets observés. Deux faits s'étant montrés souvent associés, nous concluons de là, avec plus ou moins de vraisemblance, suivant le nombre plus ou moins grand de nos expériences, qu'il est dans la nature des causes de les maintenir unis, et, par suite, qu'ils doivent l'être à l'avenir comme ils l'ont été dans le passé. Un fait s'étant produit au milieu de certaines circonstances, nous supposons que les mêmes circonstances se reproduisant, le même fait devra se reproduire, parce que des circonstances semblables annoncent une cause semblable, et que, réciproquement, de causes semblables doivent naître des effets semblables. Nous ne concluons pas directement d'un fait à un autre fait ; mais du fait connu, perçu, nous concluons la cause, et de la cause, nous concluons ensuite le fait inconnu. C'est ainsi que l'idée métaphysique de cause forme le lien des phénomènes, et qu'elle est le moyen terme essentiel de tous nos raisonnements inductifs, comme elle est, d'un autre côté, le fondement nécessaire des jugements que nous portons sur la présence des corps qui affectent nos sens. On ne peut donc supprimer cette idée et détruire tout lien entre les phénomènes, sans anéantir à la fois et ces raisonnements et ces jugements, sans rendre impossible toute connaissance de la nature extérieure.

Et c'est, en effet, ce que nous montre l'histoire du sensualisme. Il semble, au premier abord, que la conséquence naturelle d'une doctrine qui en psychologie réduit tout aux sens, doive être en métaphysique de tout réduire aux objets des sens, à la matière et à ses lois. C'est, en effet, là que le sensualisme conduit les esprits vulgaires ou superficiels. Mais chez tous ceux qui raisonnent avec quelque suite, chez tous les esprits vraiment philosophiques, elle aboutit à un résultat tout autre : elle les pousse invinciblement à nier la matière elle-même et à tout réduire à la succession de nos propres sensations. Ce ne sont pas seulement les Hume et les Kant que nous voyons tomber dans cet inévitable excès, l'un en définissant l'objet une pure synthèse de sensations ; l'autre en réduisant tout aux seules impressions des sens et aux idées, qui n'en sont, suivant lui, qu'un écho affaibli ; c'est encore Condillac lui-même qu'il faut voir oser écrire que les objets de nos sens ne sont que nos propres sensations transportées hors de nous [1]. Voilà pour la perception des objets présents. Quant à l'induction, on sait que Hume ne craint pas d'en chercher l'explication dans les lois les plus aveugles de l'habitude, et d'en faire une pure association mécanique

---

[1] Cette proposition peut être admise comme expression hyperbolique de cette vérité, que les qualités sensibles des corps sont toutes relatives à nos sensations, et que nous ne pouvons par conséquent y penser sans penser à nos sensations ; mais ce n'est pas ainsi que peut l'entendre Condillac ; ce n'est pas ainsi que pourra l'entendre quiconque niera toute idée métaphysique de cause et réduira toutes nos pensées à la seule sensation.

d'images, provoquée par l'action réitérée des mêmes objets sur nos facultés sensitives. Kant ne daigne pas même en faire mention dans sa théorie du jugement ; il en parle parfois en passant, et dans quels termes ! Tantôt il veut qu'elle ne soit qu'un simple résumé de l'expérience, c'est-à dire tout l'opposé de ce qu'elle est en effet, une anticipation de l'avenir et de l'inconnu, l'extension *à priori* des résultats de nos observations à des sujets non observés ; tantôt il la définit une extension arbitraire de nos jugements, comme s'il pouvait y avoir rien d'arbitraire dans l'esprit humain ; comme si la physique, l'histoire naturelle, l'astronomie, n'étaient qu'un tissu de propositions arbitraires ; parfois il en réduit les conclusions à un simple peut-être, confondant ainsi, par la plus impardonnable des inadvertances, le possible avec le probable.

La seule faute commise par Kant sur les principes des vérités nécessaires, n'est pas d'avoir suivi les errements du sensualisme ; les idées particulières qu'il se forme de ces principes ne sont pas moins fausses que celles qui lui sont communes avec tous les philosophes de cette école. C'est chez lui, il faut le reconnaître, une heureuse inspiration d'avoir cherché dans l'analyse des conditions de l'expérience, la justification du principe de causalité, et reconnu que ce principe est la condition nécessaire de toute connaissance des objets sensibles. Mais combien cette idée devient fausse dans l'application qu'il en fait ! Qui pourrait, en effet, souffrir d'entendre dire que l'ordre de succession des phénomènes ne peut être conçu par nous qu'à l'aide du rapport de cause ? Chacun ne sait-il pas au contraire que c'est par la manière dont les phénomènes se succèdent, que nous sommes portés à les unir par ce rapport ? C'est sur l'abus de ce fait que se fonde toute la théorie de Hume. Comment Kant a-t-il pu le perdre de vue ? Comment a-t-il pu aussi ne pas remarquer que, pour que l'idée de succession dépendît de l'idée de cause, il faudrait que chaque fait eût également pour cause tous ceux qui l'ont précédé ; ou, s'il l'a vu, ne pas reculer devant la conséquence ? Même en réduisant la cause au phénomène qu'un autre phénomène devrait toujours suivre d'après une règle, on ne pourrait donner au rapport de cause à effet autant d'extension qu'au rapport de succession ; car ce n'est pas toujours par l'effet d'une règle qu'un fait succède à un autre fait ; c'est aussi très-souvent par l'effet de ce qu'on nomme hasard ou accident, qui est tout l'opposé de la règle : l'objet propre de la méthode inductive est précisément de démêler, parmi les circonstances au sein desquelles se produit un fait, celles qui l'entourent ainsi, fortuitement, de celles auxquelles il est lié par une règle ou loi. Que devient cette méthode, quel peut en être l'usage, si la règle nous est donnée *à priori?* Tout à l'heure nous avons vu Kant la détruire, la rendre impossible, en réduisant la cause au phénomène ; ici, il la rend inutile et sans objet.

Au fond des erreurs d'un esprit sérieux se cache, en général, quelque vérité mal interprétée, qui en fait la force et explique l'illusion qu'elles produisent. C'est ce qui arrive toujours pour celles de Kant. Il y a cela de vrai sous le paradoxe que nous combattons, que l'ordre de succession des phénomènes se fonde, comme tout ce qui est en eux, sur les causes qui leur donnent naissance, et dérive des lois qui règlent l'action de ces causes. Mais est-ce donc une raison pour conclure que nous connaissons cet ordre par ces lois ou par ces causes, lorsque la moindre réflexion sur nos propres pensées suffit pour nous faire reconnaître que c'est par la connaissance de l'ordre que nous arrivons à celle des causes et des lois ? Il faut sans doute encore accorder à Kant, contre l'empirisme vulgaire et contre Hume, que, pour savoir qu'un fait a une cause, nous n'avons nul besoin de l'avoir observé succédant à un autre fait. Mais autre chose est le rapport d'un fait à une cause en général, autre chose est son rapport à telle cause. Le premier est nécessaire, universel et connu immédiatement *à priori* par la raison; le second est contingent, et nous ne pouvons parvenir à le déterminer que par une suite d'opérations très-compliquées, dont l'expérience est la base. Kant et Hume me paraissent avoir l'un et l'autre tout à fait négligé cette distinction si simple. De là résulte que, d'un côté, le philosophe anglais, exclusivement préoccupé du premier de ces deux faits, dérive de la succession contingente de nos pensées, même le principe nécessaire et universel de cause ; tandis qu'au contraire Kant, se plaçant à un point de vue opposé, a pu s'égarer jusqu'à chercher dans la nature primordiale de l'entendement, l'origine des jugements que nous portons sur les causes particulières, ainsi que sur les lois qui règlent l'ordre de succession des phénomènes, et par là rayer d'un trait de plume toute la méthode des sciences expérimentales.

C'est pourtant uniquement sur ce prétendu rapport de dépendance de la notion de succession au concept de cause, et en général des catégories aux notions qui ont pour objet le temps, que se fonde l'explication qu'on nous présente de la nécessité de ces concepts, et, par suite, la démonstration du caractère subjectif attribué à ces notions ; en un mot, la solution donnée au grand problème dont on fait dépendre tout le sort des sciences humaines. C'est sur ce beau fondement qu'on s'arroge le droit de s'inscrire en faux contre le sens commun, et de condamner les plus chères et les plus légitimes aspirations de notre nature, en déniant à la raison humaine tout pouvoir de connaître le vrai.

Cette solution est d'ailleurs ouvertement démentie par les faits. Non, il n'est pas vrai que les plus fondamentales et plus importantes notions de notre esprit ne soient pour nous qu'un moyen de soumettre à tel ou tel ordre voulu par la nature particulière de notre imagination, les phénomènes offerts à nos sens, à peu près comme des numéros d'ordre serviraient à ranger les soldats d'une armée, ou comme les lois arbitraires de la rime pourraient être pour un mauvais poète un moyen de coordonner ses idées. Toute autre, et d'une tout autre valeur, est l'origine de l'autorité avec laquelle ces notions s'imposent à notre esprit et de la foi accordée par la raison universelle du genre humain aux principes qui la constituent. Essayons de démontrer ou au moins de faire entrevoir cette véritable origine.

II. *Aperçu sur la question soulevée. De la véritable origine des jugements synthétiques à priori. Valeur de ces jugements.*

La question est celle-ci : Pourquoi nous sentons-nous invinciblement entraînés à unir toujours les catégories aux phénomènes, à rapporter tout ce qui arrive à une cause, tout mode à une substance, etc.?

Voici d'abord une première réponse qui s'offre naturellement à tous les esprits. Si je rapporte tout fait à une cause, tout mode à une substance, se dira naturellement tout homme éclairé par les lumières du sens commun, la raison en est bien simple : c'est que je reconnais clairement que le fait n'eût pu se produire si une cause ne lui avait donné naissance, n'eût pu arriver si rien n'avait fait qu'il dût arriver plutôt que ne pas arriver ; c'est que le mode, c'est-à-dire ce qui n'est pas substance, ce qui ne subsiste pas en soi, doit, pour pouvoir être, subsister ailleurs qu'en soi ; tout ce qui ne s'appartient pas à soi-même doit appartenir à un autre que soi, toute manière d'être appartenir à un être. L'évidence, voilà donc la véritable origine de l'irrésistible ascendant exercé sur notre esprit par les principes qui nous occupent, et voilà aussi ce qui en fait la valeur et en légitime l'autorité. Et qui pourrait contester cette évidence? Y a-t-il au monde une vérité plus manifeste que celle de l'existence du sol que nous foulons aux pieds, du soleil qui nous éclaire, et de tous les objets qui constituent le monde au sein duquel nous vivons, que celle qui nous fait conclure de la résistance à l'obstacle, de la brûlure à la chaleur du feu, de l'ébranlement qu'éprouve l'ouïe à la proximité d'un corps sonore, et en général des impressions que nous subissons aux agents extérieurs qui nous les font subir? Or, cette évidence est l'évidence du rapport nécessaire du fait à sa cause, à sa raison d'être. Il en est de même, nous le savons, de celle qui sert de base à toutes nos inductions, à tous nos jugements sur l'avenir, de celle qui nous fait conclure du retour des mêmes circonstances le retour des mêmes faits, augurer de l'union constante de deux faits dans l'avenir leur union dans l'avenir ; pareillement aussi, de celle qui nous fait rapporter tout mouvement à un mobile, juger par la direction et la vitesse du mouvement, de l'intensité et de la direction des forces qui ont dû lui donner naissance, remonter de l'ordre à l'ordonnateur ou à quelque principe qu'on suppose équivalent, soit la multitude infinie des atomes imaginés par Épicure, soit tout autre, etc.

Mais, nous dit-on, d'où vient cette évidence ? Comment même est-elle possible, les deux termes de la proposition rationnelle n'étant nullement contenus l'un dans l'autre, l'idée d'une chose qui arrive n'impliquant en rien l'idée du rapport à une chose ?

La question est grave et digne des esprits qui l'ont conçue. Avant d'en chercher la solution, faisons une remarque qu'il importe d'avoir bien présente à l'esprit dans tout ce que nous allons dire ; c'est qu'alors même que nous ne trouverions pas cette solution, on ne pourrait rien conclure de notre impuissance ni même de celle de tous les philosophes réunis, en faveur de la thèse du scepticisme et contre l'évidence et l'autorité des principes constitutifs de la raison humaine. L'argument *ad ignorantiam*, si cher aux sceptiques, n'a pas plus de valeur ici que partout ailleurs. Si Descartes a pu dire avec vérité qu'autre chose est croire, autre chose savoir que l'on croit, à plus forte raison devrons-nous admettre que ce sont deux choses distinctes de croire ou de savoir, et de savoir comment et d'après quels principes on sait ou on croit. L'un de ces faits peut très-bien subsister sans l'autre : l'évidence naturelle peut parfaitement subsister indépendamment de l'évidence réfléchie, à laquelle aspire la philosophie ; et, pour être confuse, elle n'en frappe pas moins l'esprit, tout comme la lumière du soleil agit aussi vivement sur les yeux du plus ignorant des hommes que sur ceux du physicien qui sait en décomposer le plus savamment les rayons, et l'éclaire tout aussi bien que ce dernier. Nous trouvons dans ce que nous venons de dire sur l'origine de la certitude de l'existence du corps, un exemple frappant de cette vérité. Alors même que nous ignorerions complètement cette origine, l'existence du monde extérieur ne laisserait pas d'être aussi indubitable qu'elle puisse l'être et qu'elle l'est, en effet, pour tous les hommes, aussi bien pour ceux qui sont les plus étrangers aux spéculations philosophiques, qui ignorent le plus profondément la source des jugements qu'ils en portent, que pour ceux qui connaissent le mieux cette origine. Pourquoi n'en serait-il pas de même du rapport de tout fait à une cause, à une substance, etc.? Pourquoi ne pourrais-je pas avoir la certitude de la vérité de ce rapport, sans savoir d'où me vient cette certitude; tout comme j'ai pu savoir très-certainement qu'il y a des corps, avant de savoir comment j'avais appris cette vérité et à l'aide de quelles opérations de mon esprit? C'est donc mal connaître l'esprit humain et raisonner d'une manière fort peu philosophique, que d'aller, comme le font trop souvent les sceptiques, nous mettre au défi d'assigner aux principes des vérités nécessaires une origine vraiment rationnelle, pour conclure en suite de notre impuissance à répondre à ce défi, que ces principes n'ont aucune valeur.

Ces réserves faites afin de ne pas subordonner à des opinions particulières, l'autorité des principes de la raison universelle, voici les réflexions que nous nous permettrions de hasarder sur l'objet du périlleux débat soulevé par l'auteur de la *Critique.* Recueillons d'abord la part de vérité que nous semblent offrir les observations émises par ce pénétrant esprit, et qui lui est, en partie, commune avec Hume. Descartes et les philosophes de son siècle avaient assigné à l'évidence et à la certitude des vérités de raison la condition que voici : Pour qu'une proposition puisse être admise *à priori* comme évidente, il faut, suivant l'avis unanime de ces philosophes, voir clairement que le sujet de cette proposition en contient l'attribut, ce qui peut arriver de deux manières : d'une part, lorsque nous voyons directement et immédiatement l'un des deux termes dans l'autre; de l'autre, lorsque nous percevons le terme attributif dans un troisième terme que nous savons déjà d'ailleurs être contenu dans le sujet. Dans le premier cas, la proposition est un axiome ; dans le second, elle est démontrée syllogistiquement[1]. Kant remarque avec raison, après Hume, que cette règle, très-sûre d'ailleurs, est loin de répondre à tous les cas, et que les plus importants principes de l'entendement humain ne sauraient y rentrer. Il est très-vrai, en effet, comme il le fait observer, qu'il n'y a dans l'idée d'une chose qui arrive rien qui implique le rapport à une

---

[1] « ..... La certitude et l'évidence de la connaissance humaine » dans les choses naturelles dépendent de ce principe : tout ce qui » est contenu dans l'idée claire et distincte d'une chose, se peut affir- » mer avec vérité de cette chose. Ainsi, parce qu'être animal est » enfermé dans l'idée de l'homme, je puis affirmer de l'homme » qu'il est animal ; parce qu'avoir tous ses diamètres égaux, est » enfermé dans l'idée d'un cercle, je puis affirmer de tout cercle » que tous ses diamètres sont égaux ; parce qu'avoir tous ses an- » gles égaux à deux droits, est enfermé dans l'idée d'un triangle, » je le puis affirmer de tout triangle. Et on ne peut contester ce » principe sans détruire toute l'évidence de la connaissance hu- » maine, et établir un pyrrhonisme ridicule....................

» Lorsque, pour voir clairement qu'un attribut convient à un » sujet, comme pour voir qu'il convient au tout d'être plus grand » que sa partie, on n'a besoin que de considérer les deux idées » du sujet et de l'attribut, avec une médiocre attention, en sorte » qu'on ne le puisse faire sans s'apercevoir que l'idée de l'attribut » est véritablement enfermée dans l'idée du sujet ; on a droit alors » de prendre cette proposition pour un axiome qui n'a pas besoin » d'être démontré, parce qu'il a de lui-même toute l'évidence que » pourrait lui donner la démonstration...................... »
(*Logique de Port-Royal*, liv. IV, ch. VI.)

cause. Nous trouvons très-fondée aussi la conclusion qu'il tire de là, à savoir, qu'il faut chercher l'origine de la liaison des deux termes dont le principe de causalité énonce l'indissoluble association, dans un moyen terme qui, au lieu d'être comme le moyen terme syllogistique contenu dans l'un des deux, les embrasserait et les dominerait l'un et l'autre. Nous croyons seulement que ce moyen terme n'est nullement celui qu'il imagine, et que ç'a été chez lui une inspiration fort malheureuse de le chercher dans les prétendues conditions subjectives que son système impose à la pensée humaine.

Il nous semble, en effet, qu'un moyen terme propre à satisfaire aux conditions que nous venons d'indiquer, peut fort bien se trouver dans les idées elles-mêmes et dans la nature des choses que nos idées représentent. Concevons un tout, tel, par exemple, que l'étendue avec ses trois dimensions, uni de telle sorte à ses parties que celles-ci ne puissent pas plus être sans lui, qu'il ne peut être sans elles : n'est-il pas clair que ces parties ne pourront non plus exister l'une sans l'autre, et que nous ne pourrons acquérir l'idée du tout sans acquérir du même coup la connaissance du rapport mutuel des parties et la certitude de leur union indissoluble ? N'est-ce pas ainsi que nous connaissons effectivement le rapport nécessaire qui unit entre elles les trois dimensions de l'étendue, et que nous savons qu'il ne saurait y avoir de largeur sans longueur et profondeur, de surface sans objet solide? Pourquoi toutes les vérités de raison n'auraient-elles pas une origine analogue? Pourquoi ne trouverions-nous pas dans l'idée de la substance modifiée, dont la conscience de notre être nous offre le type, le rapport nécessaire du mode à la substance ; dans la conscience généralisée de notre activité personnelle unie à nos propres actes, le rapport nécessaire de la cause à l'effet, l'impossibilité d'affranchir de ce rapport rien de ce qui est analogue à ces actes, par le côté qui fait qu'ils ne peuvent subsister seuls, que ce soit, comme on le veut, la circonstance d'avoir commencé d'être ou toute autre [1]? Le mode, séparé de la substance ; le fait, séparé de la cause; ce qui arrive, séparé de ce qui le fait arriver; le mouvement, séparé du moteur ; l'ordre même et le dessein, séparés de l'intelligence; ce qui est et aurait pu ne pas être, séparé de ce qui le fait être, ne sont-ce pas là de pures abstractions, aussi bien que la longueur séparée de la largeur ou de la profondeur, ou bien la forme séparée de l'étendue? Ne sommes-nous pas

[1] Voy. ci-dessous, chap. II, sect. II.

d'ailleurs tous irrésistiblement portés à concevoir sur le modèle de notre être propre toutes les causes et tous les êtres que nous concevons hors de nous, jusque-là, qu'à l'origine du développement de notre intelligence, nous prêtons à tous une pensée, une volonté analogue à la nôtre, nous personnifions toutes les forces de la nature, nous donnons une âme à tout ce qui se meut, à tout ce qui manifeste à nos yeux la moindre puissance, presque à tout ce qui existe? Pourquoi cela, sinon parce que les idées que nous nous formons de ces causes et de ces êtres ne sont que l'idée de notre être propre transportée hors de nous ; et les principes qui nous les font supposer, rien autre chose que la conscience du moi généralisée par le concours de l'abstraction et de la raison ; l'abstraction réduisant l'idée du moi à l'idée générale de cause agissante ou de substance modifiée, et la raison nous montrant dans cette idée la nécessité du rapport qui en unit les deux termes, mode et substance, action et cause ?

Représentons-nous ce qui se passe dans les raisonnements auxquels notre esprit se livre sur les phénomènes sensibles, à l'aide des idées que nous nous formons des causes qui leur donnent naissance et en déterminent les rapports ; lorsque nous concluons de la présence d'un fait à celle d'un autre fait, à l'aide de l'idée que nous nous formons de leur cause commune, révélée par le premier; de l'association constante de deux faits dans le passé, la cause qui les unit, et de cette cause leur union future ; de la présence des mêmes circonstances révélant la même cause, la présence des mêmes faits; lorsque nous recourons à l'idée de la sagesse divine, pour nous rendre compte de certaines lois de l'organisation des êtres vivants, telles que le rapport de la forme des organes de la mastication chez les animaux, à ceux de la digestion ou de la préhension, ou celui de la constitution de l'œil aux propriétés de la lumière, de la constitution de l'oreille aux propriétés de l'air, etc. La cause sert bien ici d'idée moyenne, mais elle n'est assurément pas contenue dans l'un ou l'autre des termes qu'elle unit; pas plus que le soleil n'est contenu dans l'un de ses rayons, quoique du rayon qui m'éclaire je puisse conclure, par l'intermédiaire de l'idée de cet astre, la présence du rayon qui éclaire un lieu voisin de celui que j'occupe ; pas plus que le corps d'une statue antique ou d'un animal antédiluvien n'est contenu dans un de ses fragments, quoique ce fragment puisse servir à l'antiquaire ou au naturaliste, grâce à l'idée qu'il se formera de l'ensemble, à reconstituer telle ou telle autre des parties; elle les unit, au contraire, en les embrassant l'un et l'autre.

Quelque chose de semblable à ces sortes de raisonnements ne se passerait-il pas en nous, dans l'intuition des premiers principes des vérités nécessaires, de celles notamment qui expriment l'union indissoluble du phénomène aux catégories, substance, cause, être, etc.; avec cette seule différence qu'ici le moyen terme synthétique aurait, avec les termes plus simples qu'il unirait en les embrassant, un rapport plus immédiat et plus étroit, ces derniers ne pouvant même être conçus sans lui ni lui sans eux ; d'où viendrait que ces principes seraient des principes, des axiomes, évidents par leur énoncé même ? Il est clair, en effet, que si une chose ne peut être conçue qu'en rapport avec une autre qui comporte nécessairement son union avec une troisième, nous devrons, au même moment où nous la concevrons, concevoir aussi cette union.

Si telle était véritablement l'origine des jugements synthétiques *à priori*, que de difficultés seraient levées, que de faits conciliés ! Il faudrait sans doute abandonner aux attaques trop bien fondées de Hume et de Kant, la maxime cartésienne qui rend ces jugements impossibles ou en méconnaît le caractère essentiel ; mais on pourrait maintenir, sans aucun préjudice pour ce caractère, le grand principe de la méthode platonicienne, dont cette maxime nous semble une expression incomplète et rétrécie, et admettre avec l'immortel auteur de cette méthode, que toute vérité (j'entends toute vérité rationnelle) doit être cherchée dans les idées, dans la définition de chaque chose, en considérant, suivant son expression, dans chacun des objets vraiment distincts de notre pensée, à l'aide de l'idée qui représente cet objet, ce qu'il est en lui-même. Les droits de l'analyse seraient maintenus; l'analyse serait toujours le principe de tous les progrès de l'esprit humain, mais il faudrait se faire de ce procédé et de ses applications une idée suffisamment large, plus large que celle qu'en avaient les philosophes de l'école de Descartes; il ne faudrait pas l'astreindre à tirer directement de chaque objet la lumière qui doit l'éclairer ; il faudrait ne pas oublier que cette lumière peut souvent venir d'une source supérieure, et ne pas détourner nos regards des deux foyers, étroitement unis entre eux, d'où naît toute celle qui éclaire notre esprit, à savoir, l'Être et notre âme qui en est l'imparfaite image, dans laquelle seule l'Être se montre à nous, et que nous ne comprenons que par sa participation à l'Être. En même temps que l'origine analytique de tous nos jugements pourrait être maintenue sans préjudice du caractère synthétique des plus importants d'entre eux, l'origine expérimentale des idées universelles de cause, de substance, d'être, etc., pourrait l'être aussi, sans préjudice des caractères par lesquels les vérités nécessaires universelles, certaines *à priori*, qui expriment l'union nécessaire de ces idées au phénomène, contrastent avec les vérités contingentes et bornées que nous devons à l'expérience. Ces vérités pourraient parfaitement être certaines *à priori*, tout en reposant sur des idées données *à posteriori*, les résultats de l'analyse d'une idée ne dépendant en rien de l'origine attribuée à cette idée.

Ainsi se trouveraient conciliées, comme elles se conciliaient, je crois, dans l'esprit de Leibnitz, les prétentions du spiritualisme, de ce que nous pourrions appeler l'empirisme spiritualiste, à faire de la conscience de notre être et de ses attributs, la source de toutes nos idées, avec les justes protestations de l'idéalisme ou rationalisme en faveur de cet ordre supérieur de vérités nécessaires, éternelles et universelles, que Leibnitz accusait Locke d'avoir méconnues. Les exagérations seules seraient écartées, à savoir, d'une part, l'hypothèse des idées innées, préformées, données indépendamment de toute perception de leur objet, et devant sourdre, à l'occasion d'autres objets, du sein des profondeurs mystérieuses de notre intelligence ; de l'autre, la prétention de réduire tous nos jugements à ceux qui ont pour unique objet les faits et les rapports contingents qui unissent les faits.

Mais c'est déjà trop insister sur ces faibles aperçus. Quoique nos conclusions, si elles étaient fondées, dussent en recevoir une nouvelle force, ces conclusions n'en dépendent pas : encore une fois, notre impuissance à résoudre un problème ne saurait nous obliger à admettre pour vrai une solution que tout dément ; ni notre ignorance de la vraie source de la lumière qui éclaire notre esprit sur telles ou telles vérités, nous obliger à nier ou à révoquer en doute l'existence de cette lumière, lorsque nos yeux en perçoivent l'éclat.

Un mot maintenant sur la question de l'autorité et de la valeur des principes auxquels se rapporte ce débat. Elle dépend entièrement de celle de l'origine de ces principes. Si la nécessité où nous sommes de les subir tient uniquement à tels et tels besoins particuliers de notre esprit, tout à fait étrangers à la nature des choses, il est clair qu'ils n'ont qu'une valeur subjective et que nous n'avons aucun droit de les considérer comme représentant ce qui est en soi, indépendamment de nos pensées; mais si cette nécessité résulte, comme nous l'avons dit, de l'évidence du rapport des termes dont ils expriment l'indissoluble association, ils ont la valeur et l'autorité de tous les jugements fondés sur l'évidence. Qu'est-ce que l'évidence? Nous ne chercherons pas plus à la définir que ne le fit Descartes au moment où il l'érigeait en loi souveraine des esprits, opposant avec une égale raison cette grande loi à la folie de ceux qui veulent douter de tout, et aux témérités dangereuses de ceux qui ne savent douter de rien. L'évidence est ce que tout le monde sait, le caractère de la proposition : « Je pense, donc je suis, » et aussi de la proposition « je pense, » des propositions « je veux, je désire, je crois, je me souviens, » pour celui qui a conscience de sa volonté, de son désir, de son souvenir, de sa foi ; c'est aussi, pour celui qui sent la terre résister sous ses pas, ou qui perçoit la lumière du soleil, le caractère des propositions qui affirment l'existence de la terre et du soleil ; c'est, en un mot, le caractère de toute vérité connue. L'évidence est le signe de la vérité, le fondement de la certitude. Pourquoi? Uniquement parce qu'elle est l'évidence, parce qu'elle est le signe de la vérité, parce qu'elle est la vérité connue, parce qu'avoir l'évidence c'est connaître, et qu'avoir la certitude c'est aussi connaître, savoir qu'une chose est ; et qu'ainsi, douter, en présence de l'évidence reconnue pour telle, ce serait nier notre connaissance au moment même où nous la constaterions. On a cherché quelquefois à confirmer l'autorité de l'évidence, en alléguant l'impossibilité où nous sommes de ne pas en subir l'empire. C'est là une pensée très-malheureuse, aussi malheureuse que pourrait l'être la pensée de justifier le droit par la force, alors qu'il y aurait lieu de justifier la force par le droit, celle d'appuyer la vérité sur l'erreur, ou bien de vouloir employer la violence là où il y a persuasion et où la persuasion suffit. Entre la nécessité, la simple impossibilité de ne pas croire, et l'évidence, il y a, en effet, toute la distance qui sépare la force du droit, le simple fait du principe, la violence de la persuasion, l'erreur ou au moins le préjugé arbitraire de la vérité. La simple impossibilité de ne pas séparer deux idées peut être un pur effet de l'imagination, de l'habitude, des bornes de notre esprit, de mille causes subjectives, c'est-à-dire, sans rapport à la nature des choses représentées par nos idées. En lui cédant, l'esprit subit une véritable violence dont il s'affranchira d'autant plus qu'il s'appartiendra plus ou qu'il rentrera plus en lui-même, comme la volonté s'affranchit d'autant plus du joug des passions, qu'elle est plus recueillie en soi et se rend mieux compte d'elle-même et de son propre but. L'évidence est toujours le résultat d'un acte de l'entendement percevant clairement que deux objets de nos idées ne peuvent être séparés et que l'un implique l'autre. L'évidence est la marque de la vérité. En cédant à l'évidence, l'esprit, bien loin de subir une violence, obéit à sa propre nature, à ses propres lois; il cède, comme la volonté, en cédant au devoir; il s'y arrête, il s'y repose, comme la volonté, dans le bien, d'autant plus qu'il est plus libre, qu'il s'appartient plus, qu'il réfléchit plus, qu'il se rend mieux compte de ses pensées et du terme auquel il aspire.

Et c'est ainsi qu'il faut, en effet, toujours lui céder. Il faut croire à l'évidence, non-seulement parce que nous ne pouvons pas faire autrement; mais parce que nous le devons, parce que cela est raisonnable et que le contraire ne l'est pas, parce qu'en un mot l'évidence est la vérité reconnue pour telle.

Kant ne nie pas cette autorité de l'évidence : c'est le fait même de l'évidence qu'il conteste, ainsi que Hume, ainsi que tous les sceptiques; c'est elle que détruit et que nie implicitement son système, en expliquant par d'autres causes l'empire exercé sur notre esprit par les principes dont il cherche à démontrer le caractère subjectif. Cette explication ruinée, il n'y a donc plus rien, dans la partie systématique de l'argumentation de notre sceptique, qui puisse nous faire hésiter à accorder aux principes du sens commun la foi que tout nous porte à leur accorder, et à les prendre pour règle de nos jugements. Voyons maintenant les sujets de doute qu'on essaie de tirer des résultats de l'application de ces principes.

## CHAPITRE VII.

DE LA MÉTAPHYSIQUE. EXAMEN DE LA CRITIQUE DONT LES RESULTATS DES TRAVAUX DE CETTE SCIENCE SONT L'OBJET DE LA PART DE KANT, ET DES CONSÉQUENCES TIRÉES DE CETTE CRITIQUE.

—

I. *Psychologie: De l'âme.* — Autre est la question de l'autorité ou de la véracité de la raison humaine ; autre est celle de l'étendue du pouvoir de cette faculté. Je suppose qu'encore aujourd'hui, après les longs efforts de tant d'excellents génies, nous n'eussions absolument aucune connaissance ni de la cause de toutes les existences, ni de la nature de notre être, et que la métaphysique qui aspire à nous donner cette connaissance ne fût, comme le veut Kant, qu'un tissu d'illusions, de sophismes ou d'hypothèses arbitraires ; il pourrait naître de là une idée fort triste de la faiblesse des facultés de notre esprit, et de la condition à laquelle nous réduit cette faiblesse ; mais je ne vois pas qu'on pût y trouver le moindre sujet de révoquer en doute le témoignage de ces facultés sur les objets qui leur sont accessibles, et d'accepter les conclusions du scepticisme contre la vérité objective de la connaissance humaine en général. Mais nous croyons pouvoir soutenir qu'il n'en est même pas ainsi, et que, malgré tout ce qu'ils peuvent laisser en nous d'impatiente curiosité non satisfaite, les enseignements de la philosophie première, au moins en ce qui concerne l'âme et Dieu, ces deux pôles de tout savoir humain, ne sont pas aussi vains que les critiques de notre sceptique tendraient à nous le persuader. Ces critiques nous paraissent, en effet, aussi exagérées dans leurs résultats que mal fondées en principe.

Dans cette science de l'âme, à laquelle Kant donne le nom de psychologie rationnelle, il y a deux sortes de maximes très-distinctes : les unes auxquelles ce nom convient fort peu, la conscience suffisant pour nous les donner, et la raison ni le raisonnement n'y ayant guère aucune part; les autres dépendant plus de ces dernières facultés. Les premières sont celles qui ont pour objet l'unité, la simplicité, l'identité du moi et le caractère immédiat de la certitude de notre existence; les dernières, la spiritualité du sujet pensant et les conséquences qui en résultent. Kant, nous l'avons vu, admet que l'unité, la simplicité et l'identité sont, en effet, impliquées nécessairement dans la notion du moi ; seulement le moi, suivant lui, n'ayant rien de réel, le moi n'étant ni une substance ni un être, puisqu'il ne saurait être donné en intuition, et que les concepts de substance, d'être et même d'existence n'expriment que certains modes de la synthèse des phénomènes donnés en intuition ; le moi n'étant que l'unité de la synthèse opérée à l'aide des formes de l'entendement, pure forme lui aussi ; n'ayant de réalité que par son application à la matière fournie par le phénomène sensible ; le moi n'ayant, en un mot, qu'une existence subjective, il doit nécessairement en être de même de ces attributs. Évidemment, s'il faut porter du système sur lequel se fondent ces derniers paradoxes, le jugement que nous en avons porté, une telle argumentation, bien loin d'infirmer en rien les maximes de la psychologie spiritualiste, en est, au contraire, la sanction manifeste [1].

[1] Kant confirme, tout en la combattant en apparence, sous le nom de quatrième paralogisme de la psychologie rationnelle, jusqu'à l'opinion cartésienne, qui subordonne la certitude de l'existence des objets extérieurs à celle du sujet pensant. La seule chose qu'il oppose à cette opinion, c'est que rien ne saurait précéder en nous la représentation de l'étendue. Or, cette représentation n'est qu'un fait en nous, et les Cartésiens entendent, comme tout le monde, par ce mot objet, autre chose que de pures représentations ; et ils comprennent d'ailleurs toutes nos représentations,

Pour ce qui est de la spiritualité de l'âme, deux choses la combattent dans l'esprit de Kant : un argument et un préjugé. L'argument est fondé sur cette considération, que la matière pourrait bien n'être pas, comme on le suppose communément, divisible à l'infini, et toujours nécessairement composée. Accordons le principe et la conséquence qui en résulte immédiatement, que la nature de l'âme pourrait bien ne pas différer essentiellement de celle des éléments premiers de la matière. Que conclure de cette proposition, admise par Leibnitz, le plus spiritualiste des philosophes, contre la thèse du spiritualisme? De quoi s'agit-il dans cette thèse? Il s'agit de l'âme et non de la matière ; il s'agit d'exclure de l'idée de l'âme certains attributs sous lesquels on conçoit en général la matière, notamment l'étendue et la divisibilité. Vient-on à dépouiller de ces attributs la matière elle-même ou les éléments premiers de la matière, et à accorder à ces éléments les attributs que le spiritualisme soutient être ceux de l'âme, on ne crée aucune difficulté à cette doctrine ; on abonde, au contraire, dans son

quelles qu'elles soient, au nombre de ce qu'ils appellent pensée et dont ils soutiennent la certitude immédiate et supérieure. On leur accorde donc tout, bien loin de rien alléguer contre leur sentiment, lorsqu'on raisonne comme le fait ici Kant.

sens, dans la plus large mesure; on en pousse les principes jusqu'aux dernières limites, puisque, bien loin de matérialiser l'esprit, on spiritualise la matière elle-même.

Le préjugé dont nous parlons est celui qui pose immédiatement en principe la thèse la plus opposée au spiritualisme; celui que Hobbes opposait à Descartes [1]; celui dont Kant subit l'influence lorsqu'il soutient qu'il n'y a de réel que ce qui peut être donné en intuition. Il faut peut-être faire une concession aux défenseurs de ce préjugé; il faut peut-être leur accorder que l'âme ne saurait être entièrement séparée de tout rapport à l'étendue : telle était, en effet, la pensée de Leibnitz. Mais là n'est pas la question; elle est de savoir si l'âme est elle-même étendue, ce qui en détruirait la simplicité, et surtout si les autres attributs de notre être sont sous la dépendance de l'étendue et de ce qui tient à l'étendue, ou si même ils n'en seraient qu'une

---

[1] « Certes, ce n'est point d'autre chose que de ce que nous ne pouvons concevoir aucun acte sans son sujet, comme la pensée sans une chose qui pense, la science sans une chose qui sache, et la promenade sans une chose qui se promène; et de là il semble suivre qu'une chose qui pense est quelque chose de corporel; car les sujets de tous les actes semblent être seulement entendus sous une raison corporelle ou sous une raison de matière. » (*Objections contre les méditations*; Obj. 2e.)

modification, comme le supposent ceux qui réduisent la pensée à de purs mouvements mécaniques? Or, bien loin qu'il en soit ainsi, tout porte à croire que l'étendue n'est qu'un phénomène résultant du rapport naturel de forces simples et inétendues dans leur nature intime, et que si la substance, dont nous trouvons le modèle en nous, se lie nécessairement à l'étendue, c'est moins comme le mode à la substance, ou l'effet à la cause, que comme la substance au mode et la force à sa manifestation relative; de telle sorte que l'univers devrait être conçu beaucoup moins comme un système de phénomènes dont l'étendue serait la base et l'être spirituel un des accidents, que comme un système de forces analogues aux esprits, dont l'étendue serait, avec tout ce qui en dépend, la manifestation relative. C'est ainsi que Leibnitz concevait ses monades, qu'il avait peut-être le tort, non pas de présenter comme simples en elles-mêmes, mais peut-être d'envisager trop exclusivement par le seul côté de leur simplicité.

II. *Théologie : Existence de Dieu.*—La polémique de Kant contre cette partie capitale de la métaphysique a pour principal objet, avons-nous vu, de démontrer, d'une part, que toutes les preuves de l'existence d'un Être suprême se ramènent à l'argument ontologique; de l'autre, que cet argument est un pur sophisme. Nous ne prendrons pas la défense de ce dernier argument. Ce n'est pas qu'il nous paraisse tout à fait dépourvu de valeur et que nous soyons fort touché des objections que lui opposent Kant et Gassendi[1]; mais nous convenons qu'il est peu clair, défectueux au moins quant à la forme, peu propre à porter la conviction et la lumière dans un esprit qui ne les aurait pas reçues d'ailleurs; et, à tout prendre, nous n'aimerions pas qu'on en fît

---

[1] Il y a un milieu, croyons-nous, entre les deux alternatives du dilemme de Kant, aussi bien qu'entre celles que pose l'adversaire de Descartes. Entre les jugements analytiques et les jugements synthétiques, tels que nous les avons vu définir par la *Critique*, il pourrait y avoir, ce me semble, une sorte de jugements intermédiaires, ceux où le sujet contiendrait l'attribut, virtuellement, confusément, plus ou moins à l'insu de celui qui conçoit ce sujet. Il y a un milieu aussi entre les deux parties du dilemme de Gassendi : poser l'existence de l'infini, actuellement, sciemment, et refuser absolument de la poser; à savoir, la poser implicitement et insciemment, par cela seul qu'on en pose la possibilité, sauf à remarquer ensuite qu'on a fait implicitement cette supposition. Or, c'est précisément dans cette remarque que consiste la preuve ontologique, qui est beaucoup moins une déduction proprement dite qu'un acte de réflexion immédiate, ayant pour résultat de nous faire remarquer dans notre idée un des éléments qu'elle renferme par sa nature; je veux dire l'affirmation même de l'infini, inévitablement enveloppée dans l'acte par lequel nous le concevons, le sentiment de l'incompatibilité de cette idée avec l'idée de la pure possibilité sous laquelle nous concevons en général les objets purement idéaux de nos pensées.

le type des raisonnements de la métaphysique, et qu'on jugeât par lui de la valeur des spéculations de cette noble et difficile étude.

Mais ce qui nous paraît souverainement faux et uniquement fondé sur de purs sophismes, c'est la prétention de réduire à ce seul argument, si décrié et si peu populaire, tous les motifs qui peuvent porter l'homme consultant froidement sa raison, à croire à l'existence d'un Être suprême. « Il est clair, nous dit
» Kant, que conclure, comme on le fait dans la preuve
» cosmologique, que l'être infini existe, de cela seul
» qu'il n'y a qu'un être infini qui puisse exister par
» lui-même, c'est supposer que le concept d'un être
» absolument parfait satisfait pleinement au concept
» de la nécessité dans l'existence, c'est-à-dire, que l'on
» peut conclure de ce concept à cette nécessité, pro-
» position qu'affirmait l'argument ontologique.»

Ceci nous semble un vrai sophisme. La preuve cosmologique est celle dans laquelle, après avoir posé en principe qu'il existe un être par soi, on cherche ensuite à montrer qu'un être infiniment parfait peut seul offrir les conditions de l'existence absolue, c'est-à-dire, que l'être absolu est infiniment parfait, par cela même qu'il est absolu, et par suite que l'être parfait, ou Dieu, existe. On voit que si l'argument cosmologique a cela de commun avec l'argument ontologique, qu'il repose, comme lui, sur la comparaison des idées d'infini et d'absolu, il en diffère en ce que, au lieu de conclure de l'infinité à l'existence absolue, on y conclut, au contraire, de l'existence absolue posée en principe, à l'infinité, à la souveraine perfection.

Kant oublie cette différence, qui est pourtant capitale; car il en résulte que l'objection que l'on fait contre la preuve ontologique, en essayant de montrer l'impossibilité de conclure l'existence comme un attribut, ne touche en rien la preuve cosmologique, où l'existence absolue est prise comme sujet et non comme attribut, comme base et non comme but du raisonnement.

L'argument cosmologique n'a peut-être pas été porté encore à un tel degré de perfection, qu'on ne puisse y trouver aucune obscurité; mais la marche en est, ce me semble, parfaitement naturelle et régulière. On y affirme deux choses : la première, qu'il y a un être absolu ou par soi; la seconde, que l'infini peut seul offrir les conditions de l'existence absolue. La première de ces affirmations est incontestable et au fond incontestée, admise implicitement par tous les systèmes. On peut se former telle ou telle notion de l'absolu, l'unir au monde ou l'en séparer, le concevoir comme esprit ou comme matière, comme fini ou infini, un ou multiple, substance ou cause ; mais, sous une forme ou sous une autre, on l'admet toujours : même dans le système épicurien des atomes, il y a un absolu ; à savoir, les atomes avec leur mouvement et l'espace dans lequel ils se meuvent. C'est qu'en effet, nous l'avons déjà dit, dès qu'on admet, comme il est impossible de l'éviter, que tout ce qui est a une raison d'être, est par quelque chose, on ne peut sans contradiction se refuser à admettre l'existence d'un être par soi, ayant sa raison d'être en lui-même. Car, tout ne peut pas être par autre que soi, puisqu'alors il y aurait quelque chose hors de tout ; à savoir, ce par quoi tout serait ; ce Tout ne serait donc pas le véritable Tout.

La seconde partie de l'argument, le rapport de l'absolu à l'infini, semble offrir une évidence moins rigoureuse ; mais il est digne de remarque qu'on se sent d'autant moins porté à douter de la réalité de ce rapport, et que cette évidence croît d'autant plus qu'on approfondit plus et que l'on compare plus attentivement les termes. Plus on y réfléchit, plus on trouve impossible qu'un Être limité offre les conditions de l'existence absolue ; que ce qui n'est pas l'Être et qui, par suite, ne peut être conçu que par sa participation à l'Être, puisse être tenu pour pleinement indépendant; que ce qui ne remplit pas la mesure du possible puisse être pris pour l'être nécessaire. Le sentiment de cette impossibilité semblerait même être un fait primitif de notre raison, et servir à constituer un de ses principes fondamentaux, le principe de causalité. Ne sont-ce pas, en effet, toutes les choses finies que, sous l'empire de ce principe, nous nous sentons forcés de rapporter à une cause, c'est-à-dire, à une raison d'être extérieure à elles-mêmes? Ne sont-ce pas précisément leurs imperfections et leurs limites qui nous y contraignent? Les circonstances qui nous rappellent, par exemple, notre faiblesse, notre impuissance ou notre caducité, ne sont-elles pas les mêmes qui réveillent avec le plus d'énergie le sentiment de notre dépendance, et nous portent le plus irrésistiblement à élever notre pensée vers Celui qui, nous ayant dispensé la vie, la tient incessamment sous sa puissance?

Passons aux enseignements que la théologie naturelle essaie de tirer des faits. Il est difficile de savoir bien au juste quel est, après toutes les critiques et tous les éloges que Kant fait de cet ordre de considérations, le jugement définitif qu'il en porte. Quoi qu'il en soit, nous lui accordons, ce qu'il paraît surtout vouloir établir, que la connaissance de l'Être souverain donnée par les faits est toute relative à ces faits ; que, pour pénétrer plus avant, pour s'élever plus haut, pour connaître, par exemple, l'infinité absolue de cet être, ou même seulement l'infinité de ses attributs relatifs, il faudrait le concours de considérations d'un autre ordre. Mais nous ajoutons : premièrement, que cette connaissance, toute bornée qu'elle soit, dépasse encore infiniment le cercle étroit dans lequel le système de la *Critique* tendrait à enfermer la pensée humaine ; deuxièmement, que c'est amoindrir contre toute vérité cette connaissance relative, que de la restreindre, comme le fait Kant, à la seule conclusion de ce qu'il nomme la preuve *physico-théologique,* c'est-à-dire aux inductions tirées des phénomènes du monde visible.

On nous accorde que la multitude infinie des rapports d'ordre et d'harmonie que le monde visible offre à nos regards, démontre l'existence d'un être très-sage, très-bon, en même temps que très-puissant, quoique nous ne puissions pas nous assurer que les attributs d'un tel être remplissent absolument les idées d'infinité, de perfection, de toute-puissance, sous lesquelles les hommes conçoivent généralement l'Être suprême. Même réduite à ces termes, la connaissance de Dieu aurait bien, ce nous semble, une certaine valeur, quelque éloignée qu'elle fût d'ailleurs de satisfaire aux aspirations de notre esprit; et il nous semble aussi qu'elle dépasserait fort les bornes auxquelles nous réduit le système, par ses définitions de toutes nos idées fondamentales, et particulièrement de l'idée de cause. Mais il est vrai de dire qu'on ne nous l'accorde qu'à regret et comme par grâce. Elle repose sur une analogie sur laquelle on ne veut pas, dit-on, « chicaner la raison naturelle, » mais qui ne supporterait peut-être pas la sévérité de » la *Critique transcendentale.* » Eh bien ! renonçons à cette analogie et à la conclusion qui en résulte. Faisons comme les physiciens : écartons aussi sévèrement que le font ces savants, toute notion métaphysique de cause déterminée autrement que par son rapport aux phénomènes qui nous obligent à la supposer; bornons-nous à la simple induction résultant rigoureusement de la seule comparaison des faits. Si nous considérons les merveilleux rapports de convenance et d'harmonie que nous offrent les choses visibles, notamment dans l'organisation des êtres vivants, l'infinie multitude de ces rapports jointe à leur extrême diversité, et surtout leur universalité, leur constance, la manière dont ils se perpétuent à travers les mille changements qui renouvellent incessamment la face des choses, puis aussi le caractère bienfaisant des lois générales de la nature, ne serons-nous pas forcés de conclure qu'un principe d'ordre et de bien, quelle qu'en soit d'ailleurs la nature intime, préside aux destinées du monde? Cette conclusion n'est-elle pas aussi nécessaire que celle par laquelle nous inférons de tous les mouvements des planètes et de leurs satellites comparés à la chute des corps vers la surface de la terre, le principe qui précipite toutes les parties de la matière les unes vers les autres? C'est bien peu, sans doute, pour remplir les vœux du cœur et de la conscience ; ce serait déjà assez, ce me semble, pour encourager et justifier nos efforts, soutenir nos espérances, régler notre activité, donner à la vie un sens, une valeur morale et universelle, une destinée à l'humanité, une base et un but à nos devoirs. C'est assez, encore, pour condamner le système ; car il nous paraît aussi difficile de concilier ces faits avec les définitions dont nous venons de parler, que de leur opposer autre chose que ces définitions.

Mais est-il bien vrai que nous en soyons réduits là? Je suppose que nous ne puissions connaître le souverain Être que par ses œuvres: se réduisent-elles, ces œuvres, aux seuls faits du monde physique? N'y aurait-il rien, dans les faits que nous portons en nous, qui pût fortifier et étendre les conclusions tirées de cette dernière source? N'y aurait-il rien, dans les faits de l'intelligence et du cœur, dans l'harmonie, le caractère et le but de nos penchants, dans les sentiments naturels de l'honnête et du juste et dans les idées qui leur servent de fondement, qui fût propre à nous faire soupçonner que l'intelligence, la vérité et le bien sont, aussi bien que l'être, à l'origine des choses et dans leur principe éternel? N'y aurait-il rien, dans ces idées de l'infini, de l'absolu, de l'éternel, qui préoccupaient si vivement les Descartes, les Fénelon, les Malebranche, qui pût nous faire entrevoir la grandeur de ce principe? D'où vient qu'on néglige toutes ces merveilles du monde intellectuel et moral, aussi admirables et aussi significatives, ce me semble, que celles du monde physique ? D'où vient qu'au lieu de tirer de ces sentiments de la conscience, qui font la gloire de notre nature et proclament si haut celle de son auteur, l'induction qui en résulte si évidemment sur les attributs de la Bonté souveraine dont ils émanent, on les réserve pour la *Critique de la raison pratique*, où, au lieu de servir à éclairer l'esprit, ils serviront à lui faire une violence aussi déraisonnable qu'inutile ; où, au lieu de conclure simplement, sensément, de leur existence à celle du principe d'ordre, de justice et de bien dont ils sont la plus admirable expression, on tirera sophistiquement, suivant la méthode qui substitue le cœur à la raison, de la force et de la vivacité du besoin de croire auquel ils donnent naissance, la foi à l'existence de ce principe? D'où vient, enfin, qu'ayant à mesurer la vraisemblance de l'affirmation d'une cause intelligente, résultant des faits d'ordre par lesquels cette cause se manifeste, on néglige de porter ses regards sur le seul être où paraisse d'une manière marquée le but final de cet ordre, le seul où la bonté intrinsèque de la fin s'unisse à l'harmonie et à la multiplicité des moyens, pour mettre au-dessus de tout doute l'intention et le discernement de la cause de cette harmonie? D'où vient, en un mot, que, dans l'appréciation de la connaissance d'une cause résultant des effets de cette cause, on néglige celui de ces effets qui seul contient une expression manifeste des attributs de la cause et la marque évidente de ses desseins? Assurément, même en tenant compte de tous les faits trop négligés, cette connaissance sera encore bien bornée, bien inférieure à nos désirs. Mais là n'est pas la question; elle est de savoir si cette connaissance est vaine, si la lumière qui jaillit de ces faits est illusoire, s'ils ne doivent produire sur nos esprits aucune impression légitime, si leur accord n'ajoute rien à la vraisemblance résultant de chacun d'eux; en un mot, si tout se passe comme l'exigeraient les principes du système [1] ?

[1] On nous fait ici une grave objection : « La preuve expérimentale, nous dit-on, n'a de valeur qu'à une condition ; à savoir, que le monde est donné comme un effet supposant une cause. Alors évidemment, de l'ordre on peut conclure à l'ordonnateur ; mais cette preuve ne vaut rien contre Spinosa et le Panthéisme, qui ne distingue Dieu du monde que comme la substance du mode. Personne n'a jamais contesté au monde son beau titre de *Cosmos*. Mais s'il est lui-même, au moins dans sa substance, l'être absolu, il n'y a rien à induire de ses caractères. La preuve téléologique en suppose donc une autre. Nous aurons beau énumérer les merveilles du monde moral après celles du monde physique, le Panthéisme nous arrêtera d'un seul mot : l'être n'est pas seulement nature, il est aussi esprit. Il est au moins douteux que le principe de causalité puisse dépasser la sphère bornée de l'expérience et s'appliquer aux grandes questions de la métaphysique. Mais, quand il le pourrait, quand nous pourrions conclure de l'univers à une cause absolue, nous n'aurions pas le droit d'affirmer pour cela la séparation de l'effet et de la cause. Or, là est la question ; elle est si Dieu est distinct et séparé du monde, ou s'il lui est uni comme la substance au mode. »

Je dis premièrement que là n'est pas la question. Là est bien la question qui a fait le plus de bruit dans ces derniers temps, mais nullement celle qui intéresse le plus l'humanité. Dépendons-nous, le monde dont nous faisons partie dépend-il d'une cause agissant sans but et sans dessein, ou d'un principe d'ordre et d'harmonie? Sont-ce les lois de la pensée et du bien, ou celles de l'aveugle matière, qui président aux destinées de notre être et des êtres qui nous entourent? Si l'on admet que ce sont les lois de la pensée, faut-il croire que cette pensée, plus précisément la pensée, est éternellement en acte dans le principe éternel des choses, ou n'y serait-elle que comme une pure virtualité, et faudrait-il la concevoir, avec Hegel, seulement comme le terme final auquel devait

Disons-le donc, la psychologie et la théologie, bien loin de contenir la justification du système, nous of-

aboutir, à un moment donné de son développement, la substance dont le monde serait la vie, ou plutôt la puissance indéterminée, indéfinie, dont il serait l'acte ? Voilà les questions, surtout la première, qui nous intéressent par-dessus tout, et auprès desquelles nous paraît bien peu urgente, quelque attrait qu'elle puisse offrir d'ailleurs à notre curiosité, celle de savoir si l'Être absolu est ou non co-substantiel aux êtres qui tiennent de lui leur existence. Il nous paraît évident, d'abord, que les lois de l'ordre et du bien, qui sont les mêmes que celles de la pensée, président à l'évolution des choses ; que l'intelligence n'est pas dans les choses, ainsi que le voulait Épicure, comme un pur accident, comme un effet du hasard, mais comme leur principe constitutif essentiel. Pour ce qui est du rapport d'antériorité entre le virtuel et l'actuel, à part que la pure virtualité nous paraît, comme à Aristote, répugner tout à fait à l'absolu, il nous semble que la constitution des choses qui s'offrent partout à nos regards, démontre un principe éternellement en acte, et qu'une pensée en puissance est aussi peu propre à rendre compte de l'organisation harmonique des êtres, qu'une intelligence qui ne s'exerce pas et ne s'est jamais exercée, de la suite des paroles qui composent un beau discours. Le monde aussi est comme une suite de paroles pleines de sens et profondément combinées. Cette parole nous paraît sans doute souvent interrompue, souvent entrecoupée de sons inintelligibles ou discordants. Elle semble se faire jour péniblement, comme empêchée par je ne sais quelle nécessité dont les philosophes ont souvent cherché la cause, la plaçant tantôt dans la rébellion de la matière, tantôt dans l'irrémédiable néant de toutes les choses créées, tantôt ailleurs ; mais, enfin, tout imparfaite qu'elle soit, elle n'en subsiste pas moins et n'en suppose pas moins une pensée qui s'exprime en elle. Peu importe d'ailleurs que cette pensée soit, comme la nôtre, indissolublement et nécessairement unie à son expression, ou qu'elle

frent, au contraire, un nouveau sujet de le condamner, puisque, toutes faibles qu'elles sont, les trop rares lueurs que nous leur devons sur les deux plus grands objets qui puissent être offerts à nos méditations, ne peuvent s'accorder avec ses hypothèses.

puisse lui préexister et planer au-dessus. Nous ne nions pas que les êtres organisés ne puissent être souvent considérés avec raison comme une puissance dont la pensée est l'acte, et que, par exemple, le développement de la pensée de l'homme ne soit l'acte et le but auquel tend son organisation, et même, si l'on veut, toute la partie de la création qui nous est connue ; il nous paraît seulement qu'avant cette puissance et l'acte qui en est le but, il doit y avoir une pensée actuelle, éternelle, servant de fondement à l'une et à l'autre.

Je dis, en second lieu, sans vouloir admettre les doutes émis sur le principe de causalité, mais pour ne pas soulever un débat inopportun; je dis que pour s'élever à l'idée d'une intelligence invisible, servant de fondement à l'ordre visible des choses, il n'est pas nécessaire de recourir au principe de causalité : il suffit du principe de la raison suffisante, principe plus abstrait, plus indéterminé, plus simple, et, sinon plus certain, au moins offrant un caractère d'universalité plus difficile à contester. En affirmant, d'après ce principe, que le monde ne peut s'expliquer que par l'action d'une cause agissant avec dessein, je ne suppose ni la cause, ni l'intelligence de la cause, j'en prouve l'existence. Pareillement, lorsque les faits du monde moral m'obligent à admettre un principe dont le développement a pour dernier terme le bien, si je conçois ce principe comme une cause active bienfaisante, je ne suppose pas cette activité, pas plus que je n'en suppose le caractère bienfaisant ou l'intelligence, en vertu d'une loi générale de ma raison, qui m'obligerait à rapporter tout fait à une cause active ; je l'induis plus ou moins légitimement de la nature particulière des faits offerts à mon observation.

III. *Cosmologie : Antinomies.* — De toutes les parties de la métaphysique, la cosmologie est assurément la plus défectueuse et la moins digne du nom de science. Peut-être faudrait-il ajouter, et la plus inaccessible à l'esprit humain ; le but de son ambition, qui est de déterminer les rapports du fini à l'infini, paraissant exiger une connaissance des deux termes de ce rapport plus profonde et plus intime qu'il ne nous est permis d'y prétendre. Aussi n'entendons-nous pas en prendre la défense, ni surtout en résoudre les contradictions. Ce qui doit nous occuper, ce sont uniquement les conséquences qu'on prétend tirer de ces contradictions. Pour quel motif les fait-on ressortir avec tant de soin ? Si c'était seulement pour éveiller en nous le sentiment de notre faiblesse et de la nécessité de nous montrer réservés dans nos affirmations, nous n'aurions rien à objecter. Bien loin de redouter ce sentiment, nous croyons, au contraire, qu'il peut seul prévenir les excès du nihilisme et du scepticisme, effet trop ordinaire de la précipitation et de la présomption dogmatique. Mais on veut autre chose: les détracteurs de la raison humaine se proposent un autre but, lorsqu'ils s'attachent avec tant de persévérance à mettre la raison en opposition avec elle-même : ils veulent infirmer l'autorité de cette faculté, faire mettre en doute la valeur des idées et des principes qui la constituent. Ce que veut Kant en particulier, c'est confirmer par la vérification de ces conséquences, son hypothèse de la subjectivité des notions de temps et d'espace. L'argument serait invincible en effet, si les contradictions signalées résultaient nécessairement de l'usage rigoureux de ces notions, si elles résidaient dans les actes propres de la raison, dans des jugements que nous ne pourrions nous abstenir de porter, sans renier le témoignage de cette faculté, sans renoncer à son *criterium* et à ses principes. Est-ce bien là ce qu'on trouve dans les antinomies ? La plus légère attention suffira pour nous convaincre du contraire.

Dans la première antinomie, on s'efforce de démontrer successivement l'impossibilité de concevoir, sous l'idée d'un nombre fini et sous celle d'un nombre infini, la multitude des phénomènes qui remplissent le temps et l'espace. Je suppose cette double démonstration parfaitement rigoureuse; resterait à prouver qu'il n'y a pas de milieu possible entre les deux hypothèses. Leibnitz admettait ce milieu en distinguant entre le nombre et la multitude ou la quantité, et en faisant de la série des phénomènes une multitude sans nombre. Nous ne disons pas que cette idée ne présente aucune obscurité ; mais là n'est pas la question : elle n'est pas de savoir si nous pouvons avoir en tout des idées parfaitement claires, mais si nos idées claires peuvent nous tromper, et si les conséquences que nous en tirons rigoureusement peuvent se contredire. Elle n'est pas de savoir si nous pouvons tout connaître, mais si ce que nous connaissons est, ou non, la vérité. Pour ce qui est de l'argument par lequel on repousse implicitement l'hypothèse de Leibnitz, en alléguant que « nous ne pouvons concevoir la grandeur d'une quan- » tité qui n'est pas donnée en intuition, autrement que » par la synthèse des parties, ni la totalité d'un tel » *quantum* que par la synthèse complète ou par l'ad- » dition répétée de l'unité à elle-même, » il n'est pas besoin de montrer qu'il repose entièrement sur le système et ne saurait par conséquent lui servir d'appui.

Au sujet de la deuxième antinomie, la question est encore de savoir s'il n'y aurait pas un milieu entre les deux hypothèses dont on cherche à démontrer l'impossibilité. Nous n'avons certes pas la prétention de déterminer avec précision ce milieu. Toutefois, nous ne pouvons nous empêcher de remarquer qu'en montrant l'impossibilité d'un être simple placé dans l'espace, on n'allègue rien contre l'idée d'une force, d'un système de forces qui, loin d'être placées dans l'espace, le comprendraient logiquement et lui serviraient de fondement. Il est bien vrai, d'une part, que l'étendue ne saurait se suffire à elle-même, que la chose étendue ne saurait être composée que d'éléments simples ; et, de l'autre, que le simple, en tant que simple, ajouté à lui-même, ne saurait donner l'étendue ni être dans l'étendue ; mais tout cela ne prouve, ni que le simple ne puisse être uni à l'étendue par une autre sorte de relation que celle dont on montre l'impossibilité, ni que le principe substantiel de l'étendue ne puisse être simple en lui-même.

Dans la troisième antinomie, la thèse et l'antithèse ne nous semblent nullement opposées. Certainement, entre les deux propositions : « Il y a ou il n'y a pas une » cause absolue spontanée », il faut choisir. Il n'en est pas de même de ces deux-ci : « Il y a une cause spon- » tanée ; » « tout phénomène dépend d'un phénomène » qui précède. » Ces deux dernières propositions n'ont rien d'inconciliable. Le phénomène qui précède n'est jamais que la condition ou la raison déterminante de celui qui suit ; il ne dispense pas de recourir à une cause supérieure. Les positions successives d'un corps en mouvement ne sont pas causes les unes des autres ; il est vrai seulement que celle qui suit suppose celle qui précède. Chacune des phases de la vie d'une plante dépend de celles qui l'ont précédée, le fruit ne pouvant naître avant la fleur, ni la fleur avant la tige ; dans l'histoire géologique du globe terrestre, chaque âge ne peut venir qu'après celui qui a préparé le théâtre nécessaire au développement de ses espèces ; on ne peut pas dire pour cela qu'une des phases de la vie de la plante soit produite par l'autre, les espèces d'un âge par celles d'un autre âge : les faits de chacune de ces séries sont autant de manifestations successives d'une force interne, permanente, invisible en elle-même, qui les domine et les unit tous, comme en nous le moi permanent et identique domine et unit la série successive des actes de volonté et de pensée dont il est le principe substantiel. Le mot de Leibnitz : « Le présent est gros de l'avenir, » n'est vrai que comme expression de la loi du développement de ce principe, et autant que ce principe est compris dans la notion du présent aussi bien que dans celle de l'avenir, et sert à lier l'un à l'autre.

Si la série des phénomènes contingents, alors même qu'on la supposerait infinie, ne dispense pas de recourir à une cause spontanée, elle ne contredit pas non plus la notion de cette cause. La détermination, Leibnitz l'a démontré, n'a rien d'opposé à la liberté. Quand on n'admettrait pas sur ce point le sentiment de ce grand esprit ; quand on attribuerait à la divinité la liberté d'indifférence que lui attribuait Descartes, tout en la refusant à l'homme, la loi de la causalité physique pourrait fort bien encore être conçue, ainsi que la concevait Malebranche, dans son système des causes occasionnelles, comme une loi d'ordre que le Créateur se serait librement imposée à lui-même. Encore une fois, nous ne disons pas tout ceci avec la prétention de dogmatiser sur les plus hautes et les plus difficiles questions que puisse se proposer l'esprit humain, mais seulement pour montrer combien sont peu fondées, peu rigoureusement justifiées, les conclusions que le scepticisme entend tirer des prétendues contradictions de la raison humaine.

Dans la quatrième antinomie, nous trouvons le même abus de l'analyse, la même tendance à isoler et à opposer ce qui doit être uni, que dans la troisième, le même abus de l'argument *ad ignorantiam* que dans les deux autres. On y combat (dans l'antithèse) l'idée d'un être nécessaire, en cherchant à montrer qu'un tel être ne saurait être conçu ni dans le monde ni hors du monde; et il est visible que par : être dans le monde, on entend : y être tout entier et ne contenir rien de plus que les phénomènes qui le constituent, et par : être hors du monde, n'être uni au monde en aucune façon, pas même par une action exercée sur lui. C'est là ce que j'appelle abuser de l'analyse et opposer ce que rien n'autorise à opposer ni même à séparer. Qu'est-ce qui prouve, en effet, l'impossibilité d'un être à la fois uni au monde et infiniment supérieur au monde, se manifestant en lui, mais préexistant et survivant à chacune de ses manifestations, ne s'épuisant en aucune d'elles, ni même dans leur totalité? Mais, nous dira-t-on, comment concevoir cette union? Je l'ignore. Mais qu'importe pour la question qui nous occupe? On a eu successivement recours, pour comprendre cette union, à diverses comparaisons : on l'a assimilée tour à tour au rapport de la substance au mode, au rapport de la force à ses manifestations successives, au rapport de l'universel à l'individuel, de l'espace aux figures géométriques qu'il contient, de l'*intégrale* à la *différentielle*, de l'intelligence à ses actes, etc. Je suppose que tous ces rapprochements soient absolument faux, toutes ces analogies entièrement impuissantes à résoudre la difficulté; je suppose que le rapport de l'être souverain à tout ce qui en dépend, nous échappe entièrement et soit au-dessus de toute comparaison, inexprimable dans aucune langue humaine, impossible à renfermer dans aucune des catégories empruntées à la conscience de notre être borné : je ne vois pas ce qu'on pourrait conclure de là, sinon cette vérité que personne assurément ne songe à nier, qu'il ne nous est pas donné de tout connaître, et que les limites infranchissables de nos connaissances sont souvent bien plus étroites que celles de nos désirs.

Voici donc, en résumé, à quoi se réduit cet effrayant fantôme des antinomies. Il se trouve que sur les questions les plus abstruses, les plus obscures que puisse se proposer l'esprit humain, et les plus propres en même temps à intéresser sa curiosité, des hypothèses contradictoires se produisent, chacune appuyée sur des raisonnements assez plausibles au premier abord, mais au fond pour la plupart assez vides. Que conclure de là? De ce que les objets de nos idées offrent des obscurités, des énigmes, faudra-t-il conclure que ces objets ne sont pas, que nos idées ne représentent rien, que nous ne pouvons rien connaître par leur intermédiaire? De ce que nous ne pouvons pénétrer à fond la nature de l'espace et du temps, ou celle de l'infini et du fini qui s'y rattachent, faudra-t-il conclure que l'espace dans le sein duquel nous nous sentons vivre, dans le sein duquel se meuvent avec nous tous les objets auxquels nous attachent nos affections, nos devoirs ou nos besoins; que le temps, qui embrasse leur existence et la nôtre, aussi bien que celle des mondes qui roulent au-dessus de nos têtes, ne sont que des modes de notre propre sensibilité ?

Il y a, dit quelque part Kant, des questions qu'il faut absolument pouvoir résoudre. Ce langage n'est pas nouveau ; c'est celui de tous les sceptiques. « Tout ou rien ! » est leur devise assez commune, et, comme il est clair que nous n'avons pas tout, il leur est aisé de conclure que nous n'avons rien. Cette devise ne convient pas à l'être que nous sommes. Elle est tout l'opposé de notre condition. Elle ne peut être celle d'un être qui, comme le dit si bien Pascal, qu'on eût désiré ne voir jamais oublier cette grande vérité, » placé entre le néant et l'infini, à égale distance de l'un et de l'autre, est un néant par rapport à l'infini, un infini par rapport au néant.» Le sentiment de cette condition de notre nature est le plus nécessaire et le plus sûr préservatif contre le scepticisme. C'est par là, c'est en apprenant à marquer les limites précises du savoir et de l'ignorance, que Socrate sut triompher à la fois de la sophistique et du dogmatisme intempérant qui lui avait donné naissance. Mais ce sentiment répugne à beaucoup d'esprits, aux esprits impatients, aux esprits violents et emportés, aux esprits tout d'une pièce, à tous les esprits immodérés, sans compter la foule des légers et des présomptueux. De là vient qu'on les voit si souvent osciller de l'excès du dogmatisme à l'excès du doute, et se rejeter dans celui-ci, faute de pouvoir trouver dans le premier la pleine et entière satisfaction que ne comportent pas les bornes de notre intelligence. Rappelons-nous ces étranges raisonnements des *Pensées* où, pour nous montrer que nous ne pouvons rien savoir, on allègue que, toutes choses étant liées, nous ne pouvons en connaître aucune sans connaître toutes les autres; comme s'il ne pouvait pas y avoir du plus et du moins dans la connaissance, et qu'elle ne pût être, sans être infinie [1].

### RESUME ET CONCLUSION.

Voici, en résumé, le résultat auquel nous désirerions voir aboutir tout ce travail. Nous avons voulu prouver deux choses : la première, que les paradoxales conclusions de la *Critique de la raison pure*, sur l'aptitude des facultés de l'esprit humain à connaître la vérité, la réalité des choses, sont le résultat d'un système, c'est-à-dire, des préjugés et des hypothèses de

---

[1] Peu importe ici que ce sophisme exprime le propre sentiment de l'auteur ou celui d'un adversaire qu'il se serait proposé de combattre et de réfuter (Voy. *Études sur Pascal*, par M. l'abbé Flottes). Dans ce dernier cas, il faudrait toujours y voir, avec ce grand écrivain, un des traits saillants du pyrrhonisme absolu.

l'auteur sur la nature de ces facultés, la nature, l'origine et le mode de formation de nos idées, les sources de nos jugements et de l'autorité des principes qui les imposent à notre esprit; la deuxième, que ce système, quoique digne à beaucoup d'égards de son immense célébrité et du grand nom de l'auteur, est, si on le prend à la rigueur, aussi insoutenable dans ses hypothèses fondamentales, qu'extravagant dans les conséquences auxquelles il aboutit, et qu'il ne saurait résister, ni à l'épreuve de la logique, qui le réduit à se détruire lui-même dans ses propres bases, en détruisant les conditions de toute réalité et de toute pensée, ni surtout à l'épreuve des faits.

Assurément, une part de vérité précieuse et singulièrement instructive par la nouveauté et la profondeur des aperçus, se cache souvent sous les erreurs de cette étonnante conception. Mais si l'on nomme erreur, comme on doit le faire quand il s'agit de principes dont on veut poursuivre les conséquences avec la rigueur que nous avons vu Kant apporter dans ses déductions, tout ce qui n'est pas l'exacte vérité, tout ce qui ne fait qu'en approcher plus ou moins, tout ce qui l'exagère, qui la défigure ou qui la mutile, ou qui en offre une fausse application; nous ne craignons pas de dire que ce système est un tissu d'erreurs, qu'il est faux à peu près sur tous les points importants auxquels il touche, et particulièrement sur ceux d'où dépendent le plus étroitement les tristes conclusions auxquelles il sert de fondement.

Il l'est d'abord dans les idées qu'on s'y forme de la faculté de connaître en général : il la dénature entièrement par la manière dont il l'associe avec la sensibilité, lorsqu'il fait des prétendues représentations ou conceptions de cette faculté, qui ne saurait pas plus concevoir que la vue entendre, ou l'ouïe percevoir les couleurs, la matière essentielle de toute connaissance ; lorsqu'il réduit nos plus fondamentales idées à de pures affections sensibles ; lorsqu'il confond, comme il le fait constamment, le rapport de la sensation à l'objet senti, avec le rapport absolument opposé de la connaissance à l'objet connu. Il en méconnaît les lois les plus fondamentales, lorsqu'il suppose toute connaissance, tout jugement, formés par le rapprochement de simples représentations ou pures appréhensions ; tandis qu'en fait, toutes nos pures appréhensions vraiment premières tirent leur origine de la perception des objets réels, et ne sont à la rigueur qu'un souvenir des faits connus par la conscience ou par les sens ; puis aussi, lorsqu'il fait dépendre toute connaissance de la synthèse de la diversité sensible, qu'on imagine donnée indépendamment de toute unité, hypothèse impossible et démentie par la conscience qui nous montre, au sein même de la sensation et à sa base, l'unité nécessaire du sujet qui l'éprouve.

Descendons-nous de ces généralités aux théories particulières du système, nous le trouvons faux, même à l'égard de la connaissance des corps, à laquelle il réduit tout : d'abord, dans l'idée qu'on se forme du phénomène qui sert de base à cette connaissance, lorsqu'au lieu d'y voir ce qu'il est avant tout, une modification de la force active déployée par le sujet, on le réduit à une pure affection de la sensibilité ; en second lieu, dans le rôle attribué à ce phénomène, dont on fait un des éléments de la notion, sa matière essentielle, tandis qu'il est seulement le fait immédiatement connu à l'aide duquel nous connaissons indirectement les objets du dehors ; dans la définition de l'espace résultant de cette fausse notion du phénomène ; enfin, dans le rôle attribué aux concepts et aux lois de l'entendement, qui ne servent pas seulement, comme on le prétend, à coordonner les impressions produites sur nous par les objets extérieurs, mais à concevoir ces objets et à en connaître l'existence. Il n'est pas plus heureux dans tout ce qui touche à la conscience, qu'on y mutile et qu'on y dénature de mille manières, qu'on fait dépendre de mille conditions imaginaires, impossibles, qu'on place au faîte de l'édifice de la connaissance, dont en réalité elle occupe la base, et que ne sauraient représenter, soit séparés, soit réunis, ni ce prétendu *sens intime* auquel on donne pour *forme* le temps, ni cette *aperception transcendentale* dont on fait une simple dépendance de la synthèse des phénomènes sensibles. Nous en dirons autant de ces notions universelles de durée, de cause, de substance et d'être, qu'on y définit si inexactement et dont on fait si mal à propos des *formes à priori*, soit de l'entendement, soit de la sensibilité, au lieu d'y voir ce qu'elles sont réellement, une émanation de la conscience de notre être. Outre cette fausse origine et ces étroites définitions, dont quelques-unes, notamment celle de l'idée de cause, suffiraient à elles seules pour rendre impossibles, non-seulement les spéculations supérieures de la métaphysique, mais encore les plus humbles et plus élémentaires opérations de l'esprit humain ; nous trouvons dans la dissolvante analyse à laquelle on soumet les notions dont nous parlons, une explication de la nécessité avec laquelle elles s'imposent à notre esprit, aussi hypothétique et impossible dans ses bases, où se retrouvent toutes les erreurs du système, que contraire au témoignage immédiat de la conscience; puis, pour couronner l'œuvre, une suite d'hypothèses non moins inadmissibles sur les idées absolues résultant de leur développement ; et enfin, à l'appui de ces hypothèses, à l'appui de tout le système, une exposition fort inexacte, suivie de la critique la plus exagérée, des résultats des recherches tentées par l'esprit humain, à la lueur ou à l'occasion de ces idées.

Toutes ces erreurs ont le rapport le plus étroit avec les dernières conclusions de la doctrine. La plupart suffiraient presque, prises chacune séparément, pour rendre ces conclusions inévitables. Le seul fait d'assimiler l'objet connu à l'objet senti, suffirait pour détruire toute vérité en réduisant tout au seul relatif, caractère essentiel de tout objet sensible. Par cela seul qu'on réduit la matière première des opérations de l'esprit à la pure appréhension, on détruit la connaissance objective, aussi malaisée à tirer de la pure appréhension, qu'il pourrait l'être de conclure du songe à la réalité. La seule priorité qu'on accorde à la diversité sur l'unité suffirait presque pour tout anéantir ; car il paraît également impossible de concevoir la diversité sans l'unité et de tirer l'unité de la diversité. L'idée fausse qu'on se fait du phénomène sensible suffit pour anéantir immédiatement le monde extérieur ; celle qu'on se forme de l'aperception détruit la notion de l'âme et renverse toute connaissance dans sa base. La définition donnée du principe de causalité exclut immédiatement l'idée d'une cause première, détruit la réalité objective de l'idée de la matière, et suffirait seule pour tout réduire au subjectif, etc.

Disons-le donc, ce n'est pas pour avoir trop bien connu la raison de l'homme, que l'auteur de la *Critique* a porté sur cette faculté un arrêt si décourageant et si triste, et l'a regardée comme absolument impuissante à satisfaire au vif besoin de certitude et de vérité qui est en nous. C'est pour l'avoir mal connue, pour s'être formé les idées les plus fausses de la nature des éléments qui servent à la constituer, des lois et des principes qui président à sa formation et à son développement ; c'est surtout pour avoir commis à son sujet deux fautes capitales ; à savoir : d'une part, pour n'avoir pas suffisamment distingué les faits de la connaissance de ceux de la sensibilité ; de l'autre, pour n'avoir pas assez arrêté ses regards sur le foyer vivant d'où rayonne primitivement toute la lumière qui éclaire notre intelligence ; pour avoir amoindri à l'excès et réduit presque à rien le fait capital de l'aperception immédiate de l'âme ; pour en avoir méconnu le rôle et le vrai rang, en la plaçant seulement au sommet de la pyramide, dont elle est en réalité le fondement. La première de ces erreurs, déjà souvent jugée par la logique et par l'histoire, détruit toutes les conditions de la connaissance, et justifie à son sujet toutes les prétentions du scepticisme, en substituant à la connaissance un fait tout différent, qui offre des caractères tout opposés, précisément ceux qu'invoque et cherche à démontrer le scepticisme, et en renversant complètement le rapport qui unit les idées aux objets et en constitue la vérité. La deuxième la détruit, parce qu'elle en tarit la source, parce qu'elle en ruine les bases, anéantissant d'abord et immédiatement la notion de l'âme, puis par cela même celle du monde sensible, qui se réduit à une conclusion tirée par la raison des modifications de l'âme perçues par la conscience, enfin celle du monde idéal, toute fondée aussi sur la notion de l'âme, et qui semble n'être que cette dernière, élevée à la hauteur de l'absolu, et ramenée à l'idée pure, à l'idée de l'infini ou de l'Être, par l'évanouissement des limites qui l'en séparent [1].

[1] « La vérité est que nous voyons tout en nous et dans nos âmes, et que la connaissance que nous avons de l'âme est très-véritable et juste, pourvu que nous y prenions garde ; que c'est par la connaissance que nous avons de l'âme, que nous connaissons l'être, la substance, Dieu même..... » (Leibnitz ; *Remarque sur le sentiment du Père Malebranche, qui porte que nous voyons tout en Dieu.*)

# TABLE DES MATIÈRES.

Introduction.......................... Pag.  I

## PREMIÈRE PARTIE.

### ANALYSE.

Caractère et objet de la doctrine de Kant sur la connaissance humaine........................ 1

### CHAPITRE I.

#### Esthétique transcendante ou théorie de l'espace et du temps.

I. De l'espace........................ 12
II. Du temps et du sens intime............ 39

### CHAPITRE II.

#### Analyse transcendentale ou théorie des concepts a priori et des lois de l'entendement. (*Concepts de cause, de substance, d'unité, d'être, etc.; lois de causalité, loi de substance, etc.*)

I. Des concepts *à priori*, en général....... 57
II. Démonstration des divers principes de de l'entendement ; schema transcendental, etc........................ 82

## CHAPITRE III.

Critique de l'usage pur de la raison, ou des tentatives de l'esprit humain pour élever sa connaissance au-dessus des sens, et des résultats de ces tentatives

I. De la raison et des idées transcendentales en général........................ 115
II. Psychologie rationnelle............... 125
III. Cosmologie et Antinomies........... 137
Résumé et conclusion de la première partie....... 155

# DEUXIÈME PARTIE.

#### DISCUSSION.

## CHAPITRE I.

Réduction a l'absurde ou dernières conséquences des principes du système...................... 159

## CHAPITRE II.

Fausses idées de Kant sur la connaissance en général.

I. Faux rapport entre la connaissance et la sensation........................ 182
II. Fausse idée du jugement et des lois de la formation de la connaissance......... 193

## CHAPITRE III.

#### De la connaissance sensible

*Où l'on essaie de réfuter la théorie de l'esthétique transcendentale sur la notion de l'étendue, en montrant la véritable origine de cette notion*.............. 203

## CHAPITRE IV.
### DE LA CONNAISSANCE SPIRITUELLE, OU DE LA CONSCIENCE.

(Sens intime, aperception transcendentale et synthèse transcendentale de Kant.) .............. 221

## CHAPITRE V.
#### SUITE DU PRÉCÉDENT.
### DE LA CONSCIENCE CONSIDÉRÉE COMME SOURCE DES IDÉES UNIVERSELLES.

I. Des idées comprises par Kant sous les noms de catégories et de concepts intellectuels purs...................... 245
II. Du temps........................... 255

## CHAPITRE VI.
### DE LA RAISON ET DES PRINCIPES DES VÉRITÉS NÉCESSAIRES.

I. Critique des idées de Kant sur ce sujet. Fausseté de la solution donnée au problème de l'origine et de la valeur des jugements synthétiques *à priori*........ 263
II. Aperçu sur la question soulevée. De la véritable origine des jugements synthétiques *à priori*. Valeur de ces jugements. 283

## CHAPITRE VII.
### DE LA MÉTAPHYSIQUE. EXAMEN DE LA CRITIQUE DONT LES RÉSULTATS DES TRAVAUX DE CETTE SCIENCE SONT L'OBJET DE LA PART DE KANT, ET DES CONSÉQUENCES TIRÉES DE CETTE CRITIQUE.

I. Psychologie : De l'âme............... 301
II. Théologie : Existence de Dieu......... 306
III. Cosmologie : Antinomies............ 320
Résumé et Conclusion......................... 329

# EXTRAIT DU CATALOGUE.

**Barret.** *Amadis de Gaule* et de son influence sur les mœurs et la littérature aux XVIe et XVIIe siècles, 1853, in-8.    3 50

**Beaussire**, professeur. Du fondement de l'obligation morale. 1855, in-8.    3 »

**Blanchet**, docteur ès-lettres. Du théâtre de Schiller. 1855, in-8.    2 »

**Blignières** (A. de). Essai sur *Amyot* et les traducteurs français au XVIe siècle, précédé d'un éloge d'Amyot. 1851, in-8.    5 »

**Bonafous**, professeur à la Faculté des Lettres d'Aix. Études sur l'Astrée et sur Honoré d'Urfé, 1846, in-8.    3 »

**Chassang.** Des essais dramatiques imités de l'antiquité aux XIVe et XVe siècles, 1852, in-8.    3 50

**Chauvet.** Des théories de l'entendement humain dans l'antiquité, 1855, 1 vol. in-8.    5 »

**Damien.** De la Poésie suivant Platon. 1852, in-8.    3 »

**Delondre** (Adrien.) Doctrine philosophique de Bossuet sur la connaissance de Dieu. 1855, in-8.    5 »

**Desjardins** (Er.) *Essai sur la topographie du Latium*, accompagné de 6 planches de la voie Appienne, et d'une grande carte du Latium pour l'intelligence des auteurs latins, poètes, historiens, orateurs, etc. 1854, 1 vol. in-4.    10 »

**Ditandy**, docteur ès-lettres. Parallèle d'un épisode de l'ancienne poésie indienne, avec des poèmes de l'antiquité classique. 1856, in-8.    2 50

**Duméril**, professeur. Études sur Charles-Quint. 1856, 1 vol. in-8.    5 »

**Girard** (Jules). *Des caractères de l'atticisme dans l'éloquence de Lysias*. in-8.    3 »

**Guardia.** Essai sur l'ouvrage de J. Huarte : Examen des aptitudes diverses pour les sciences. 1851, in-8.    5 »

**Guérin.** Voyage à l'île de Rhodes et description de cette île, 1856, in-8., avec cartes.    5 »

**Hanriot** (C.) Recherches sur la topographie des *demes* de l'Attique. 1853, in-8.    3 50

**Pour paraître prochainement,**

Appendice au présent volume :
*Considérations sommaires sur les Doctrines sceptiques antérieures à Kant.*

www.ingramcontent.com/pod-product-compliance
Lightning Source LLC
Chambersburg PA
CBHW070452170426
43201CB00010B/1315